魯迅這座山

關於魯迅的隨想與雜感

房向東——著

魯迅
LU XUN

目錄

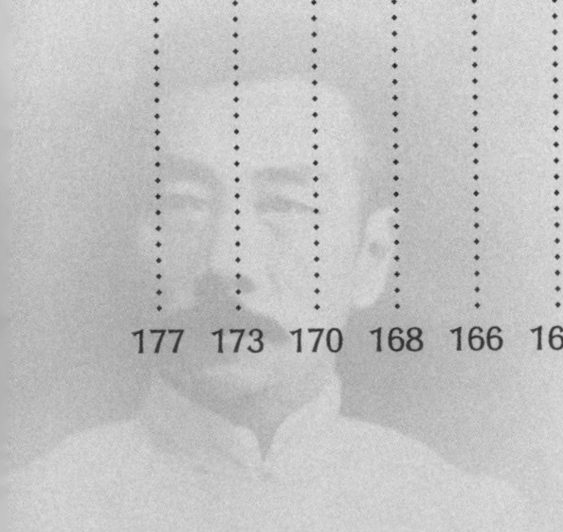

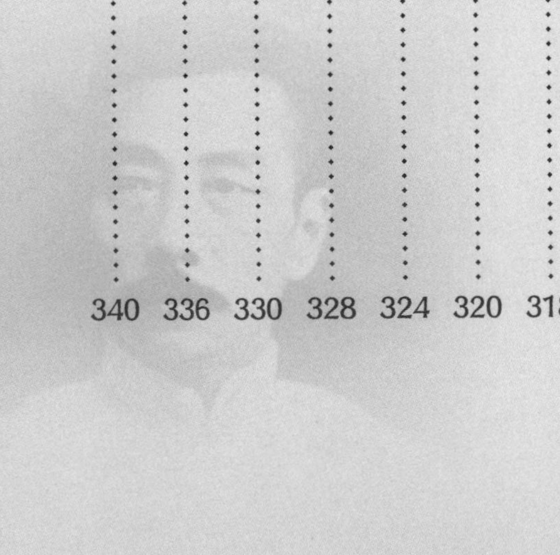

多維視野中魯迅「罵人」現象的再審視

1.「罵人」與魯迅的偉大

魯迅在文章中指名道姓「罵」過的人，有百人上下；與其論戰的重要人物，也有二、三十人。如此之多，在中國現代文壇和學界，不說絕無僅有，也是十分罕見的。許多人當時是名人，不少人後來成了名人。許多人當時是那樣，後來卻變了一個樣。中國人尤其愛面子，中國文人則酷愛面子，被「罵」之後，是絕不會善罷甘休的。於是，在一場又一場的論戰中，你來我往，你爭我鬥，批評、反駁、辯解、聲明、反思，諸如此類的文章，魯迅生前身後，不絕於文壇，雖有是非曲直、利害功過，卻時不時被當事人和非當事人攪擾得不清不楚、沸沸揚揚。

到了新時期，魯迅研究衝破了種種禁區，呈全方位開放趨勢。魯迅曾經被陪綁在另一個神身上，似乎也成了神；一切被神化了的，都還了俗，魯迅也成了實實在在的魯迅了，所謂「返回魯迅本身」是也。於是，有人提出魯迅研究也有「兩個凡是」，比如有人認為應該推翻「凡魯迅罵過的人就一定糟糕，凡魯迅賞識的人就好到底」的觀點。有的人公開對魯迅表示不屑：「魯迅嗎，無非就是罵人。」至於別人罵魯迅，對魯迅進行圍剿，他們是有眼無珠，全然不

見了。至於魯迅為什麼「罵人」，「罵」得對不對，以及與社會、時代的關係，乃至魯迅「罵人」的意義和價值等等，他們都無暇、無心去細究。

一切以條件、地點和時間為轉移，分析問題不顧及這些，淡化了歷史背景，抽去了前提條件等等，唯餘「罵人」二字。這無非是為了貶低魯迅、否認魯迅。

魯迅生前身後，或是被攻擊被踐踏，或是被利用被神化，但我們只要忠實於魯迅本身，就可見這些侮辱與損害並不影響魯迅自身的偉大。有人為魯迅的屢遭誤解鳴不平，認為魯迅也是不幸的。其實，這不是魯迅的不幸，魯迅至多是被蒙上了一層灰塵而已，輕輕一抹，灰塵自去。有《魯迅全集》在，猶如有崇山峻嶺、長江大河在，「爾曹身與名俱滅，不廢江河萬古流」。我倒覺得，從一些無聊的、淺薄的詆毀魯迅的文章中，看出了某些中國人，甚至某些中國名人的不幸。郁達夫說：「沒有偉大人物出現的民族，是世界上最可憐的生物之群；有了偉大的人物，而不知擁護、愛戴、崇仰的國家，是沒有希望的奴隸之邦。因為魯迅的一死，使人們自覺出了民族的尚可以有為，也因為魯迅一死，使人家看出了中國還是奴隸性很濃厚的半絕望的國家。」（《郁達夫散文選集·懷魯迅》）

魯迅是偉大的。魯迅的偉大絕不因為哪一個人物盛讚過魯迅，所以才變得偉大起來。不是的。魯迅存在的本身，決定了他應有的地位。魯迅是中國現代文化史上的一大奇觀，倘沒有魯迅，二十世紀中國的文化史，尤其是文學史，不說黯然失色，也肯定要減色幾分的。

2. 蔡元培把西方之花種植在中國的土地上

那麼，我們應該怎樣理解魯迅的「罵人」現象呢？

我以為，我們首先要理解當時的時代。「五四運動」前後，是中國歷史上少有的學術文化空前繁榮的幾個時期之一。在對傳統一元文化進行全面徹底的批判的同時，外來文化紛紛湧進國門，逐步形成了文化機制的多元格局。

蔡元培循「思想自由」原則，首先在北京大學實行「相容並包主義」，即：「無論有何種學派，苟其言之成理，持之有故，尚不達自然淘汰之運命者，雖彼此相反，而悉聽其自由發展。」（蔡元培：《致〈公言報〉並答林琴南君函》，載一九一九年三月十八日《公言報》）蔡元培的思想並無新意，不過是西方民主自由思想的東方化表述，它的精神內涵與伏爾泰的「我堅決反對你的觀點，但我誓死捍衛你說話的權利」同出一轍。蔡元培把西方的民主自由之花種植在東方的土地上，燦爛得讓國人眼花。自由主義者胡適之，馬克思主義者陳獨秀，一定意義上的保守主義者辜鴻銘，都被蔡元培的「北大」所接納。各唱各調，眾聲喧嘩。同人刊物層出不窮，此起彼伏。派別林立，論戰不休，是二、三〇年代文壇的特徵之一。這與

其說是反映了文人的「不團結」和文壇的矛盾，不如說是體現了新文化運動的繁榮和活躍。

彼此罵來罵去，雖有意氣用事的時候，但大多是涉及大是大非問題。雖然也有「罵人」的「不雅」，而唯其「不雅」，才更真實，更有生氣。較之於文化取向不受制約和挑戰的「一邊倒」——無論倒向哪一邊，不管是雅的還是俗的——都應該看成是一種進步。

3. 不只是魯迅在「罵」

由於魯迅著作在中國前無古人地普及，我們很容易讀到魯迅的原著；由於種種原因，魯迅同時代人的著作很長一段時間被定為禁書；還由於有的政治集團把魯迅當作工具……因而，我們客觀上只能讀到魯迅的書，客觀上感覺只有魯迅在那裡抨擊這個、抨擊那個。這與當時的實際情況是不符合的。

二十世紀二、三〇年代，並不是只有魯迅在那裡「罵」，也不都是魯迅首先開罵。不是的。被稱為溫文爾雅的梁實秋，不僅罵過魯迅，甚至也罵過以胡適為代表的「人力車夫」派。帶著湘俗湘風進入北京文壇的沈從文，在《沫沫集》中也指名道姓地抨擊了許多文人。高長虹不僅罵魯迅，也罵周作人、郁達夫。馮乃超在《藝術與社會生活》中，抨擊魯迅的同時，還「舉了五個作家」的例，其中說葉聖陶「是中華民國的一個最典型的厭世家，他的筆尖只塗抹灰色的『幻想的悲哀』……這是非革命的傾向」！

當然，每一個作家的個性不同，有的作家埋頭創作，從不參與「罵人」；有的作家偶爾罵罵，但「罵」的是皮毛，「罵」不出名堂，也就銷聲匿跡了；有的作家唾面自乾，罵不還口，你罵你的，我做我的，比如，同樣面對《藝術與社會生活》，魯迅的反應是激烈的，葉聖陶卻置之不理。

4. 敢罵與「罵以上的事情」

像魯迅這樣會「罵人」，並把它訴諸文字，說明了魯迅是非之心不泯，愛其所愛，憎其所憎，不虛偽，不造作。敢說敢罵，是真性情的表現，其實是十分可愛的。魯迅說：「我想，罵人是中國極普通的事，可惜大家只知道罵而沒有知道何以該罵。那麼，就很有意思了，於是就可以由罵而生出罵以上的事情來的吧！」（《集外集拾遺・通訊（覆呂蘊儒）》魯迅的「罵人」文章不僅指出了種種之可罵，並繼之以罵，而且挖掘出了「罵」以上的文化意義。

有那麼一些文字上溫柔敦厚的人也罵人的，因為他們也知道這是極普通的事。他們與魯迅的不同，就是沒有把罵人的內容寫成文章，背後罵起來，也許比魯迅還要聲色俱厲哩！這是一種區別。還有一種區別是，只是罵人，沒有「生出罵以上的事情」來，就是說沒有形而

上的文化的東西，雖然寫成了文章，那罵人也僅僅是罵人了。

透過以上分析，我甚至認為二十世紀二、三〇年代是一個「罵人」的年代。說好聽的，叫「百鳥爭鳴」；說難聽的，叫「彼此相罵」，半斤八兩。總之，不足為奇。魯迅不過是百鳥中聲音比較洪亮的一隻鳥，「罵人」不是只有魯迅才為之，也一樣不足為奇。如果說魯迅雜文與一般的「罵人」文章有什麼區別的話，就在於魯迅比一般作家高明，刻劃了社會典型，罵出了形而上的文化意義來。

5. 「罵人」與友誼

此外，我們還應該看到，循思想自由原則，觀點的分歧乃至對立不應影響正常的人際關係。在「問題與主義之爭」發生以後，胡適仍邀李大釗來家談論政事。在新文化陣營分裂以後，魯迅、周作人仍跟胡適一起暢談文學，胡適還在日記中誇讚「周氏兄弟最可愛」。周作人與胡適曾圍繞溥儀被趕出宮的事件展開尖銳的原則之爭，同時他們又保持著密切的合作。至於李大釗與章士釗，辛亥革命後他們政見迥異，在北洋軍閥統治時期，甚至處於敵對狀態，但兩人居然奇蹟般地保留了十四年深厚的友誼。在魯迅針對林語堂的「費厄潑賴」痛罵「叭兒狗」以後，林語堂不但接受了魯迅的批評，還畫了一幅「魯迅打狗圖」，魯迅也仍認為林語堂是自己的老朋友。

6. 團體與團體中的個人及個人傾向

其次，我們還應該對當時的一些團體有一個客觀的評價。二、三〇年代，「罵人」常常是以團體為陣營的，比如「創造社」、「太陽社」罵「新月派」、「語絲派」等。

一個時期以來，我們有這樣的傾向，把某個團體定為反動的了，團體內的人物自然成了反動派。若這個團體內有革命的呢？或者為革命派諱，一筆抹去，彷彿他根本就沒有參加過這個團體；或者當作辮子，當某一運動來了，可以做為內部整人的把柄。至於被定為革命派的團體，那概念上好的東西，一律往上貼金，搞得金光閃閃。那些非革命的，還有叛徒、漢奸之類，或是一筆抹去，一字不提，似乎他們根本就沒有參加過這個團體；或者乾脆稱他們是投機鑽營。經過這樣「清理階級隊伍」以後，把十分複雜的二、三〇年代文藝團體之間的彼此互罵，簡單化為兩個階級、兩個陣營之間你死我活的鬥爭。

事實上，問題並不是那麼簡單。當時的團體，雖然有一個總體的傾向，但基本上是大雜燴，是同人的鬆散的團體。幾個朋友，你拉一個，我拉一個，就這樣拼湊起來了。在當時的歷史條件下，一般不會像一個政黨那樣，欲加入者要提出申請，接納者要對其進行考察。沒

有那麼複雜的。事實是，除了「左聯」以外，大多數的團體是願來就來，願走就走（「左聯」也未必純粹，郁達夫無論如何不是一個「左派」份子，但魯迅把他扯進了「左聯」，很大程度上淡化了「左聯」的本色。只是到了後來，「左派」們為了純潔隊伍，也不顧及魯迅的面子，才把郁達夫「清理」出去）。即便以「革命」團體而言，「創造社」中，不是還出了漢奸張資平嗎？「太陽社」中，不是有了變節份子「革命小販」楊邨人嗎？「左聯」不也有「第三種人」杜衡嗎？

7. 以「現代評論派」為麻雀

當然，若是進行所謂成份分析，還是右翼團體比較典型。我們以「現代評論派」為麻雀，來一番解剖。過去，我們總是簡單化地斥「現代評論派」為「帝國主義及買辦資產階級的代言人」。事實是，其成員和主要撰稿人有中間偏左或中間人物。他們中，不少人後來逐步成為無產階級革命的擁護者、支持者和戰士，比如原創造社的部分成員和李四光、丁西林、陳翰笙等。有當時就是共產黨人，或革命的或傾向進步的文人，他們經常在《現代評論》上撰稿。比如，陳啟修、杜國庠、田漢、胡也頻等。也有當時確實是偏右的人，如胡適、陳源，甚至後來成為敵人的王世傑、唐有壬等。

「現代評論派」成員和主要撰稿人的複雜，必然決定其政治立場、思想傾向和文藝觀點的迥異。郭沫若曾經說過：「現代評論派」「構成份子大部分還是有相當學識的自由主義者，所發表的政論，公開地說，也還較開明」。（《創造十年續篇》）《現代評論》的政治思想比較開明，發表了大量的反帝、反封建、反軍閥，支持正義、有進步思想傾向的文章，在「五卅運動」和「三一八慘案」中，發表了一系列抗議帝國主義和軍閥政府暴行的文章，聲援愛國群眾運動，悼念烈士。如《上海租界的殺氣》、《上海租界的慘劇》、《論上海英捕槍殺中國人事》、《英國侵略中國的概況》、《要糾正政府的外交步驟》、《段政府的高壓手段》、《人權的保障在哪裡》、《示威運動與員警》、《持久的愛國運動》、《對愛國運動的謠言》、《悼三月十八日的犧牲者》、《論三月十八日慘劇》、《三月十八日慘案目擊記》等。《現代評論》還刊發了不少共產黨人和進步人士宣傳介紹馬克思主義理論，擁護支持蘇聯和中國共產黨的文章，如《唯物主義的警鐘響了》、《什麼是帝國主義》、《勞動階級政黨組織上之二種見解》、《蘇聯事情的研究與對蘇聯政策之研究》、《一個月在蘇聯的所見所聞》等。但是，「現代評論派」中也有不少人在該刊發表了一系列維護帝國主義、封建軍閥政府，為他們罪行開脫，向革命群眾潑冷水，反對馬克思主義、攻擊蘇聯和中國共產黨的文章，如陳西瀅的許多《閒話》。

「現代評論派」支持擁護五四新文化運動和文學革命，熱情肯定新文化運動中出現的作家作品，批判反擊封建復古派和國粹派，甚至連陳西瀅也極力推薦過魯迅的《吶喊》等新文學作品。他們在刊發文章時，沒有宗派門戶之見，注重發現和培養青年作者，如胡也頻、沈從文、凌叔華、李健吾、吳伯蕭、施蟄存等。

由此可見，「現代評論派」無論是在政治立場、思想傾向，還是在文藝觀點方面，都是複雜的，具有濃厚的自由主義色彩。

一本《現代評論》，就是多元文化的活標本。我以為，對於「現代評論派」，既要指出其反人民的一面，也要具體分析，不能因為魯迅「罵」了「現代評論派」的某些人，就一概否認「現代評論派」。事實是，對於「現代評論派」，魯迅主要是「罵」陳源，基本上是不及其他的。至於魯迅的「罵」胡適，那主要是在上海時期了，與《現代評論》時期的胡適幾無牽涉。

我以為，二十世紀二、三〇年代的論戰，有的時候，彷彿矛頭是對準了某一團體，但究其實，也只是對準該團體的某一時期或某一具體的人。把對個人的抨擊等同於對團體的攻擊，這給人混戰的感覺，亂糟糟的，不利於把情況搞清楚。就說「左聯」吧，魯迅抨擊過周揚、田漢等，也有對「左聯」很失望的時候，但不能以這些為根據，一概否認「左聯」。到了「左聯」解散時，魯迅甚至可以說是不大贊同的。

8. 魯迅只是抓其一點，不及其餘

再次，也是尤其重要的一點，我們對魯迅「罵」過的具體人的功過是非問題，要有一個把握的原則。換言之，即我們應該怎樣理解魯迅對人的評價問題。

魯迅著作中，涉及那個時代各式各樣的人物很多。魯迅對他們，有讚揚的，有批評的，有嚴厲責斥的，有極端鄙夷的。當然不能說被魯迅批評的人就必定一直不好，因為一個人畢竟是可以發展變化的。魯迅的批評有時也只是針對某人的一時一事，不一定是全面的評價。我們只要推敲一下，就可以發現魯迅的批評對象是各有側重點的。魯迅對章士釗是無情揭露，從思想到人格，都在抨擊之列；對胡適，只是挖苦、諷刺他的某些言行；對陳源，著重揭露的是他為軍閥作倀的一面；對徐志摩，只不過是諷刺他的詩；對楊蔭榆，是緊緊圍繞「女師大風潮」的；對梁實秋，也沒有超出「階級性」等若干重大是非問題。對爭論範圍以外爭論對象的功過，魯迅一般較少提及。就事論事，抓住要害，不及其餘，從當時的鬥爭實際看，從一般的雜文寫作的方法看，這都是合乎情理之舉。就好比我們指出一個人頭上生瘡，而不必管他腳下是否患了腳氣，也不必管他胃是否好，肝是否壞。魯迅是個作家，是個戰士，而

不是給人蓋棺論定的個人人生檔案的執筆者；魯迅寫的是雜文，而不是追悼會上的悼詞。

9. 不以親疏好惡定高低

雖然魯迅在爭論時，往往難免措詞激烈，意見尖銳，有時甚至頗帶意氣、情緒，「你要那樣，我偏要這樣是有的；偏不遵命，偏不磕頭是有的；偏要在莊嚴高尚的假面上撥它一撥也是有的……」（《華蓋集續篇・小引》）但在對人物進行歷史評價時，魯迅卻不以個人的親疏好惡定高低，而是堅持客觀的、科學的、理性的態度。例如，對於《現代評論》和陳源，他在《中國新文學大系・小說二集》的序言裡，就公正評價了陳源負責編輯的文藝版，並突出地介紹了陳源之妻淩叔華的創作成就。他曾尖銳地批評胡適、林語堂，但在回答斯諾關於中國現代最優秀的詩人的提問時，談到了三個人，其中就有胡適；在回答中國現代最著名的雜文作家的提問時，他談到了五個人，頭三位便是周作人、林語堂、魯迅。

10. 人是會變的

人是會變的，人是矛盾的，人的一生是隨著各自閱歷、經驗、見識與思考不斷增加而變化的，這是常識。新文化運動的先鋒、激烈反傳統的陳獨秀，息影政壇後一直沉溺於小學之中；力主全面向西方學習的胡適，卻長期提倡「整理國故」，並孜孜不倦地考證《紅樓夢》、《西遊記》、《水滸傳》等，其人生的最後二十年，幾乎傾全力于《水經注》的考據之中。就說魯迅自己吧，在辛亥革命後的失望之餘，也曾一度致力於古碑的搜集整理，頗有些成就。陳丹晨在談到對魯迅「罵」過的人的評價時，為了說明人的一生會有很多變化，曾舉過楊度的例子。楊度是籌安會六君子之一，一心想做袁世凱洪憲皇朝的宰相。在這方面，他是有言有行的，很多歷史書已有定評。但根據現在公佈的資料證明，他晚年卻是一個共產黨員，為支持黨的事業曾變賣家產。陳丹晨說：「這個跟頭翻得是很大的，我真有點不敢相信，但這是歷史事實。可見一個人的一生的變化，可以很大的。」（《魯迅研究動態》一九八八年第七期）

既然魯迅是針對具體的人和事，不是蓋棺論定寫悼詞，那麼魯迅「罵」過的人的以後的變化，本該與魯迅無涉。宋志堅對魯迅的「罵人」現象有過一個形象的比喻，他認為魯迅針對具體人的批評是「照相」，而照出的形象當然只能反映照相時的真實。有的醜小鴨以後變成了天鵝，他可能會拿著自己成了天鵝時的標準照，來非議魯迅：「難道，我是這麼醜陋的嗎？魯迅罵錯了！」這只能證明，天鵝先生雖然成了天鵝，但搞的還是形而上學。至於有的實實在在的被魯迅讚賞過的天鵝，後來脫毛了，老朽了，這和魯迅其實也是沒有什麼關係的。

然而，長期以來不少人就是以脫離歷史、脫離具體事實的形而上學的態度，來評價魯迅

對具體人的批評，其目的無非是要貶低魯迅。早在一九八三年，李何林在《魯迅論》「重印說明」中就舉有一例。他在談及魯迅與「現代評論派」論戰時說：「到五十年後的一九八〇年還有說魯迅當時批評李四光和章士釗都是錯誤的，因為李四光的地質學對新中國的地下資源的開發貢獻很大；章士釗晚年也替新中國做了些好事，他們都是好人，魯迅先生批評好人，可見錯了。」李何林批評的這種人的這種邏輯若是成立，那麼，魯迅「罵」過的人，幾乎都罵錯了。今天我們和日本友好，那麼，八年抗戰也是錯的嗎？

這幾年，有一股風，專門捧魯迅「罵」過的人，並以他們的文化成就來否認魯迅的批評。比如，胡適、林語堂、梁實秋等。胡適等人，在中國現代文化史上各有其獨特的貢獻，佔有一定的學術地位，肯定他們的成就，與魯迅對他們的批評，本來是並不矛盾的。可是，有的人把魯迅當作反襯，貶低魯迅從而抬高他們，不說別有用心，起碼也是缺乏歷史唯物主義的眼光的。

林語堂等人，都比魯迅長壽，在魯迅逝世以後又走了很長的人生道路。因此，他們的歷史評價問題，都是後人的任務，與魯迅無關。一個人若干年後好的言行，不能證明若干年前他的壞的言行是正確的；一個人若干年後壞的言行，也不能證明他若干年前好的言行是錯誤的。這是常識。然而，並不是所有人都時時記著這些常識，有的人有意無意地把某些歷史人物以後的作為與魯迅先前的評價做對比，得出他的結論，來損壞魯迅的形象。

11. 魯迅「罵」過的人的變化

我們也不妨來看看魯迅「罵」過的人以後的幾種情況。

一是正如魯迅所「罵」的。許多魯迅極端鄙夷和嚴厲斥責的人，後來的歷史發展，越發使他們現出了原形。例如，張資平、張春橋之類的人物。他們以後的整個歷史發展，畢竟為他們究竟是怎樣一種角色，做了最好的說明。知人論世，是一門非常不易掌握的學問。魯迅知人論世的眼力，應該說是非常高明的。

一是變得好起來了。比如周揚，「左聯」時期搞過宗派，被魯迅「罵」為「奴隸總管」，新中國成立後整過胡風等人。到了晚年，他似乎少了霸氣，為人道主義辯護，殊屬不易！又如楊蔭榆，後來她敢與日本人抗爭，死於日本憲兵的刀槍之下，是有民族氣節的。此外，在對待學生的問題上，態度也有了很大的變化，早年鎮壓學生運動，晚年甚至為學校無理開除進步學生而辭職。

一是變得更壞了。比如周作人，兄弟反目，是因為家事，與政治、思想無關。三〇年代對他的批評，也無非是小品文等小擺設、大擺設問題，屬於文藝觀的不同。可是，後來周作

人卻成了大漢奸，這大約是魯迅所始料不及的吧！

一個人變得好也罷，壞也罷，我們都不能讓魯迅為他們的變化負責。儘管這樣，我們也不得不正視魯迅研究以外的這樣一個社會歷史事實：在一個相當長的時期內，由於毛澤東高度評價魯迅，魯迅也就跟著毛澤東沾上了神氣，也被神化了。雖然魯迅讚揚過的胡風、馮雪峰等人，魯迅並不能保他們安然無恙，但魯迅「罵」過的人，不少是遭了厄運的：「四條漢子」慘遭迫害，那是眾所周知的了。吳組緗因為魯迅「據說」他的家人為躲紅軍逃到上海，長期陷於困擾。徐懋庸因為「反對魯迅」的罪名，屢遭揪鬥。高長虹因為與魯迅的糾紛，甚至殃及他的孩子……可是，這仍然不能證明魯迅「罵」錯了，也絕不是魯迅要陷害他們。這只能證明，中國某一時期的政治，是多麼黑暗！魯迅說孔子成了敲門磚，但不會有人以此否認孔子的偉大存在；一樣的，魯迅曾經成了政治棍棒，但只要理智健全的人，也不會因此而否認魯迅的偉大存在。

其實，糾纏於人事的糾紛，絕非魯迅的本意。一九三六年七月，魯迅逝世前夕，他和馮雪峰談到某些同人、戰友不理解甚至誤解他的論戰的意義時，沉痛地說：「看出我攻擊章士釗和陳源一類人，是將他們做為社會上的一種典型的一點來的，也還只有何凝一個人！我實在不大佩服一些所謂前進的批評家，他們是眼睛不看社會的，以為總是魯迅愛罵人，我在戰場上和人鬥，他們就在背後冷笑……」（《雪峰文集》第四卷第25頁）關於這一點，下文還要詳說。

12. 雜文的「不滿」與「罵人」

我覺得，我們還應該研究一下一些人討伐雜文的觀點，魯迅對自己「罵人」問題的看法，以及他對人的評價的態度。

雜文的興盛，完全是因為魯迅的崛起。倘若抽去魯迅的創作，雜文在文學殿堂可否佔到一席之地，也還是一個問題。儘管魯迅雜文是一個巨大的存在，然而，時人對雜文的攻擊，也從未停止過。從某種意義上說，攻擊雜文，就是攻擊魯迅，至少包含有貶低魯迅的成份。歸納起來，他們不滿魯迅、反對雜文的觀點，大約有以下幾條：

他們攻擊雜文的「不滿現狀」。梁實秋在《不滿於現狀便怎樣呢？》一文中攻擊雜文作者說：「有一種人，總是一味的『不滿於現狀』，今天說這裡有毛病，明天說那裡有毛病，有數不清的毛病，於是也有無窮盡的雜感」，「專事嘲罵只圖一時口快筆快」。官方的《中央日報》發表的《雜感》一文，說「魯迅先生對於這樣也看不上眼，對於那樣也看不上眼，所以對於這樣又有感想，對於那樣又有感想」，「一天到晚只是諷刺，只是冷嘲，只是不負

責任的發一點雜感」。這樣攻擊一通之後，官氣十足地指摘魯迅不拿出「究竟的主張」和「鮮明的回答」。梁實秋也認為作家的「責任不僅僅是冷嘲熱諷的發表一點『不滿於現狀』的雜感而已，他們應該更進一步的誠誠懇懇去求一個積極醫治『現狀』的藥方」。如果開不出「藥方」，人人都要變成啞巴嗎？那不是又成了「死的中國」了？

從梁實秋等人的觀點看，他們當然不滿於魯迅的不滿現狀；他們還不滿魯迅不滿當時的正人君子，每每跟他們過不去，報告著他們的卑劣。魯迅說：「我有時絕不想在言論界求得勝利，因為我的言論有時是梟鳴，報告著大不吉利事，我的言中，是大家會有不幸的。」（《且介亭雜文二集・序言》）魯迅會給正人君子們「不幸」，如此，他們當然對魯迅的「不滿」是不滿的。魯迅「絕不想在言論界求得勝利」，是他偶爾有的心情，他另一方面的心境是，他要給他所不滿的對象一點「不舒服」：「自然因為還有人要看，但尤其是因為又有人憎惡著我的文章。說話說到有人厭惡，比起毫無動靜來，還是一種幸福。天下不舒服的人們多著，而有些人們卻一心一意在造專給自己舒服的世界。這是不能如此便宜的，也給他們放一點可惡的東西在眼前，使他們有時小不舒服，知道原來自己的世界也不容易十分美滿……」（《墳・題記》）在「一心一意在造專給自己舒服的世界」的人眼裡，魯迅的「不滿」，破壞了他們的好心境，當然是惡毒的了。

在對「不滿」的不滿的同時，他們攻擊魯迅的雜文是「罵人」。他們把魯迅和左翼文藝對於各反對派別的原則性論戰，一概都諡以「罵人」的惡名。官方的《中央日報》上的《文壇與擂臺》一文，就把魯迅的筆戰文章說成是「罵人文選」，並且說，「養成文壇上這種浮囂、下流、粗暴等等的壞習氣，像魯迅先生這一般人多少總要負一點兒責任的。」杜衡的《文壇的罵風》則認為當時的文藝論戰，是「一團糟的混戰」，而造成這「混戰」的原因，是「雜文的流行」。他把雜文與罵人文章畫上等號，「雜文也，差不多成為罵人文章的『雅稱』，於是罵風四起，以致弄到今日這不可收拾的局勢」。他攻擊雜文的作者，說：「寫這些文章的動機……大概十分之中三分是為著意氣，三分是出於編輯先生的『拉』，三分是為了除了雜文無文可寫，除了胡亂找『假想敵』無人可罵之故」，只有「剩下來的一分，那大概是可以讓給真理或正義這些東西去吧！」於是，他的結論是：「現在是大徹大悟的時候，不要為著這十分之一的真理而化盡了十分之十的勇氣。大家不是吵著文壇的寂寞，沒有偉大的作品嗎？我們的氣力是應該用得更值得一點。」他要雜文作者改過自新，停止雜文的寫作。

對於「罵人」問題，魯迅是有著清醒的認知的。他說：「在中國做人，罵民族，罵國家，罵社會，罵團體……都可以的，但不可涉及個人，有名有姓。」（《而已集 • 談所謂「大內檔案」》）為什麼呢？罵別的什麼，似乎都可以與他無干，他甚至還可以和你一起罵。比如，柏

楊的《醜陋的中國人》引起了多少中國人的共鳴，人人在聲討中國人的醜陋，彷彿這麼聲討了，他自己就不在醜陋之列了。倘若柏楊也像魯迅那樣，「經過私人問題去照耀社會思想和社會現象」（瞿秋白：《〈魯迅雜誌選集〉序言》），指名道姓地「罵人」，情況又將會怎樣呢？那自然難逃被罵者的憤怒聲討。所以，所謂反對「罵人」的人一旦自己被罵了，也是要罵人的。魯迅是看透了這些人物的。他說：「為藝術而藝術派對俗事是不問的，但對於俗事如主張為人生而藝術的人是反對的，則如現代評論派，他們反對罵人，但有人罵他們，他們也是要罵的。他們罵罵人的人，正如殺殺人的人一樣——他們是劊子手。」（《集外集拾遺・幫忙文學與幫閒文學》）魯迅又說：「倘有人罵，當一任其罵，或回罵之。」（一九三三年十月十八日致陶亢德信）「罵人」不足為奇，假清高的、譏諷魯迅「罵人」的人，自己未必不「罵人」。正如我在上面已提到的，魯迅認為「罵人是中國極普通的事」。

在《論諷刺》和《謾罵》等文中，魯迅對所謂「罵人」的問題進行了分析，指出被稱為「罵人」的，其實卻是因為他說出了某些人和事的真實。所以「含含糊糊的撲滅『謾罵』，卻包庇了一切壞種」。在《「題未定」草（八）》中，魯迅論及戰鬥的作者在社會上一定有敵對，「只是這些敵對絕不肯自承，時時撒嬌道：『冤乎枉哉，這是他把我當作假想敵了呀』。」這顯然是對杜衡之流的回答。

因為總是「不滿」，因為「罵人」，所以他們認為雜文是沒有價值的東西。他們又假惺惺地勸魯迅去潛心於「鴻篇鉅作」，搞「偉大的著作」。《中央日報》的文章說：「雜感文章，短短千言，自然可以一揮而就」，但這種文章「一星期後也許人們就要忘記」，所以勸魯迅要學莎士比亞、托爾斯泰等名人，「去發奮多寫幾部比《阿Q傳》更偉大的作品」。大學生林希雋也像《中央日報》一樣，要人們想想外國為什麼會有《和平與戰爭》這樣偉大的作品產生。他把雜文和偉大的作品對立起來。但他缺乏一般的文學常識，連托爾斯泰的《戰爭與和平》的書名都搞不清楚，所以魯迅稱他為「還不到一知半解程度的大學生」。

對於這種攻擊雜文的文章，魯迅做了針鋒相對的回答。魯迅認為，所謂搞「偉大著作」，是為了用名利誘使他離開激烈的現實的鬥爭。魯迅說：「托爾斯泰學不到，學到了也難做人」（《准風月談・後記》），也不「希圖文學史上的位置」。表示「還要做這樣的東西」，「只知道這樣的寫起來，於大家有益」（《且介亭雜文二集・徐懋庸作〈打雜集〉序》），就仍要它來適應鬥爭的需要，做為「感應的神經」，「攻守的手足」，「對於有害的事物，立刻給以反響或抗爭」（《且介亭雜文・序言》）。

至於偉大，大約稍懂得現代史的人，沒有人否認魯迅是偉大的。魯迅的所有雜文作品，其實就是一部偉大的著作。它的主人公是中國人，它刻劃的是中國人的靈魂，是關於中國人

的百科全書。魯迅對於中國的意義，絕不亞於莎士比亞之於英國、托爾斯泰之於俄國。

13. 魯迅論人的理性態度

魯迅雖然時有「罵人」，但其實，他對人的評價卻有其客觀的標準，理性的態度。

首先，魯迅論人是重大節，觀其趨向之大體的。許廣平記錄的魯迅談話中，記著魯迅一次和來訪者談起某些人喜歡用絕對化的觀點看問題，簡直有切膚之痛。他說：「中國人對於某人的觀察，因其偶有錯誤、缺點，就把他的一切言語行動全盤推翻，譬如有人找出高爾基一點『壞處』，就連他的全部著作都不看。又如吳稚暉不坐人力車，走路，於是崇拜他，反而把他的另外行為，比損害一個人的體力更不只的一切，都可寬待。又如孫傳芳晚年吃素，人們就把他的殺人兇暴，都給予原諒了。」（許廣平：《片段的記錄》）魯迅同意明末東林黨人顧憲成在《反自錄》一書中所說：「凡論人，當觀其趨向之大體。趨向苟正，即小節出入，不失為君子；趨向苟差，即小節可觀，終歸於小人。」這是提出了「觀其趨向之大體」的論人標準；而所謂「趨向之大體」，即指「趨向苟正」還是「趨向苟差」。這是著眼於「大體」的、歷史的、全面的論人的科學態度和方法。三〇年代初，林語堂等人藉明末袁宏道的小品文，提倡「性靈」。魯迅認為，這是從根本上歪曲了袁宏道的本質。「倘要論袁中郎，當看他趨向之大體，趨向苟正，不妨恕其偶講空話，作小品文，因為他還有更重要的一方面在」；這更重要的一面，即「中郎正是一個關心世道，佩服『方巾氣』人物的人，讚《金瓶梅》，作小品文，並不是他的全部。」（《且介亭雜文二集・「招貼即扯」》）袁宏道的形象被林語堂等人歪曲了，於是「招人好笑，大觸其黴頭」。魯迅與郭沫若曾筆墨相譏，然魯迅看郭沫若，也是「觀其趨向之大體」，「都為著同一的目標，絕不日夜記著個人的恩怨」。

其次，魯迅是抓住要害，不及其餘的。魯迅一生批評過的人是如此之多。面對魯迅批評過的人，我們是不是應該想到：魯迅批評了什麼？是批評他的「全人」，還是批評他的「一肢一節」，還是批評他的一時一事？魯迅說自己作文是「好作短文，好用反語，每遇辯論，輒不管三七二十一，就迎頭一擊」。（《兩地書・一二》）魯迅批評「女性」的文章，是「一到辯論之文，尤易看出特別。即歷舉對手之語，從頭至尾，逐一駁去，雖然犀利，而不沉重，且罕有正對『論敵』之要害，僅以一擊給予致命的重傷者。總之是只有小毒而無劇毒，好作長文而不善於短文」。（《兩地書・一〇》）這裡，魯迅道出了他的戰鬥方法，抓要害，作短文。如此「劇毒」短文，反映了一個客觀事實，魯迅的攻擊，只是攻擊可攻擊之處，而不是針對攻擊對象的一切。比如，攻擊對象的腳底流膿了，魯迅只攻擊他的腳，而絕不無事生非，說他得了梅毒。魯迅批評蔡元培，是批評他在「清黨」前後的言行，而不涉及他的教育思想；

魯迅批評李四光，是批評他在「女師大風潮」中的具體作為，而不涉及他的道德學問……而這些不及其餘的批評，並不影響魯迅在其他方面贊同被批評者的觀點，甚至並不影響彼此之間有可能成為朋友。比如，馮乃超說魯迅「醉眼陶然」，魯迅也不客氣地「回敬」過他，但在反擊梁實秋時，他們卻是一致的。

再次，魯迅是重視團結，也力行團結的。魯迅嫉惡如仇，但他絕不因小忿而誤大端。我們知道，魯迅與成仿吾有過筆戰，對他甚至有厭惡之情。然而，事情過去了也就過去了。據許廣平在《魯迅回憶錄》一書中寫道，有一回，魯迅在上海見過成仿吾，誇讚他「從外表到內裡都成了鐵打似的一塊，好極了」。成仿吾也說過他是透過魯迅和黨接上了關係的。類似的例子，可以舉出一大串，比如，魯迅和郭沫若等等。以上這些內容證明了魯迅有寬廣的胸懷，力行團結。其實，團結是以寬廣的胸懷為前提的。

在談到魯迅「罵人」一類雜文時，茅盾有過一段精闢的分析。倘就魯迅雜文的作用而言，「匕首」或「投槍」，固然可以概括魯迅的絕大部分的雜文。但他的六百餘篇，一百萬字的雜文，包羅萬象，除了匕首、投槍，也還有振聾發聵的木鐸，有悠然發人深思的靜夜鐘聲，也有繁弦急管的縱情歡唱。魯迅雜文的戰鬥性，固然指對敵人的鬥爭，同時也指對自己陣營內的錯誤傾向的鬥爭，對迷路的朋友們的不妥協的堅持原則的忠告，以及對中間份子搖擺不定的針砭。「在對敵鬥爭時，魯迅用的是匕首和投槍，但在對友、對中間份子時，魯迅有時用醒木，有時也用戒尺，有時則敲起警鐘。」（茅盾：《聯繫實際，學習魯迅》）茅盾的話，是符合魯迅「罵人」的客觀實際的。魯迅絕不是一味地罵，魯迅心中有一桿秤，心明眼亮。

14. 魯迅「罵人」的幾種類型

魯迅的「罵人」，大約可以分為這樣的幾種類型：

一、原則之爭、是非之爭，從總體上看魯迅所「罵」的內容是正確的。這是魯迅「罵人」的主要部分，換言之，魯迅對時人的批評、批判，絕大部分是正確的。比如，魯迅對「現代評論派」陳西瀅的批判；對「新月派」梁實秋的批判；對當時周揚、張春橋極「左」萌芽勢力的批評；以及對章士釗種種劣跡惡行的揭露與抨擊，都屬此類。

二、大原則上魯迅是正確的，小枝節上有批評失當、感情用事之處。這一點，可以舉「革命文學」論戰和「兩個口號」論戰為例。「革命文學」論戰，是由於成仿吾他們當時尚不瞭解魯迅對於革命的重要作用，把本來屬於同一陣營的魯迅戴上了「封建餘孽」、「雙重反革命」等高帽，魯迅仍然堅持批評所該批評的，但不論戰論怎樣激烈，魯迅並沒有反對他

們提倡革命文學的根本主張。關於「兩個口號」的爭論，在抗日統一戰線這個根本問題上，魯迅是擁護的，所餘下的矛盾，大不了只是提法問題。但是，在枝節問題上，魯迅確實因為動了肝火，動了感情，有失當和言重的地方。比如，罵創造社的成仿吾等人是「才子＋流氓」，與他們的「才子＋革命」的本色似有距離。說「四條漢子」等「我甚至懷疑他們係敵人所派遣」，也言重了。對自己精心栽培過的後生小子徐懋庸動了那麼大的肝火，是不是也有不夠冷靜和大度之處呢？

三、有批評正確之處，也有誤解、誤會的地方。這一點，比較典型的是對周木齋的批評。在大學生的「赴難」與「逃難」問題上，魯迅認為「倘不能赴難，就應該逃難」，稱自己是「逃難黨」，魯迅對周木齋的批評無疑是正確的。然而，關於「這回是王平陵先生告發在前，周木齋先生揭露於後」，卻是誤會。對於這樁公案，曹聚仁追憶說：「魯迅的確實有點誤會，認為周木齋乃是某君的『化名』，意在諷刺魯迅。後來，我告訴魯迅，周木齋另有其人，並非『化名』；那段雜文，只是主張一個作家著重在『作』，並無諷刺之意。過了一些日子，魯迅在我家中吃飯，周木齋也在座，相見傾談，彼此釋然了。」（曹聚仁：《文壇五十年續集・史料述評》）

四、純粹是誤會。這一類事在魯迅的「罵人」生涯中並不多，但亦可舉出明顯的例子。一是懷疑鍾敬文與「鼻」（即顧頡剛）乃一路人之事。對鍾敬文，魯迅是意氣相向，恨屋及烏了。這些誤會，魯迅有的公開做了自我批評、自我解剖，有的也在致友人的信中表示了某種歉意和不安。

順便提一下，有人把魯迅「罵人」現象分為當時是正確的，現在看還是正確的；當時是正確的，現在看不那麼正確了等等若干類。我以為，這種分法是不科學的。當時是正確的，現在看怎麼就變得不正確了？用現在流行的眼光去衡量當時具體的爭論，這不是歷史唯物主義。離開了當時特定的社會環境，奢談正確與否，貌似公正，然客觀上起了貶損魯迅的作用。比如，有人說過去講「鬥爭」，魯迅「罵」梁實秋是對的；今天講「團結」，再「罵」梁實秋是「資本家的乏走狗」就不對了云云。這是一種奇怪的邏輯，我們今天十分重視發展海峽兩岸的關係，但我們能以此否認中國人民的解放戰爭嗎？如此媚時、迎合，就不是搞學術研究了。錢理群認為，這樣的人就不配稱為「學者」，而是見風轉舵的「政客」了。

15. 「實罵」與「虛罵」

我以為，關於魯迅的「罵人」，從另一意義上理解，可以分為「實罵」和「虛罵」兩類。

所謂「實罵」，意即針對具體的某人某事，就事論事，不及其餘。比如，魯迅與高長虹衝突中關於「太陽、月亮和夜」的問題，梁實秋的「硬譯」問題，劉大傑的標點本的錯誤問題等等，皆屬此類。魯迅的「實罵」，分析問題本身就是目的。

所謂「虛罵」，意即抓住當時的某人某事，然醉翁之意不在酒，乃在於借題發揮，生發開去。問題的本身不過是起了觸發魯迅靈感、引出話題的作用。魯迅與引出話題的這類人並無直接衝突，所涉之事，亦無利害關係。這比較典型的應是梅蘭芳、馬寅初和楊蔭榆的例子。魯迅「罵」梅蘭芳，是「罵」梅蘭芳所象徵的男扮女裝之類不男不女的「太監文化」，是罵「男人看見『扮女人』，女人看見『男人扮』」的病態的社會人格。魯迅罵馬寅初，很大程度上是針對當時文人學者的無聊，與其說魯迅罵馬寅初，不如說魯迅是在反抗無聊。楊蔭榆的情況稍稍複雜一些。魯迅之「罵」楊蔭榆，「實罵」成份是很大的，是主要方面。但是，那篇被有的人認為有人身攻擊成份的《寡婦主義》，卻是「實罵」中的「虛罵」。文中，魯迅指出楊蔭榆是「寡婦」或「擬寡婦」，實行「寡婦主義」教育，對於大學生，「始終用了她多年練就的眼光，觀察一切，見一封信，疑是情書了，聞一聲笑，以為是懷春了；只要男人來訪，就是情夫……」這些語言，都是不確定的推測，與楊蔭榆所涉無多。其實，楊蔭榆雖然單身，但她也和魯迅一樣，也是封建婚姻的受害者。據楊絳說，她是奉祖母之命訂親結婚的。她的夫家姓蔣。雖然門當戶對，然蔣少爺卻是一個「傻爺」，「老嘻著嘴，露出一顆顆紫紅的牙肉，嘴角流著哈拉子」。成親時，她把「傻爺」的臉皮都抓破了，後來逃回娘家，出外求學。當然，魯迅當時並不知道她的這一身世，倘知道，接受過母親「禮物」、與朱安有過不幸婚姻的魯迅，在下筆討伐「寡婦主義」時，以楊蔭榆為話頭，也許會有所躊躇？我以為，魯迅關於「寡婦主義」的這種深切感受，可以說是鬱積於長久，得之於偶然。他之所以如此不無刻薄地罵楊蔭榆，只不過是找到了靈感的觸發點，借題發揮而已。心中有思想，總是要噴發的。若不是楊蔭榆，在此後的某日，碰上了牛蔭榆、馬蔭榆，一有機會，魯迅關於「寡婦主義」的思想，還是要表白的。

魯迅「罵人」文章的偉大意義，表現在他「實罵」部分包含有「虛罵」的成份，魯迅是具體的，但他不像一般的平庸的雜文家那樣，拘泥於具體。他昇華了，超越了，抽象了，成了哲學意義上的「一般」。

我們讀魯迅的論戰文章，常常發現，面對對手洋洋灑灑的宏文偉論，魯迅僅還以匕首般的短文，三言兩語便擊中要害，致使對手再也無招架、還手的餘地。魯迅的批判，例如在「莊子與文選」論戰中將施蟄存稱為「洋場惡少」，「兩個口號」論戰中稱周揚為「奴隸總管」，就具體的人與事而言，確實有過苛之病；但如果排除個別性與特殊性，跳出具體的人事關係，

做為一種「社會典型」，卻又是極其深刻的。魯迅在談到自己雜文寫作的經驗時說：「砭錮弊常取類型。」所謂「取類型」，就是如上所列舉的抓住典型事件或典型人物。正如魯迅自己所解釋的，「蓋寫類型者，於壞處，恰如病理學上的圖，假如是瘡疽，則這圖便是一切某瘡某疽的標本，或和某甲的瘡有些相像，或和某乙的疽有點相同」。（《偽自由書・前記》）這就是說，魯迅是把「實罵」的對象當作一個標本的，它虛指了「實罵」對象們所代表的所象徵的人物。

魯迅的雜文之所以實中有虛，由個別而到一般，在於他的思考絕不停留在個別的「這一個」，而是將其放在廣闊的時代、社會、歷史背景下進行剖析，竭力排除其個別性、具體性、特殊性，快刀斬亂麻迅速切入本質，使其成為具有歷史概括性、普遍性的「這一類」的標本。這種從個別現象立即切入本質的整體概括的思維方式，借用杜勃羅留波夫的話說，就是「在看到一件事物的一瞬間，就能夠從許多偶然性中，區別出它的基本特徵」。（杜勃羅留波夫：《黑暗的王國》）

我們認識魯迅的「罵人」現象，也應該跳出困宥於「實罵」的誤區，跳出個別看到一般。如此，才算是掌握了閱讀魯迅的鑰匙。可是，論者每每不察，對魯迅的「罵人」文章，總以意氣論之。對此，魯迅當年即已慼慨系之：「足見讀者的判斷，亦幼稚者居多也。」（一九三四年五月二十二日致楊霽雲信）在魯迅寫這封信的前一年多，瞿秋白就在《〈魯迅雜感選集〉序言》中闡述過這種見解：

> 現在的讀者往往以為《華蓋集》正續編裡的雜感，不過是攻擊個人的文章，或者有些青年已經不大知道「陳西瀅」等類人物的履歷，所以不覺得很大的興趣。其實，不但「陳西瀅」，就是「章士釗（孤桐）」等類的姓名，在魯迅的雜感裡，簡直可以當作普通名詞讀，就是認作社會上的某種典型。他們個人的履歷倒可以不必多加考究，重要的是他們這種「媚態的貓」，「比牠主人更嚴厲的狗」，「吸人的血還要預先哼哼地發一通議論的蚊子」，「嗡嗡地鬧了半天，停下來舐一點油汗，還要拉上一點蠅矢的蒼蠅」……到現在還活著，活著！揭穿這些卑劣、懦怯、無恥、虛偽而又殘酷的劊子手和奴才的假面具，是戰鬥之中不可少的陣線。

魯迅視瞿秋白為知己，稱「人生得一知己足矣，斯世當以同懷視之」，這在很大程度上就是因為瞿秋白理解魯迅，認識他的「罵人」雜感的偉大意義之所在。後來，王得後等人對瞿秋白的魯迅觀有所發揮，他們認為：「魯迅雜文是個別的，但也是一般的、抽象的。雜文中所涉及的人物、文章、事件，都是活生生的，有血有肉，有根有據，都是歷史的真實，但

又多有一般的意義。因此，人物的生辰八字，文章的最初出處，事件的背景過程，對讀懂魯迅雜文，似乎很要緊，其實又並不那麼要緊。」（王得後、錢理群：《〈魯迅雜文全編〉前記》）是的，具體人物的恩恩怨怨既有重要的一面，也有不重要的一面，既有實的一面，也有虛的一面。應該指出的是，隨著許多歷史人物的相繼謝世，這種實的恩怨將逐漸淡化、虛化了。最後，給我們留下的、重要的將是瞿秋白所認定的做為普通名詞的社會典型。

16.「大眾的靈魂」和「時代的眉目」

有學者惡狠狠地貶斥魯迅雜文為「罵人文選」。首先，這是一種因不讀魯迅原著的無知所產生的誤解和偏見。在魯迅一百多萬字的雜文作品中，「罵」了人或者涉及「罵人」的，充其量只佔百分之一、二，怎麼可以將其一概斥之為「罵人文選」呢？即使魯迅作品中最具戰鬥性的「罵人」部分，它們也絕不會由於得罪了某些「正人君子」，因而不斷遭到他們和他們的徒子徒孫的貶斥，而失去所固有的偉大意義。倘若我們真的把魯迅的「罵人」文章編成一部《魯迅「罵人」文選》，那其中也自有其「大眾的靈魂」和「時代的眉目」。魯迅對自己的「罵人」文章就有這樣的自信。他說：

這兩位（按指《中央日報・中央公園》所載《雜感》的作者洲和《文壇與擂臺》的作者鳴春），一位比我為老醜的女人，一位願我有「偉大的著作」，說法不同，目的卻一致的，就是討厭我「對於這樣又有感想，對於那樣又有感想」，於是而時時有「雜文」。這的確令人討厭的，但因此也更見其要緊，因為「中國的大眾的靈魂」，現在是反映在我的雜文裡了。（《准風月談・後記》）

他又說：

這一本集子和《花邊文學》，是我去年一年中，在官民的明明暗暗、軟軟硬硬的圍剿「雜文」的筆和刀下的結集……當然不敢說是詩史，其中有著時代的眉目，也絕不是英雄們的八寶箱，一朝打開，便見光輝燦爛。我只在深夜的街頭擺著一個地攤，所有的無非幾個小釘，幾個瓦碟，但也希望，並且相信有些人會從中尋出合於他的用處的東西。（《且介亭雜文・序言》）

魯迅的作品中，「大眾的靈魂」中反映了「時代的眉目」，「時代的眉目」裡也包含著「大眾的靈魂」。魯迅一生的戰鬥歷程，若是把幾次主要的「戰役」羅列出來，基本上可以看到文學史的一個輪廓。魯迅總是把當時的事和當時的人結合在一起。每一個「戰役」，魯

迅往往把矛頭指向對立面中有代表性的人物，痛加批判。比如，對復古派的鬥爭，魯迅矛頭主要指向林琴南、章士釗；對「新月派」的鬥爭，主要指向梁實秋；對「第三種人」的鬥爭，則是揪住了杜衡……章士釗、陳西瀅等無疑是「大眾靈魂」的代表，而與他們的鬥爭過程，自然又留下了時代的眉目。

概而言之，魯迅的「罵人」，有罵對的，有稍感過火的，有誤會等等。但這都並不重要。它的意義在於「實罵」中包含著「虛罵」的成份；而純粹的「實罵」部分，也將不斷地被歷史虛化。魯迅留給我們的是超越個別、具體的一般和抽象，魯迅的價值，在於他的「罵人」文章給我們提供了社會典型，「大眾的靈魂」和「時代的眉目」。

17. 魯迅的「多疑」

魯迅「罵」過這麼多人，他為什麼老愛「罵人」呢？正人君子們、同一陣營的戰友們於是說他「多疑」。「多疑」這個詞與「尖刻」、「刻毒」等一起，是魯迅同時代以及以後的人們評價他的常用語彙。另一方面，忠誠於魯迅的人們，也考慮到「多疑」是貶損魯迅的，所以，為尊者諱，對魯迅確實有「多疑」之處的實例，多持避而不談的態度。

我以為，我們首先應該正視魯迅的「多疑」。魯迅就曾承認自己有「多疑」的時候，魯迅的「罵人」生涯中，也不難舉出「多疑」的實例。在以直率地表述自己的思想和心情而著稱的《兩地書》中，他談到「我看事情太仔細，一仔細，即多疑慮，不易勇往直前」。（《兩地書・八》）「我的習性不太好，每不肯相信表面上的事情。」（《兩地書・一〇》）這算不算魯迅承認了自己的「多疑」呢？在《關於楊君襲來事件的辯證》中，魯迅是明確地承認自己「太易於猜疑，太易於憤怒」。魯迅還曾說，自己的「靈魂裡有毒氣和鬼氣」，這種「毒氣和鬼氣」是一種泛論，當然也包含了「多疑」。若說魯迅「多疑」實例，又可以舉「楊樹達」襲來事件，誤認丁玲求助信為沈從文捉弄事等。從這些實例看，魯迅確實是「多疑」了。

然而，在講魯迅「多疑」的同時，我們也可以舉出大量的事實證明魯迅並不多疑，相反，有時倒是過於天真了。許廣平在《魯迅和青年們》中，講了那個著名的魯迅「兒子」的故事，那是叫人哭笑不得的。許廣平感慨道：「誰說先生老於『世故』，我只覺得他是『其愚不可及』。世界上竟有這樣的呆子嗎？可是這呆氣，先生卻十分珍貴著。他總是說：『我不能因為一個人做了賊，就疑心一切的人！』」（《許廣平憶魯迅》，第234—235頁）還有那個聲稱持有烈士遺稿《孩兒塔》的史濟行，也輕而易舉地騙取了魯迅的信任，還讓他老夫子動了感情，說：「一個人如果還有友情，那麼，收存亡友的遺文真如捏著一團火，常要覺得寢食不安，給它企圖流佈的……」（《且介亭雜文末編・白莽作〈孩兒塔〉序》）可是，史濟行

是這樣一個重友情的人嗎？他只是一個騙子。錢理群認為，從魯迅給曹靖華、章廷謙、蕭軍、蕭紅、胡風等人的書信中，會強烈地感到魯迅對人的誠摯、直率、寬厚，無微不至甚至天真。「應該說，這都比較接近魯迅的真性情。」（錢理群：《心靈的探尋》第67頁）魯迅摘譯島崎藤村《從淺草中來》中有一句話：「我希望常存單純之心；並且要深味這複雜的人間世。」錢理群在《心靈的探尋》中又說：「人們多注意到魯迅『深味這複雜的人間世』這一面，而往往忽視了也許是更為本質的一面，即『常存單純的心』。一切站在歷史的高峰，看透現實、因而超越現實的偉大人物，必定有『返璞歸真』的一面。蕭紅曾經回憶說：『魯迅先生的笑聲是朗朗的，是從心裡的歡喜，若有人說了什麼可笑的話，魯迅先生笑得連菸捲都拿不住了，常常是笑得咳嗽起來。』我常想，能夠這樣開懷大笑的人，一定有一顆純真的心。」

魯迅既是「多疑」的，又是不設防的、單純的。

魯迅有種種矛盾，他有時責怪自己太易於猜疑，有時又認為「多疑」並非壞事。他說：「中國的人民是多疑的。無論哪一國人，都指這為可笑的缺點。然而懷疑並不是缺點。總是疑，而並不下斷言，這才是缺點。」（《且介亭雜文末編•我要騙人》）對世事人物持懷疑的眼光，於不疑處有疑，疑而能斷，這不僅不是缺點而是優點了。魯迅這裡談「多疑」時用了「懷疑」這樣的字眼。多疑，也就是多了一點懷疑。這一點，下文還要涉及。

說魯迅「多疑」，言而有據；說魯迅不「多疑」乃至單純，一樣言而有據。事實是，魯迅是心地單純的。然而，他生活在一個可懷疑的國度，這個國度裡有許多互相猜疑的人們，這個國度裡有許多可猜疑的事物。於是，任你怎樣單純，也不得不變得「多疑」起來。

我們來看看當時的社會環境吧！錢理群等許多有識之士都把眼光注視到了這一點。魯迅的「多疑」，乃是二十世紀前半葉空前尖銳、複雜的政治鬥爭與思想鬥爭的產物。歷史正經歷著「把陳舊的生活方式送進墳墓」，新的嬰兒誕生前漫長的陣痛，這是一個充滿了污穢與血的時代，在生與死的最後搏鬥中，一切溫情脈脈的面紗全部剝落，露出本來面目的瘋狂與卑劣；古今中外——人類歷史、現實中一切陰謀詭計、鬼蜮伎倆竟然集中於二十世紀二、三〇年代中國政治舞臺上。魯迅經常痛苦地譴責自己：「我向來是不憚以最壞的惡意，來推測中國人的，然而我還不料，也不信竟會下劣兇殘到這地步。」（《華蓋集續編・紀念劉和珍君》）「那麼風雲變幻的事，恐怕世界上是不多有的，我沒有料到，未曾描寫，可見我還不很有『毒筆』……我還欠刻毒。」（《三閒集・通信》）魯迅更憂慮著「未經世故的青年，不知底細」，容易「上當」，「碰頂子還是小事，有時簡直連性命也會送掉」。（一九三四年十二月十日致蕭軍、蕭紅信）現實就是如此嚴峻：在你死我活的拼殺中，人們的天真，思維方式的簡單化，認知與現實的脫節，都要付出血的代價。魯迅自己就多次「親歷」了這樣的流血，而且多是

最為寶貴的青年戰士的血。社會、時代的大環境，讓魯迅持懷疑的眼光看問題。魯迅不能不以「多疑」的冷眼看當時的社會。

就具體而言，許多人的作為也證明著實際生活中有著可懷疑的人和事。其實，從某一方面講，魯迅疑得還不夠，他對人的推測，實在太傾向於好的方面，有些人自己所表現出來的，比魯迅對他們的推測還要壞得多。上文提到的史濟行就是一例。當後來魯迅知道史濟行所謂藏有《孩兒塔》文稿完全是假的，他這樣說完全是為了騙取魯迅的手稿後，魯迅不禁感慨系之，說：「我雖以多疑為忠厚長者所詬病，但這樣多疑的程度是還不到的。不料人還是大意不得，偶不疑慮，偶動友情，到底成為我的弱點了。」（《且介亭雜文末編・續記》）

正是這種教訓，使魯迅常用多一點懷疑的眼光去看社會、看人。「多疑」，並非魯迅的罪過，事實常常證明他「疑」得對。「民族主義的文學家在今年的一種小報上說，『魯迅多疑』，是不錯的，我正在疑心這批人們也並非真的民族主義文學者，變化正未可限量呢！」（《南腔北調集・〈自選集〉自序》）魯迅的這個懷疑並沒有錯，所謂的「民族主義文學者」並不是真正站在民族立場的愛國者，而恰恰是一批「洋大人的寵兒」，他們的作品充滿著對帝國主義侵略者的諂媚之態，並竭力鼓吹借用侵略者的暴力，把國內的人民革命運動鎮壓下去的法西斯主張。這一類的例子是不勝枚舉的。所謂魯迅「多疑」，就是不肯輕易相信那些

「不是東西者流」，往往要對他們的言行打個問號，看一看，等待一下，分析一番，務必看清他們的五臟六腑，弄清楚他們的真實嘴臉。倘若面前有「貌似新思想者」出現，魯迅並不輕易相信他們，因為他看過許多這樣的人，「骨子裡卻是暴君、酷吏、偵探、小人」；倘若有人自稱是「新式青年」，魯迅也不輕易相信，因為他深知有的人「皮毛改新，心思依舊」，新式的軀殼裡埋伏著古老的魂魄。魯迅曾經說過：「向來，我總不相信國粹家道德家之類的痛哭流涕是真心，即使眼角上確實有珠淚橫流，也須檢查他手巾上可浸著辣椒水或生薑汁。」（《華蓋集續編‧馬上支日記》）由這樣的懷疑，進而達到犀利的解剖的目的，這就使魯迅戳穿了許多兩面派的迷人假面，從而暴露出他們的真實面目。

我以為，魯迅的「多疑」也就是懷疑精神，它包含了兩方面的內容，一是對有的具體當事人的指名道姓的懷疑，並且由懷疑而質問、而抨擊、而昇華到一般的文化意義上的批判，即由「實罵」而包含而帶出了「虛罵」；一是對沒有活著的具體當事人的懷疑——「從來如此，便是對的嗎？」——是一種超越現時代人事糾紛的純粹意義上的對歷史、對文化的懷疑，諸如「真有上帝嗎」？以此類的反問，進而得出「上帝死了」的結論。痛快淋漓，讓人人激動，又不開罪任何人。魯迅的前一種懷疑，被人們目為「多疑」，多少帶有貶意；而對後一種懷疑，則視為批判精神，大多並無異議。魯迅的這種懷疑精神，在他的創作中同樣留下了引人注目

的深刻印記。他的雜文中對民族文化心理的挖掘和批判，刨祖墳、究根底的思維方法和寫作特點，《故事新編》中對古人的調侃和嘲弄，《野草》中對自我的嚴格剖析和審視，《吶喊》、《徬徨》中主題與形象的深刻歷史內涵的現實意義，無一不滲透和貫穿著這種懷疑精神與理性思考。具體一點說，比如，在《狂人日記》裡魯迅發現：「我翻開歷史一查，這歷史沒有年代，歪歪斜斜的每葉上都寫著『仁義道德』幾個字……仔細看了半夜，才從字縫裡看出字來，滿本都寫著兩個字是『吃人』。」（《吶喊》）對此，大家齊聲稱頌，說這是魯迅對歷史的新發現。可是，倘若魯迅寫道，在章士釗的什麼文集裡，看到了「吃人」二字，那不僅是說魯迅「多疑」了，簡直要打官司。

魯迅具體的和非具體的，換言之，牽涉到活人的糾紛的「多疑」與純粹文化意義上的懷疑，是魯迅懷疑精神的兩個方面的表現。魯迅太過於真誠，太過於天真，又加上他有著頑強的「硬骨頭」精神，他不迴避活人的糾纏，而只進行文化的批判，所以才被戴上了「多疑」的帽子。魯迅的兩方面的懷疑，都緣於中國歷史與現實的啟迪，魯迅的懷疑精神、批判精神，是中國這塊土地上培育出來的智慧之花。

18. 歷史的環境讓魯迅「刻毒」

魯迅用「多疑」的眼光看社會人生，寫了許多「罵人」文章，本來「罵人」也是很正常的。「罵」又何能一概指責呢？魯迅表達過這樣的意思：假如指一個女人說：「這是婊子！」如果她是良家，那就是謾罵，不行的；如果她實在是在做賣笑生意的，那是說了真話，並不是罵人。可是，中國是一個多有死要面子人的國度，中國是個多有虛偽人的國度。許多正人君子既要做婊子，又要立貞節牌坊。因而，在他們的眼裡，魯迅是撕人顏面的傢伙，當然是可惡的。於是，有了一大串關於魯迅的「尖刻」、「刻毒」、「不寬容」、「刀筆吏」、「紹興師爺」、「睚眥必報的小人」之類的議論。這不僅伴隨魯迅生前，也糾纏於他死後。中國有一句成語，叫做「眾口鑠金」，好話使人增光，反過來就是「積毀銷骨」了。一次又一次的造謠誹謗，魯迅似乎真的成了刻毒的人了。

王乾坤在《魯迅的寬容》中說：「如果有人不恥下問於我：在未來的社會裡，魯迅將在哪些方面成為詰難的對象？別的方面我說不確，但我現在可以肯定地回答出一個，那就是他的：『刻毒』。或者說，他的『惡』，他的『反恕道』，他的『復仇』，他的『以惡抗惡』等等，都可以看作一個意思。」他又說：「很難想像渴望平和環境的人們，樂於接受『復仇』，『一個也不寬恕』之類的聲音；很難想像人們在對歷史做總體反思的時候，不把這種聲音同古老

的怨怨相報或人際傾軋『望文生義』為同一個東西。」（《魯迅研究月刊》）一九九三年第十一期）那麼，魯迅真是「刻毒」的和「惡」的嗎？

就像古希臘雕塑中的毒蛇纏身的拉奧孔一樣，魯迅是個受苦受難的時代先行者的形象，也是一個激烈的憤怒的時代批判者的形象。首先是時代、社會的壓迫所帶來的苦難，接著自然是對壓迫的反抗，帶著憤怒的激情對時代、社會的不留情面的批判。

魯迅的一生，是受迫害的一生，伴隨著他的是無數的謊言、謠諑、誹謗、誣陷。一會兒說魯迅「開書店」，一會兒又說他「同收版稅百餘元」；一會兒說魯迅已領取「中央黨部文學獎金」，一會兒又說他「被捕」了；一會兒說他「收蘇俄盧布」，一會兒又說他充當「日探」；一會兒說他「往莫斯科」了，一會兒又說他「生腦膜炎」了……凡此種種，謠言與誣陷像蝗蟲似的在魯迅頭上飛轉。魯迅一不戰鬥，一不撲打，似乎立即就要被吞噬了。

有的謠言，暗含殺機，魯迅在悲憤的同時，不得不認真對待。例如一九三一年初，國民黨的大小報刊上盛傳魯迅已經「被捕」，被「刑訊」，並且在報上紛紛揭露所謂魯迅的「罪狀」。有的甚至透露魯迅住址，促請當局加以搜捕。謠言之熾，驚動了魯迅的四方親友，「老母飲泣，摯友驚心」，魯迅自己則如處於荊棘之中，感愴交並，難以言喻。為了預防不測，魯迅不得不搬家避難，他在一九三一年一月二十三日致李小峰的信中說：「眾口鑠金，危邦宜慎，所以我現在也不住在舊寓裡了。」

魯迅多次談到了自己的受壓迫，被圍剿；既談了歷史的重壓，又談了現實的壓迫。比如，在《三閒集・序言》中說：「我是在二七年被血嚇得目瞪口呆，離開廣東的，那些吞吞吐吐，沒有膽子直說的話，都載在《而已集》裡。但我到了上海，卻遇見文豪們的筆尖的圍剿了，創造社、太陽社、『正人君子』們的新月社中人，都說我不好，連並不標榜文派的現在多升為作家或教授的先生們，那時的文字裡，也得時常暗暗地奚落我幾句，以表示他們的高明。我當時還不過是『有閒即是有錢』、『封建餘孽』或『沒落者』，後來竟被判為主張殺青年的棒喝主義者了……」一九三一年二月五日在致荊有麟的信中說：「我自寓滬以來，久為一班無聊文人造謠之資料……其實這只是有些人希望我如此的幻想，據他們的小說作法，去年收了一年盧布，則今年當然應該被捕了，接著是槍斃。於是他們的文學便無敵了。」一九三四年十二月六日在致蕭軍、蕭紅的信中，談了對誣陷和謠言的感嘆：「中國是古國，歷史長了，花樣也多，情形複雜，做人也特別難……尤其是那些誣陷的方法，真是出人意外，譬如對於我的許多謠言，其實大部分是所謂『文學家』造的，有什麼仇呢，至多不過是文章上的衝突，有些是一向毫無關係，他不過造著好玩，去年他們還稱我為『漢奸』，說我替日本政府做偵探，我罵他時，他們又說我器量小。」

是的，魯迅一生「罵」過許多人，他的個性中也有著強烈的攻擊的傾向。但是，我們不禁要問，他為什麼愛「罵人」，為什麼「刻毒」呢？我們應該去尋找隱藏在魯迅這種攻擊性背後的客觀的原因，這就是魯迅被壓迫、受圍剿的苦難的歷程。被壓迫了，為什麼不反抗？「罵不還口」，是奴才哲學；以牙還牙，則是戰士的性格。魯迅「刻毒」的「罵人」文章，與其說是理性使然，不如說更多的來自個人的際遇或經驗。他自己也說過，他的很多主張，不是來自理論的蠱惑，而是親見親歷的「我以為然」。一套《魯迅全集》，留下了魯迅幾乎所有的文字。然而，由於種種原因，罵魯迅、甚至首先罵魯迅的文章，多已灰飛煙滅。如此，人們只看到魯迅「罵」，而難以看到別的一切了。這就客觀上給不懂真相的人感覺到，魯迅似乎真的是刻薄了。魯迅的母親曾經說過一段大白話，也是實在話：「大先生所以死得這麼早，都是因為太勞苦，又好生氣。他罵人雖然罵得很厲害，但是都是人家去惹他的。他在未寫罵人的文章以前，自己已氣得死去活來，所以實在是氣極了才罵人的。」（北平《民國學院院刊》第七期，一九三六年十一月三日）「人家去惹他」，魯迅「氣得死去活來」，才還擊，這道出了一個基本的事實：首先是時代、社會的壓迫，接著才是魯迅的反抗與攻擊。

然而，同是魯迅的親人，周作人與魯老太太的見解並不一樣，他甚至比魯迅的許多論敵都走得更遠，認為魯迅「個性不但很強而且多疑，旁人說一句話，他總要想一想這話於他是不是有不利的地方……」周作人甚至把魯迅的「刻毒」解釋為迫害狂的心理。

果真如此嗎？

錢理群在分析「楊樹達」襲來事件時，把魯迅的精神狀態和《狂人日記》中狂人的精神狀態結合在一起進行分析。他說：

> 我們看到魯迅的多疑與尖刻，又看到魯迅的誠摯與坦蕩，這構成了完整的魯迅。我們更痛苦地發現魯迅在事件發生過程中強烈的「防範意識」，由此而領悟到《狂人日記》裡「狂人」過度敏感的精神病態，正是我們這個時代的先驅者（包括魯迅在內）精神狀態的一個側面誇大的變形的反映。是這種病態的社會環境：四面充溢著陰謀、流言和陷阱，人與人之間滿懷敵意與猜疑，魯迅精神上時時處於高度緊張狀態，他不得不「橫站」，提防八方來敵，魯迅之「太易於猜疑，太易於憤怒」，正是病態的社會、病態人際關係對魯迅心理、性格的扭曲與損傷，也是魯迅的一種自我保護性的反應與反抗。（錢理群：《心靈的探尋》第68－69）

狂人是社會壓迫的結果。魯迅的「多疑」是對社會現狀的一種否認——這是一個處處需要打問號的社會。人不是天生就多疑的，當我們探究一個人為什麼多疑時，是不是應該首先探

究一下造成多疑人格的社會原因？如果說，魯迅有自認為還「刻毒」得不夠的一面的話，也絕不是「迫害狂」心理的作怪，「從心理學上講，恐怕情況正好相反，恰恰是受迫害的心理反映。應該說，魯迅在長期的受迫害受壓抑的歷史情境中，他由反抗而生的刻毒有時確乎超出了應有的敏感，而時有一種受迫害臆想。」（王乾坤：《魯迅的寬容》，《魯迅研究月刊》一九九三年第十一期）

魯迅對自己一生挨罵的命運，曾訴說過內心的苦狀。他在一九三〇年三月二十一日致章廷謙的信中說：「半生以來，所負的全是挨罵的命運，一切聽之而已，即使反將殘剩的自由失去，也天下之常事也……我常常當沖，至今沒有打倒，也可以說是每一戰鬥，在表面上大抵是勝利的。然而，老兄，老實說吧，我實在很吃力，筆和舌，沒有停時，想休息一下也做不到，恐怕要算是很苦的了。」

雖然苦，但魯迅絕無退卻之意，在公開的言論中，話也說得格外不留情面，他不給他的論敵看到他也有軟弱的時候。在《華蓋集續編・學界的三魂〈附記〉》中說：「……我要『以眼還眼以牙還牙』，或者以半牙，以兩牙還一牙，因為我是人，難於上帝似的銖兩悉稱。如果我沒有做，那是我的無力，並非我大度，寬恕了加害於我的敵人。還有，有些下賤東西，每以穢物擲人，以為人必不屑較，一計較，倒是你自己失了人格。我可要照樣的擲過去，要是他擲來。但對於沒有這樣舉動的人，我卻不肯先動手；而且也以文字為限，『捏造事實』和『散佈流言』的鬼蜮的長技，自信至今還不屑為。」

在最後，當考慮到臨終要不要請人寬恕自己，自己也寬恕別人時，魯迅鄭重其事地表了態：

> 我想了一想，決定的是：讓他們怨恨去，我也一個都不寬恕。（《且介亭雜文末編・死》）

這是魯迅個人意志的選擇，是魯迅戰鬥一生的最後證明。這種「能殺才能生，能憎才能愛」的「壞脾氣」，其中所蘊含的大恨與大悲憫，若不曾陷入和經歷整體包圍和要求突圍的衝突，是不可能具有的。

19. 魯迅是單純的、寬容的

然而，這一切並不能掩蓋魯迅一生言行的另一方面的一個巨大的事實存在：魯迅是單純的、是寬容的。

對比時人對魯迅的攻擊，魯迅要寬厚得多。王得後、錢理群在《〈魯迅雜文全編〉前言》中有這樣一個比較：「歷史記載的就是這樣：人們攻擊魯迅的，是『學匪』、『學棍』、『赤

色作家』、『漢奸』、『雙重反革命』、『法西斯蒂』，明說是同志的也還是『右傾』、『危害聯合戰線』、『助長著惡劣的傾向』，都是含著殺機，可以遭到通緝，撤職，逮捕，監禁乃至殺頭的誣陷和謠言。而魯迅的反擊，給論敵定的大多止於『正人君子』、『紳士』、『叭兒狗』、『資本家的乏走狗』、『鷹犬』、『洋場惡少』、『才子+流氓』，無一有生命的危險，就是直斥為『幫兇』，也分明和他們的主子畫出分明的界限。」我認為，這一比較，近乎發明，使原來模模糊糊的罵來罵去，彼此彼此的東西明確起來。它足以證明貌似刻毒的魯迅的寬厚，又讓那些事後罵魯迅刻毒旨在反證自己寬厚的人，「麒麟皮下露出了馬腳」。批評別人刻毒的人自己未必不刻毒，指責別人缺少寬厚的人自己未必就寬厚。

魯迅嫉惡如仇，但他絕不因小忿而誤大端。這位怒目圓睜，在敵陣中冒著「槍林彈雨」勇猛廝殺的無畏鬥士，與友人、同志相處，卻是春光煦煦、和風習習、誠懇相待、富於情誼的。有人說，魯迅是一個一言不合，奮袂即起，給人難看的人。這種評論並不公允。魯迅自己就曾說過：「現在的許多論客，多說我會發脾氣，其實我覺得自己倒是從來沒有因為一點小事情，就成友或成仇的人。我還不少幾十年的老朋友，要點就在彼此略小節而取其大。」（一九三六年二月二十一日致曹聚仁信）事實也正是如此。魯迅並非沒有忍耐，沒有退讓。特別是對於青年，他不僅熱心為他們效力，有時還受到其中有些人的責難、譏笑與攻擊。遇到這種情況，魯迅通常並不還手，他認為「他們還脆弱，還是我比較的禁得起踐踏。」（《兩地書・七九》）當然，人非木石，忍無可忍挨了十刀，還上一箭，完全是合乎情理的。然而，魯迅的胸懷畢竟是寬廣的，「對於為了遠大的目的，並非因個人之利而攻擊我者，無論用怎樣的方法，我全都沒齒無怨言」。（《三閒集・魯迅譯著書目》）魯迅是不屑於對具體個人的「陷害」的——這是他的論敵常用的武器——他的著重點，在於透過具體個人的某些言行，實行文明的批評和文化的批判，這既是魯迅的寬厚使然，又是魯迅的偉大所在。

在對謠言進行反擊之外，魯迅更多的情況下是採取「謠言不辯，誣衊不洗」的態度。這固然是由於他承受過各種打擊，能夠「細嚼黃連而不皺眉」了。還由於魯迅深信，只要是謠言，就會自生自滅的。魯迅也沒有辦法與所有的謠言作戰。因此，對於無聊之謠言，魯迅只是付之一笑，只管自己做事。對待這類東西，「『由它去吧』，是第一好辦法」。（一九三五年十月二十九日致徐懋庸信）這著實表現了魯迅不屑計較的寬容。

曾經挨過魯迅「罵」的傅東華說：「誰要說魯迅先生的精神成份裡只有『恨』而沒有愛，我就和他拚命！誰要把魯迅先生的哲學解釋成唯恨哲學，我就永遠痛恨那個人！」（《人民日報》（一九九〇年十月十九日第八版）魯迅哲學中的「愛」，是另外一個命題了，這裡略去不談，但傅東華的話表明，魯迅的哲學不只是刻毒的哲學。

沒有慈悲與寬容的世界是狼的世界，但是迄今為止的歷史顯示，沒有「刻毒」的慈悲和寬容，只能是眼淚的世界。魯迅既是寬容的，又是「刻毒」的，魯迅寬容於應當寬容之時，魯迅「刻毒」於應當「刻毒」之處。魯迅畢竟是一個理性健全的偉人。

魯迅：現代中國最受誣衊的人

1. 魯迅：現代中國的孔夫子

柏楊說過，中國歷史有三個虎虎有生氣的黃金時代，一個是春秋戰國，一個是唐朝，再一個就是「五四」新文化運動。柏楊的說法精確與否，這是另外一個問題。僅就二十世紀而言，「五四」時期造就的一群人傑天驕，堪與先秦諸子相媲美；「五四」時期人文學科的成就，事實上成了二十世紀的頂點。雖然新時期有了許多名家，但若是以學貫中西的「五四」時期的先賢先哲為參照，時人誰人敢說他們的總體成就超過了魯迅、胡適、郭沫若？尤其是魯迅和胡適，我以為，魯迅一生都在批判一個舊中國，胡適一生都在探索怎樣建設一個新中國，他們二者的對立統一，奠定了中國新文化的基礎。

後人尊春秋戰國時期的孔夫子為聖人，毛澤東尊現代中國的魯迅為「現代中國的聖人」。孔夫子和魯迅本人所處的時代都不是廢黜百家獨有一尊的時代，但是，後人和別人之所以尊他們為聖人，這至少表明，他們的建樹為他們所處的時代之巔峰。就像孔夫子是春秋戰國時代最偉大的思想家的地位不可撼動一樣，魯迅為二十世紀中國最偉大的文學家和思想家的地

位是一樣不可撼動的。

孔夫子與魯迅是有其共同的命運的，孔夫子在世時周遊列國，戚戚然如喪家之犬，死後呢，享盡哀榮，被供為「至聖先師」，成了統治者手中的工具，成了投機鑽營份子手上的敲門磚。魯迅在世時，是眾矢之的，是「千夫所指」的「國民公敵」。魯迅生前死後，都是最受誣衊的人。然而，一九四九年以後，在中國大陸，魯迅也被定為一尊，成了歷次政治運動的工具，成了「四人幫」打人的棍子。魯迅被利用，被歪曲，被肢解。魯迅成了「兩個魯迅」，一個是做為客觀存在的魯迅，一個成了當權者整人的工具倉庫中一件被經常使用的工具。單純的魯迅世界變成了十分複雜的各式各樣的魯迅現象。

2.「拳王」地位與文壇週期性「感冒」

愛德格・斯諾曾感到奇怪：為什麼魯迅常常成為中國文壇上爭論的中心？魯迅生前死後，為什麼一些人，甚至包括某些左派，常常苛刻地攻擊他？是的，我也要問，中國的文人們為什麼老是以誣衊魯迅為自己的動業呢？他們為什麼要罵魯迅？有的罵魯迅的人本身有許多劣跡；在魯迅之外，更有不少人有這樣那樣的劣跡，他們不吭氣。是不是魯迅的偉大與崇高刺激了他們的某根神經？是不是一定要把魯迅變得和他們一樣墮落了，變成了符合他們的所謂「人的複雜性」了，他們才善罷甘休？

我覺得，從歷史的眼光看，魯迅是偉大的，從世俗的眼光看，魯迅又是不幸的。因為他對中國文化的巨大貢獻，所以歷史鑄就了他的偉大；正是由於他的偉大，派生出了一系列惡意和非惡意的非議和誣衊，這造成了他的不幸。魯迅生前死後，就與他有一大批的追隨者一樣，每一個時期總有那麼幾個人跳將出來，在大庭廣眾面前對魯迅叫罵，攻擊他，貶損他，扭曲他，利用他……總之，「吃他」。他們張著惡毒的貪婪的圓眼睛，吮吸著魯迅的血。魯迅死了70年，沒有多少安生的日子！

魯迅是巨大的存在，巨大存在成了巨大的陰影。中國文人有反抗巨大的傳統，似乎反抗了巨大，他也跟著巨大起來了。郁達夫風流，在他們眼裡是瀟灑，魯迅並沒有嫖妓，他們捕風捉影地說有了，於是，就說魯迅墮落。就像拳王必然要招引許許多多的挑戰者一樣，魯迅的巨大存在也一定要招致許許多多人的攻擊與謾罵。孔夫子和魯迅都處於「拳王」的地位，都處於遭謾罵的地位。有時我是這樣想的，如果不是魯迅，如果是別的什麼人處在魯迅這樣的地位，那麼，他也一定招惹很多人來「打擂」的。這是奇怪的現象嗎？這是不奇怪的現象嗎？無論如何，罵魯迅，或者說非議魯迅，成了魯迅去世以後中國文壇一段時間發作一次的帶有週期性的感冒。除了毛澤東時代，有了政治的高壓，罵魯迅將百分之百地成為「現行反革命」

以外，其他任何時期都不乏非議、誣衊魯迅的人——便是在不許罵魯迅的時代，魯迅也不是魯迅本身，魯迅無可逃避地成了當權派手中整人的工具。

3. 屍骨未寒，罵聲即起

魯迅死的第二天，就開始了他半個多世紀的受非議、遭誣衊的厄運歷程。魯迅是一九三六年十月十九日逝世的，噩耗傳出，幾乎全國的報紙，都在十月二十日發出了沉痛哀悼的報導。而天津的《大公報》，發出的卻是一則「短評」——《悼惜魯迅先生》，竟然利用這短短的悼文，向魯迅投出了明槍暗箭。明目張膽地說什麼：「他（魯迅）那刻薄尖酸的筆調，給中國文壇畫了一個時代，同時也給青年不少的不良影響。」

青年李何林看到這篇「短評」，當即寫出了他的無法抑制的「憤言」：

> 給中國文壇畫出了一個什麼時代呢？按語氣當然是「尖酸刻薄」的時代；所謂「不良影響」也就是「尖酸刻薄」的「影響」了！……我要請《大公報》短評記者詳細地指出來這「不良影響」的具體內容，讓讀者看看，究竟是站在什麼立場的「不良」！

接著，李何林還說：

魯迅的一支「深刻銳利」的筆，透入了教授、學者的骨髓和蒼蠅蚊子的靈魂；……現在倘是站在中國吸血鬼的代言人的立場，「尖酸刻薄」一定是不足解恨，他這次假使不是因為肺結核而死，應該「食肉寢皮」或者「露屍」的吧？何必還假慈悲的說什麼「……我們萬分悼惜的」呢？魯迅先生死而有靈，也絕不接受你們的「悼惜」！（《為〈悼魯迅先生〉的憤言》，見《李何林文論選》，人民文學出版社一九八二年版）

魯迅死的第二天，就有非議、誣衊魯迅的文章出籠，而與此同時，就有李何林這樣一生以捍衛魯迅為己任的鬥士站出來反擊、批駁，於是，構成了中國文壇的一道獨特的景觀。

4. 魯迅一無是處之一：魯迅不是革命家

幾十年來，人們非議、誣衊魯迅有些什麼內容呢？從魯迅不是革命家到魯迅嫖妓，可以說是五花八門，應有盡有。若是單一的看，很多人也許覺得這些論客不值得一駁，但倘若把各種觀點擺在一起，那倒是一種十分有趣的現象，那就是，魯迅一無是處，魯迅什麼也不是了。

從政治上看，他們認為魯迅不是革命家。不僅不是革命家，甚至是漢奸。鄭學稼在重慶勝利出版社出版了《魯迅正傳》，一九五三年香港亞洲出版社再版過。此書一九七八年九月

臺灣時報文化出版事業有限公司又出了改版本。鄭學稼在《十四年僉事》一節中說，魯迅從一九一二年到教育部任科長，直到一九二六年「三・一八」慘案以後離開，這期間的總統、執政總理走馬燈似的換了不下十餘人，洪憲皇帝袁世凱、賄選總統曹錕、官僚政客徐世昌、黎元洪及段祺瑞等等在任時，魯迅都安然地做他的小京官，甚至還被提拔為「僉事」。只有張勳復辟時期，他曾憤而辭職。鄭學稼陰險地說：「超過『不惑』之年的周氏，還未曾成為一個革命者，只是北廷似蒼蠅的官僚群中的一員。我們十分明白，在那樣腐化的北京官場中，周樹人氏能混了那麼久的時間，是不容易的。他是否在那迎張送李似的生涯中，和一般官僚表演了奴顏婢膝的醜劇，只有他的同僚曉得。」鄭學稼的基本論斷是，魯迅身為光復會會員，但在辛亥革命期間並無多少革命行為。接著，在辛亥革命以後，魯迅卻變成了一個小小的北京軍伐政府的官僚。鄭學稼還認為，三〇年代的魯迅並沒有真正從事過地下活動，如遊行集會之類，因而在左派看來，他也不算是革命家。

魯迅果真不是革命家嗎？

我們看魯迅的生平，不難得出這樣的結論：魯迅的一生，是戰鬥的一生，革命的一生。他「與舊禮教的衛道士『國粹派』之流戰，與北洋軍閥刺刀庇蔭下的『正人君子』陳源之輩戰，與誘勸學生進入研究室莫問國事的胡適之流戰，與國民黨御用文人如民族主義文學派戰」（何滿子語），總之，他與專制的中國戰鬥，與愚昧的中國戰鬥，與黑暗的中國戰鬥……他的一生就是為了要戰取一個自由的中國，一個光明的中國，一個有聲的活的中國。

思想革命算不算革命？在鄭學稼看來，似乎是不算革命的。他理解的革命，大約就是上街遊行，大約就是暴力行刺。魯迅關在家中做文章，不管他做的是什麼內容的文章，作者，非做也，故爾魯迅是永遠當不了革命家的。

魯迅在思想革命史上的意義，是有目共睹的。一九一八年魯迅參加了《新青年》的工作。同年五月，他以「魯迅」為筆名，發表了第一篇白話小說《狂人日記》，發出了反帝反封建的戰鬥吶喊，引起了強烈反響。魯迅把自己的思想發現藉狂人的嘴說了出來：「我翻開歷史一查，這歷史沒有年代，歪歪斜斜的每葉上都寫著『仁義道德』幾個字。我橫豎睡不著，仔細看了半夜，才從字縫裡看出字來，滿本都寫著兩個字是『吃人』！」發現了封建制度和封建觀念的「吃人」本質，同時，發出了「救救孩子」的呼喚等等，這一切，不是具有非常深刻的革命意義嗎？不僅是《狂人日記》，魯迅幾乎所有的作品，都具有不可磨滅的戰鬥精神，因而，也同樣有著不可磨滅的革命意義。

是的，魯迅一生中並沒有參加激烈的與暴力聯繫在一起的革命行動，甚至可以說魯迅對請願、遊行之類持保留的態度。「三•一八」這一天，許廣平本來也是要去請願的，結果被

魯迅攔住了，魯迅頗不滿地對她說：「請願請願，天天請願，我還有東西等著要抄呢！」（許廣平《魯迅回憶錄‧女師大風潮與「三‧一八」慘案》）此外，我還可以舉出兩例證明魯迅曾經有過的「不革命」的行為。

據魯迅晚年的摯交、日本學者增田涉回憶，魯迅曾告訴過他，「我從事反清革命運動的時候，曾經被命令去暗殺（這在《魯迅傳》原稿中刪掉了）。但是我說，我可以去，也可能會死，死後了丟下母親，我問母親怎麼處置。他們說擔心死後的事可不行，你不用去了。」（增田涉：《魯迅與「光復會」》，收入《魯迅研究資料（二）》）魯迅因為牽掛母親，免去了一生中唯一的一次可算得上是極端的冒險行動。

胡愈之一九七二年十二月二十五日在一次座談會上談到這樣一件事，魯迅對胡愈之說過，李立三到上海找魯迅，要求魯迅寫文章喊打倒蔣介石。魯迅回答說，我如果這麼做了，在上海就待不下去了。李立三說，沒關係呀，黃浦江上停著蘇聯的船，你可以跳上船去蘇聯呀！魯迅說，去蘇聯我就寫不出文章了。李立三沒奈何。接著，他將一把手槍交給魯迅，要他搞武裝鬥爭。魯迅說：「我沒打過槍，要我打槍打不倒敵人，肯定會打了自己人。」（夏衍：《一些早該忘卻而未能忘卻的往事》，《魯迅研究年刊（一九八〇）》，陝西人民出版社）這裡，當然不應排除魯迅可能把談話內容漫畫化了。此外，胡愈之、馮雪峰寫的《談有關魯迅的一些事情》一文中，又提到這樣一件事：魯迅說，李立三對他提到，「黨要在上海組織一次大規模示威遊行，搞武裝鬥爭。還說：『你是有名的人，請你帶隊，所以發給你一把槍。』我回答：『我沒有打過槍，要我打槍打不倒敵人，肯定會打了自己人。』」（《魯迅研究資料》第一輯）魯迅拒絕了李立三。有這樣兩條旁證，這件事應該是可信的。

我們若是簡單的或是用極左的眼光看問題，我以上所舉事例正好可以證明魯迅是不革命的，不是革命家。可是，我們不能這樣看問題。以上這些，只能證明了魯迅的求實精神，魯迅對自己有正確的估計。

那麼，魯迅除了是思想意義上的革命家以外，他就沒有革命的切實行動？答案也是否定的。

我們不妨看看魯迅參加革命活動的主要事蹟：

一九〇四年他在日本參加中國革命團體「光復會」；一九一一年，杭州光復後，他率領紹興中學學生「武裝演說隊」上街宣傳革命；一九一九年，參加「五四」反帝反封建的鬥爭。

我要指出的是，即便在教育部期間，魯迅也有過具體革命行動，也不是如鄭學稼所說的，只有在張勳復辟的時候，他才憤而辭職。「女師大風潮」的時候，魯迅還在教育部，他因為積極支持進步學生反對楊蔭榆、章士釗的鬥爭，甚至被段祺瑞撤去了公職。「三•一八」慘

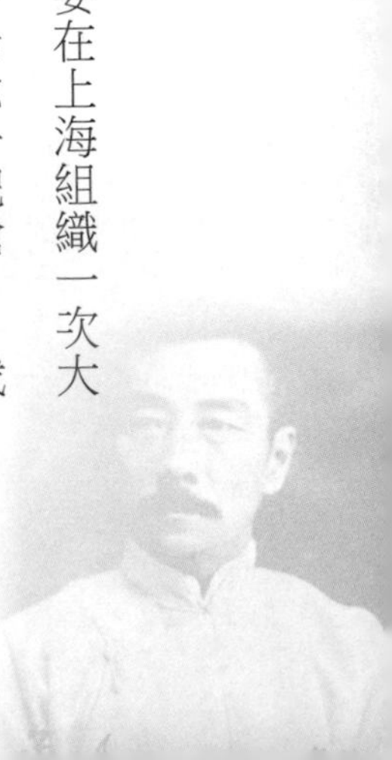

案發生後，魯迅把這一天稱為「民國以來最黑暗的一天」，魯迅飽含憤恨之情，當天即寫下了《無花的薔薇之二》，他說：

中華民國十五年三月十八日，段祺瑞政府使衛兵用步槍大刀，在國務院門前虐殺徒手請願，意在援助外交之青年男女，至數百人之多。還要下令，誣之曰「暴徒」！

如此殘虐險狠的行為，不但在禽獸中所未曾見，便是在人類中也極少有的，除卻俄皇尼古拉二世使可薩克兵擊殺民眾的事，僅有一點相像。

此後，四月一日，魯迅痛定思痛，用飽蘸血淚的筆調，寫出了一篇傳誦千古、感人至深的名文：《紀念劉和珍君》。從劉和珍的慘死，魯迅更深刻地認識到封建軍閥的本性，認識到他們「竟會下劣兇殘到這地步」。魯迅說：「我只覺得所住的並非人間。四十多個青年的血，洋溢在我的周圍，使我艱於呼吸視聽，……」魯迅這種旗幟鮮明的革命行動，當然觸怒了當局。「三・一八」慘案後，北洋軍閥政府連續兩次下令通緝所謂「暴徒首領」，加緊迫害革命人士。在第二批通緝名單中，便有魯迅的名字。這時，魯迅避居山本醫院、德國醫院、法國醫院，至五月才回家。

一九二七年，在廣州，「四・一二」反革命政變後，蔣介石逮捕很多共產黨員和革命學生，魯迅馬上主持中山大學校內各系主任緊急會議，極力營救。沒有達到目的，憤而辭職。一九二八年，加入「革命互濟會」，以後經常捐款。一九三三年二月，小林多喜二被害，電唁其家屬。五月與宋慶齡、蔡元培等到上海德國領事館遞交抗議書，抗議希特勒迫害進步作家和燒毀進步書籍。

二十世紀三〇年代，魯迅在上海參加了中國自由運動大同盟，中國民權保障同盟等團體。此外，魯迅參加並領導了「左聯」，這算不算革命？魯迅把方志敏的手稿轉送到延安，這算不算革命？瞿秋白住在魯迅家，並與其一起戰鬥，魯迅將其引以為「知己」，說「人生得一知己足矣，斯世當以同懷視之」，這算不算革命？一九三六年四月，魯迅把方志敏同志致黨中央信件及《可愛的中國》等文稿轉交中共中央……

一九三三年六月十八日，民權保障同盟總幹事楊銓（杏佛）被國民黨特務暗殺於上海法租界亞爾培路。楊銓死後，恐怖氣氛籠罩著魯迅的周圍。據當時的報刊透露，國民黨擬定了殺人的黑名單，其中就有魯迅的名字。但魯迅表現十分鎮靜，他決定不搬家，也不出外避居，而是照常在家裡工作。他認為當時的政治壓迫，「比明末更壞」，手段也更為「綿密而且惡辣」。

六月二十日，是楊銓入殮的日子。反動派放出風聲，說就要在這一天暗殺魯迅和同盟中

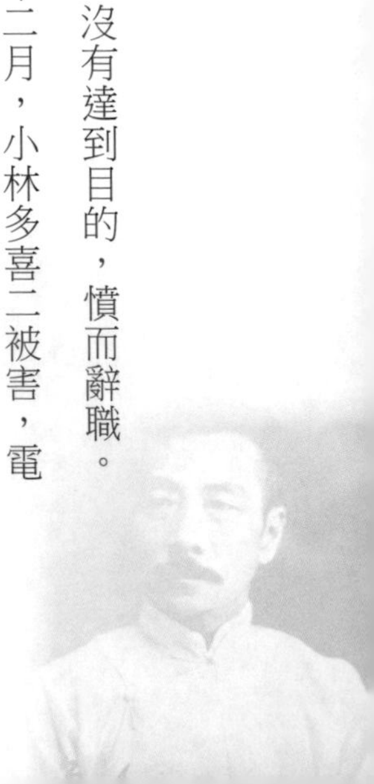

其他幾位。這可能是一次恫嚇，也可能是又一次屠殺，堅卓者藐視敵人的陰謀，游移者卻望而生畏。在事關政治鬥爭的嚴重考驗面前，魯迅毫不猶豫地做出決斷，果敢地前往萬國殯儀館送殮，並且出門不帶鑰匙，以示他的視死如歸、絕不退卻的意志。國民黨特務懾於魯迅的崇高威望，未敢輕易下毒手，但魯迅自己是不存僥倖之心，早把生死置之度外的。

送殮這一天，大雨滂沱。魯迅於歸來後，作舊體詩《悼楊銓》，以志哀思：

豈有豪情似舊時，花開花落兩由之。
何期淚灑江南雨，又為斯民哭健兒。

這首詩「才氣縱橫，富於新意」。它寫出魯迅的深沉悲憤，是對反動派一貫摧殘志士豪情，今日又遽下毒手殺害健兒的沉重控訴。

這一切，不是革命行動又是什麼呢？

魯迅不僅是思想意義上的革命家，而且還是切實的革命的行動者。

孫紹振指出，鄭學稼的觀點產生了兩個問題，「第一，魯迅性格的特點，恰恰是不主張表面上激烈的行動，力求避免對革命力量的無謂的損害的；其次，如果只有在戰火紛飛的戰場衝鋒的才算是革命家，那麼思想文化戰線上也就再沒什麼革命家可言了。」（《孫紹振如是說・魯迅研究的兩種病態》三聯書店〔香港〕有限公司，一九九四年五月版）我以為，孫紹振的這一判斷是準確的。

鄭學稼為什麼要提出魯迅不是革命家這樣的觀點呢？也許，他對革命家的概念尚有模糊之處？也許，他以為革命家的桂冠客觀上對魯迅起了神化作用，因而，摘去這頂桂冠，就可以還原一個真實的魯迅？也許，他骨頭裡早就痛恨魯迅？……儘管鄭學稼的很多言語讓我反感，甚至讓我厭惡，但我仍願意往好的方面去想他。我以為，不管他的主觀意願善良與否，他客觀上損害了魯迅，因為他的基本觀點違背了事實。

和許多偉人都有其平凡的一面一樣，魯迅也是平凡的。但這種平凡畢竟是偉人的平凡，與凡人俗事不是一碼事。沒有偉大的革命精神和革命實踐，魯迅將不成其為魯迅，我們不能為平凡而平凡，不能以貶低魯迅為代價而將其「還俗」。

鄭學稼還用人身攻擊的手段，以莫須有的罪名強加給魯迅，以此來說明魯迅不僅不是一個民族解放的戰士，而是一個隻愛別國（蘇聯）而不愛中國的人，搞不好，與他弟弟一樣也許要成為漢奸哩。書中，鄭學稼對魯迅與周作人已經分道揚鑣故意不提，開口閉口所謂漢奸弟弟，他要給人一個感覺，似乎是有其弟必有其哥。是的，魯迅是贊成過蘇聯，可是，孫中山不也贊成過蘇聯嗎？這怎麼能與周作人當漢奸相提並論呢？

鄭學稼還隨心所欲地誣衊魯迅受日本帝國主義者的「暗中保護」，他簡直把魯迅描繪成了漢奸了！如此無中生有，這不是政治陷害又是什麼？這樣立論真是傷天害理！現在不少名人學者動輒說魯迅愛罵人，不寬容，可是，他們對鄭學稼之類的陷害，卻視若無睹，充耳不聞，無怪乎有人要問，誰寬容過魯迅?!

5. 魯迅一無是處之二：魯迅不是思想家

從思想上看，他們認為魯迅不是思想家。李長之在《魯迅批判》中說：「然而魯迅不是思想家。因為他是沒有深邃的哲學腦筋，他所盤桓於心目中的，並沒有幽遠的問題。他似乎沒有那樣的趣味，以及那樣的能力。」（《魯迅批判》，一九三六年一月北新書局第一版）李長之的結論是，魯迅沒有思想，因為他只有攻擊的一方面，沒有建設，所以只有零星的雜感而不成系統。

這種見解在攻擊魯迅的陣營裡，算是一個比較有代表性觀點。梁實秋就問過，魯迅到底自己有什麼見解呢？他說：「沒有人能說清楚『魯迅思想』是什麼……魯迅思想，其實只是以尖酸刻薄的筆調表示他之『不滿於現狀』的態度而已。而單單的『不滿於現狀』卻不能構成為一種思想。」施蟄存也說，魯迅是沒有自己思想的。他說：「魯迅者，實在是一個思想家，獨惜其思想尚未能成一體系耳。唯其思想未成一體系，故其雜感文集雖多，每集中所收文字，從全體看來，總有五角六張、駁雜不純之病。使讀者只看到他有許多批評斥責之對象，而到底不知他自己是怎樣一副面目。」此外，也還有一些人所見略同。

不僅如此，他們甚至還認為，魯迅是一個虛無主義者。周作人、葉公超都持這樣的觀點。

我要說的是，有沒有思想系統，最重要的是要看他的思想為現實社會解決了什麼問題。什麼叫思想家？怎樣算有了思想體系？孔夫子有沒有思想？毛澤東有沒有思想？如果我們承認孔夫子和毛澤東都是思想家，那孔夫子的思想不是由許多對話組成的嗎？毛澤東思想也不是由「概論」一類的書來完成的。換一句話說，毛澤東思想也是由一篇一篇的文章堆壘而成的。這些文章裡面有的固然是論文，但也有雜文，也有書信等等。和孔夫子、毛澤東一樣，魯迅也有自己的思想及其體系。

我的手頭有一本張琢著的《魯迅哲學思想研究》，這本書從魯迅革命民主主義世界觀的形成、前期的自然科學唯物主義、歷史進化觀、階級觀、群眾觀、辯證法思想、反虛偽精神、對奴才主義的批判，以及性道德觀等等，分別進行論述，作者說：「魯迅學識淵博，貫通古今中外，既有相當深廣的自然科學基礎，更有歷史的和現實的深厚的社會閱歷，並有高度的理論修養。他對中國思想文化的貢獻是多方面的，在許多方面都樹立了巍峨的豐碑。他的著

作，是一個豐富的思想寶庫。」（湖北人民出版社一九八一年六月版）我讀了這本書，為魯迅思想的系統與完整而深為嘆服！

關於魯迅究竟是不是一個偉大的思想家，歷來是有爭論的。早在一九四六年十月十八日，胡風在上海的《希望》月刊第二卷第四期發表《關於魯迅精神的二三基點》一文。這篇文章反駁了認為「魯迅沒有創造出一個完整的思想體系」的說法，指出：「如果離開了人類數千年的歷史所積蓄起來的人類智慧底寶貴的路線，獨創地弄出一個什麼思想體系，那即使不是《大同書》的康有為，《東西文化及其哲學》的梁漱溟，至多也不過是一個森林哲學的泰戈爾或不合作主義的甘地罷了。魯迅生於封建勢力支配著一切的中國社會，但卻抓住了由市民社會發生期到沒落期所到達的正確的思想結論，堅決地用這來爭取祖國底進步和解放。這是他的第一個偉大的地方。」這裡胡風提出了魯迅的思想與一些先哲時賢的不同，魯迅的思想是根植於現實的土壤，魯迅更多的關懷是祖國的進步和解放。胡風又說，「五四運動以來，只有魯迅一個人搖動了數千年的黑暗傳統，那原因就在他的從對於舊社會的深刻認識而來的現實主義的戰鬥精神裡面。」這是魯迅的第二個偉大的地方。「最後，魯迅的戰鬥還有一個大的特點，那就是把『心』『力』完全結合在一起。」「在冷酷的分析裡面，也燃燒看愛憎的火焰。」以「沒有創造出一個完整的思想體系」這種貌似理論高超的斷語來否定魯迅，是魯迅否定派一貫的說法，胡風這篇文章雖然不長，但卻簡明有力地批駁了這種謬論，是有理論意義的。

針對李長之的魯迅不是思想家的論斷，袁良駿在《誤解與真知》一文中指出，這顯然是不能成立的。他說：「康得、黑格爾、馬克思、列寧誠然是思想家，但是，莎士比亞、巴爾札克、歌德、托爾斯泰難道就不是思想家嗎？他們也許沒有留下什麼哲學講義，但是，他們的偉大作品不都是他們偉大思想的結晶，含蘊著深刻的哲理嗎？反言之，沒有深刻的思想，他們能成就自己偉大的作品嗎？從這個意義上說，任何一個偉大的作家首先就必須是一個偉大的思想家。魯迅自然也不例外。姑不論魯迅的數百萬言的雜文，即使他的小說，也都是他的偉大革命思想的結晶。像他的代表作《阿Q正傳》那樣的作品，其思想難道還不夠博大精深嗎？難道我們能夠離開魯迅的創作實踐去苛求什麼『思想家所應有的清晰以及在理論上建設的能力』嗎？實際上，魯迅對中國歷史的深刻的認識，對社會生活的熟悉洞察，對中國革命的精闢分析，幾乎超過了中國當時所有的政治家、哲學家、歷史家和社會學家。中國人民已經而且還將從他的遺產中擷取那些思想的精華，從而指導自己除舊佈新的偉大鬥爭。怎麼能否認魯迅做為思想家的存在呢？如果魯迅夠不上思想家，那末，小自中國、大至世界，還有多少人可以夠得上思想家呢？」（《魯迅研究年刊：一九八一》，陝西人民出版社）袁良駿認為，魯迅是另一種類型的思想家，是以文學家的面目出現的類似於列夫•托爾斯泰的思

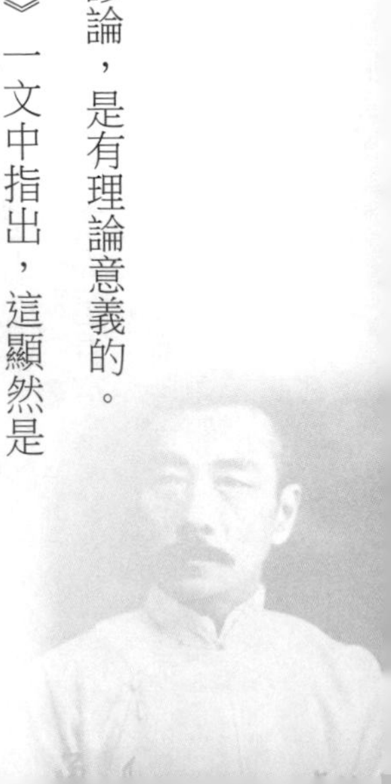

想家。

在這裡，袁良駿突出了魯迅對中國歷史、中國社會的深刻洞察與全面認知。由此，我想起有日本人說的，懂中國的有「兩個半」人，一個蔣介石，一個魯迅，半個毛澤東。蔣、毛姑且不論，說魯迅懂中國，這是肯定了一個客觀事實。如此，我不禁要問，難道懂中國的魯迅，可以是一個不是思想家的魯迅？

在評論李長之的「魯迅不是思想家」的觀點時，王富仁說：「李長之為什麼在涉及到魯迅思想的很多方面並對魯迅道德人格十分敬仰的條件下而不認為魯迅是一個偉大的思想家呢？在這裡，也就有一個研究方式的問題。李長之的研究方式是欣賞的、感受的，他只著眼於自己在欣賞魯迅作品時所直接感受到的東西。這種研究方式親切、靈活，長於藝術的審美的把握，但對象的很多內在的價值，則常常只在歷史的框架和邏輯思維的各不相同的環節中才能呈現出來。在古希臘時期就存在著太陽中心說，但哥白尼、布魯諾、伽利略所堅持的太陽中心說卻具有自己獨立的價值和意義，這種價值和意義只能放在從中世紀宗教神學向近代科學發展的歷史過程中才能被揭示出來。魯迅思想的價值和意義也是這樣。不在中國傳統思想向現代思想轉化的歷程中把握魯迅思想，魯迅思想就僅僅是一些零星的、散碎的觀點和看法，它很難給人形成一種整體感和深刻感。我們看到，李長之的《魯迅批判》缺乏的恰恰就是這種歷史、文化的整體性考察。」（《中國魯迅研究的歷史與現狀》，《魯迅研究月刊》一九九四年第三期，第35頁）王富仁把思路放得更加開闊，他由歷史而說及現在，他把對魯迅思想的認識放在了特定的時代背景和歷史條件下去考察，去認識，提出了應該透過「歷史、文化的整體性考察」來理解和認識魯迅的思想及其魯迅思想對於中國的意義。

總之，魯迅去世以來的各個時期，都有人對「魯迅不是思想家」的命題提出批評。

魯迅是深沉敏銳的思想家，他的思想愛恨分明，充滿了強烈的感情色彩和活生生的現實氣息，他的情感充滿了思想的力量和哲理的深意。

魯迅在留日時期的早期論文中，體現了革命民主主義的政治立場和「科學與愛國」的思想，在自然觀方面具有唯物主義特徵。對世界的物質性、生物與非生物、無機物與有機物的互相轉化，事物由簡單到複雜、由低級向高級發展的無限性和曲折性，鬥爭的絕對性和事物向反面轉化等都有所闡述。

在社會觀方面魯迅持革命的歷史進化論。他的社會歷史觀比較集中地反映在「國民性」的剖析上，基本精神是人道主義和個性解放。由於以生物進化的觀點來解釋社會，又受尼采超人哲學的影響，這就使他早期的社會思想表現出明顯的唯心主義色彩。大革命失敗後，魯迅學習和掌握了馬克思主義的立場、觀點和方法，用以剖析各種社會問題。他運用唯物史觀

闡明了人民群眾創造歷史和文化的作用，指出革命者只有既「不看輕自己，以為是大家的戲子，也不看輕別人，當作自己的嘍囉」，真正把自己看作大眾的一員，才能做大眾的事業。他的兩句詩「橫眉冷對千夫指，俯首甘為孺子牛」，真切地概括了他對待人民大眾和敵人的愛恨分明的態度。

他在與「新月派」、「第三種人」及革命隊伍內部關於文藝基本問題的論戰中，全面系統地論證了在階級社會裡，無論是作者、文藝作品，還是讀者，都具有一定的階級性，每一個人都離不開其所處的時代和階級。同時又批評了另一種極端化的「左」的傾向，指出「在我自己，是以為若據性格感情等，都受『支配於經濟』（也可以說根據於經濟組織或依存於經濟組織）之說，則這些就一定都帶著階級性。但是『都帶』，而非『只』」。

清醒的現實主義是魯迅的思想和創作最顯著的特徵。他強調一切必須以事實為根據，認為藝術的生命就是真實，反對脫離實際昂首天外，一味閉上眼睛做豪語。他堅持唯物辯證法的觀點，批評了文藝上的種種唯心主義形而上學的傾向。

此外，魯迅在社會變革中從事文藝活動，接受辯證唯物主義觀點，逐步形成了自己的美學思想。他的許多關於文藝和美學問題的精闢論述，都反映在各個時期的論著、雜文和書信中。

魯迅重視審美的社會功利性。他在《〈文藝論〉譯本序》中明確指出：「美的愉樂的根柢裡，倘不伏著功用，那事物也就不見得美了。」他在許多文章裡，對於「超功利」、「超階級」、「為藝術而藝術」之類觀點，進行過切實的批判。

魯迅一貫以追求真理的精神進行文學創作和美的探索。他把「真實」當作創造美並獲得成功的關鍵。在他前期的著作中批判過「瞞」與「騙」的文藝，同時尖銳地提出：「世界日日改變，我們的作家取下假面，真誠地、深入地、大膽地看取人生並且寫出他的血和肉來的時候早到了。」在他後期的著作中，指明革命年代所需要的文藝，「是那全部作品中的真實的生活，生龍活虎的戰鬥，跳動著的脈搏，思想和熱情等等」。他堅持了現實主義創作方法，反對矯揉造作的表現。

魯迅掌握文藝創作和審美活動的特徵，致力於按照美的規律改造世界。他深刻地理解藝術與科學思維方法的不同，指出文學「直語其事實法則，為科學所不能言者……而人生誠理，直籠其辭句中，使聞其聲者，靈府朗然，與人生即會」，說明了形象思維與邏輯思維的區別及其特殊功能。經過三十多年的探索，他進一步認識到「所以美的享樂的特殊性，即在那直接性」。他堅定地根據這一審美特徵進行創作和研究理論，反對概念化和公式化傾向。他認為標語口號式的作品不是文藝，要求文學家、藝術家提高創作技巧，主張革命的文藝不但要

發揮「匕首」、「投槍」的作用，而且要給人以「愉快和休息」。魯迅之所以在文學創作上取得豐碩的成果，正是由於他堅實地掌握了審美的基本規律。

魯迅在介紹盧那察爾斯基的《藝術論》時，明確表明讚賞關於「真善美之合一」的思想。當出現否定批評家「用一個一定的圈子向作品上面套」的論調時，他則斷然指出：「我們曾經在文藝批評史上見過沒有一定圈子的批評家嗎？都有的。或者是美的圈，或者是真實的圈，或者是前進的圈。」他把美、真實、前進聯繫了起來。

魯迅早期曾受西方和日本一些美學思想的影響。特別是廚川白村的《苦悶的象徵》，對他初步的美學思考起過一定作用。他接受馬克思主義以後，翻譯和介紹了普列漢諾夫、盧那察爾斯基的文學、美學著作。

魯迅根據中國歷史和現實的文藝實踐，借鑑國內外的美學理論，總結文藝創作經驗，從而做出美學概括。他的美學思想對於中國文化事業有著重要影響。

在今天，接觸過魯迅所有作品的人，往往被魯迅博大精深的思想魅力所深深地吸引。不少人甚至認為，魯迅首先是思想的，其次才是文學的。現在、今後，大約不會有人再懷疑魯迅做為偉大思想家的巨大存在了吧？

李長之有一點是值得肯定的，他認為魯迅是一個戰士，一個詩人。他說：

……我恐怕也不能不是魯迅的罪人了。可是說真的，魯迅在思想上，不夠一個思想家，他在思想上，只是一個戰士，對舊制度舊文明施以猛烈的攻擊的戰士。然而在文藝上，卻毫無問題的，他乃是一個詩人。

詩人是情緒的，而魯迅是的；詩人是被動的，在不知不覺之中，反映了時代的呼聲的，而魯迅是的；詩人是感官的，印象的，把握具體事物的，而魯迅更是的。（《魯迅批判》）

是的，魯迅是充滿激情的戰士，他不像某些冷漠的學者，把中國看成是一個死的屍首，在那裡做著不動聲色的病理解剖。魯迅不是這樣的。魯迅把中國看作病態的但卻是活的中國，魯迅揭出中國的病痛的時候，他和中國一起痛苦著，他要和中國一起經歷脫胎換骨的昇華。魯迅在批判一個舊中國的時候，也同時在燭照著自己的靈魂；魯迅在審視自己靈魂的同時，也在反觀著病態的中國。病態的中國是魯迅的憤怒之源，也是魯迅的思想之源，魯迅不僅把自己的情感，甚至也把自己的思想融入了病態的中國。魯迅為病態的中國憤怒，為病態的中國吶喊，同時，也為病態的中國思想。所以，我要說，魯迅是戰鬥的思想家，這是他與其他一切的思想家的本質的區別。

6. 魯迅一無是處之三：魯迅不是文學家

從創作上看，他們認為魯迅不是文學家。首先是否認魯迅的雜文，認為雜文不是文學，這本不是什麼新鮮的觀點。奇特的是，他們不僅否認魯迅的雜文，甚至魯迅的小說、散文、學術研究等等，一律都在否認之列。他們有的還從「比較文學」方面有所「發明」，以為魯迅只不過是一個一般的作家。魯迅的雜文不算文學作品；他的小說，寫得好的也不多，而且全部都是短篇小說，不成氣候。有人說，魯迅在中國新文壇上有多方面的建樹，可當團體賽盟主或全能冠軍，但在單項中不能摘取桂冠。因為，他的小說比不上茅盾、巴金、老舍，他的詩歌比不上胡適、郭沫若、聞一多，他的散文比不上周作人、朱自清、郁達夫。

邢孔榮的《論魯迅的創作生涯》（《青海湖》一九八五年八月號），是一篇貶損魯迅文學成就的很有代表性的文章。雖然文中用了一些抽象肯定的詞句，如「不朽」、「傑作」，以及魯迅「是一個真正的、有成就的藝術家」之類，但通篇都是具體的否定。

邢孔榮把魯迅的創作生涯劃分為三個時期，聲稱魯迅在創作準備時期（一八八一—一九一八），由於錯誤地把文學當作「工具」，結果「註定了早期文學活動失敗的命運」；魯迅在創造時期（一九一八—一九二五），發表了《吶喊》和《徬徨》兩本小說集，其中不乏之「泛泛之作」、「充數之作」，僅有《故鄉》、《阿Q正傳》等四、五篇傑作，才奠定了魯迅在文學史上的地位；魯迅在衰退時期（一九二五－一九三六），只寫過屬於三流的《故事新編》。由於創作力已經衰退，所以即使想寫長篇小說，也都沒有寫成。

那麼，對邢孔榮認定的「四、五篇傑作」，他又是如何具體評價的呢？他認為，《狂人日記》的致命弱點在於模仿，而不是創新。……模仿之作，當然不能成為傑作。其次，作品鋒芒畢露，缺乏內在美感。」「阿Q這個人物基本上還是成功的。但是《阿Q正傳》的漫畫式的傾向在中國現代文學史上開創了一個危險的先例，即以所謂的本質代替形象。」魯迅的代表作也不過爾爾，其他作品當然就完全不值一提了。《野草》是「二流作品」。《朝花夕拾》沒有藝術價值可言，因為它「不是真正的文藝作品」。至於魯迅的雜文更是毫無價值，魯迅寫那些東西「首先是為了吃飯」。

在邢孔榮眼裡，魯迅這也「失敗」，那也「不成功」，他的觀點給我的感覺是，魯迅是浪得虛名。可以這麼說，大幾十年來，人們對魯迅的非議，大多集中在對魯迅的政治傾向和他的所謂「罵人」問題，幾乎沒有一個人、一篇文章，這麼徹底地否認了魯迅的文學成就。

邢孔榮東拉西扯，歪論甚多，這裡，我也只能突出他所突出，重點分析一下他對《狂人日記》和《阿Q正傳》的評價。

魯迅的不朽，只是因為他有了《故鄉》、《阿Q正傳》等四、五篇作品？應該說，魯迅

各篇作品包括藝術水準在內，是有區別的，但魯迅的傑作絕對不止「四、五篇」，關於這一點，還需要我來批駁邢孔榮嗎？

有一個現象是頗為有趣的，邢孔榮說《故鄉》與《阿Q正傳》是魯迅最優秀的作品，而夏志清則說《離婚》和《肥皂》是魯迅最好的作品。此外，還有各式各樣的說法。這種從個人喜好出發來判斷魯迅作品的價值，也只能說是反映了某些人的個人喜好而已。若不是持這樣的態度，那叫我應該相信誰的說法呢？誰更接近真理呢？

邢孔榮說：「《狂人日記》的致命弱點在於模仿，而不是創新——模仿了果戈里的同名小說。模仿之作當然不能成為傑作。」邢孔榮進而認為，《狂人日記》是失敗之作，因為「主題思想鋒芒畢露」，「人物形象僵硬呆板」，之所以把它視為中國現代文學的「奠基之作」是「溢美之詞」。

我們先來看看果戈里的《狂人日記》。果戈里的《狂人日記》展示在讀者面前的是狂人和狗的通訊，幾篇日記。作者以看似荒誕的形式，對當時俄國社會的極端不平等進行無情鞭笞。小說的主人公是一個微不足道的小公務員，他痛苦地忍受著重重壓迫，處處被人踩躪。他愛上了上司的女兒莎菲，但莎菲的父親愛慕虛榮，要她嫁給將軍，於是他也幻想「當一下將軍」，終於被逼得發了瘋。他痛苦地喊出「世界上一切最好的東西都被侍從官和將軍們霸佔了」。最後以「這世上沒有他安身之地」一語，結束了「日記」。

關於《狂人日記》曾受到果戈里同名小說的啟發，魯迅自己也不否認。他認為他的《狂人日記》，「意在暴露家庭制度和禮教的弊害，卻比果戈里的憂憤深廣，也不如尼采的超人的渺茫」。（《且介亭雜文二集．〈中國新文學大系〉小說二集序》）魯迅又說：「……偶閱《通鑑》，乃悟中國人尚是食人民族，因成此篇。此種發現，關係亦甚大，而知者寥寥也。」（一九一八年八月二十日致許壽裳）很明顯，果戈里是對現實的關注，魯迅則是著眼於對歷史的發現。

從內容上看，魯迅的《狂人日記》完全是中國風格和中國氣派，狂人之所以成為狂人，只有中國這樣的社會背景和文化背景才能得以坐實。狂人所蔑視的「吃人」的觀念也是唯中國所獨有。「無論是作品立意的深廣、狂人形象的塑造，以及小說的獨特格調，都是為魯迅所獨創的，也是果戈里等的作品不能與之媲美的。」（懷穀：《值得深思的「妙論」》，《青海湖》一九八五年第十期）從這一角度看問題，我實在看不出魯迅的《狂人日記》與果戈里的同名作品有什麼聯繫。難道果戈里寫了《狂人日記》，魯迅就只能用《瘋人日記》或別的什麼日記了？

王富仁透過對比得出了他的結論。他說：「一九一八年五月，魯迅發表了他的具有劃時

代意義的短篇小說《狂人日記》，正式宣告了中國現代短篇小說的誕生。眾所周知，這篇小說是在果戈里的同名小說的影響下寫成的。果戈里的《狂人日記》以精神病患者為主人公，以日記體為主要結構方式，把俄國專制制度下人與人不平等的社會現象映照在那奇特心理活動的螢光幕上；它披著幽默的外衣，以變形的型態和誇大的形式，被異常有力地表現出來。魯迅的《狂人日記》有機地融匯了果戈里的這種表現手法，達到了對中國封建思想『吃人』本質的深刻揭露，收到了較之果戈里的同名小說憂憤更深廣、目標更集中、色彩更冷峻、揭露力量更強大的藝術效果。」（《魯迅：先驅者的形象》，見《走向世界的文學——中國現代作家與外國文學》，湖南人民出版社一九八五年七月版）王富仁認為，魯迅《狂人日記》的成就超過了果戈里的同名小說。

至於風格，我以為，每一篇作品本身的內容決定了它所獨有的風格。一篇作品的「主題思想鋒芒畢露」與否，實際上是與生俱來的。比如《孔乙己》，它的內容決定了它的主題不含蓄也得含蓄。而《狂人日記》，它之所以要「鋒芒畢露」，正是狂人性格中的「狂性」的體現，它若是不鋒芒畢露，又怎麼稱之為「狂人」呢？畢露，這是狂人的精神狀態與特殊的性格使然。

以上這一點，又從另一個角度證明了邢孔榮所謂狂人「形象僵硬呆板」，是站不住腳的。

狂人自有其性格發展的邏輯，狂人若是不「呆板」，狂人的眼睛若也像邢孔榮們一樣滴溜溜的，那狂人就成了正常人，或是成了王蒙他們那樣的聰明人了。

狂人的形象絕不是「僵硬呆板」的。蔣夢麟去臺後，寫有《新潮》一書。書中《談中國新文藝運動——為紀念五四與文藝節而作》一文，說到魯迅的《狂人日記》。他說：「提到魯迅的筆法鋒利與深刻，我們可以他的《狂人日記》為例。多年前我讀過這書，至今還記得書中那狂人看見間壁鄰舍趙家的一隻狗，竟認為那隻狗不懷好意，不然為什麼看他幾眼？他這種描寫，使我感到自己也和那狂人一樣，想像著那隻狗的眼睛，便覺得可怕。這就是魯迅文字寫得深刻的地方。」看來，《狂人日記》中那隻狗的眼神，是深入到了蔣夢麟的靈魂中去了，要不，他怎麼會有「感到自己也和那狂人一樣」這種奇特的感覺？能有如此魅力的作品，會是「僵硬呆板」的嗎？這是不可思議的。

至於說把《狂人日記》視為中國現代文學的奠基之作是「溢美之詞」，我要問的是，如果《狂人日記》不是「奠基之作」，那麼，有哪一位作家的哪一篇作品可以取而代之呢？像夏志清說的那樣，是陳衡哲的《一日》嗎？顯然不行。

夏志清在《中國現代小說史》中，對《狂人日記》也多有非議，後來受到捷克學者普實克的批評，夏志清承認，普實克是對的。他說：「經過進一步閱讀，現在肯定它是魯迅的最

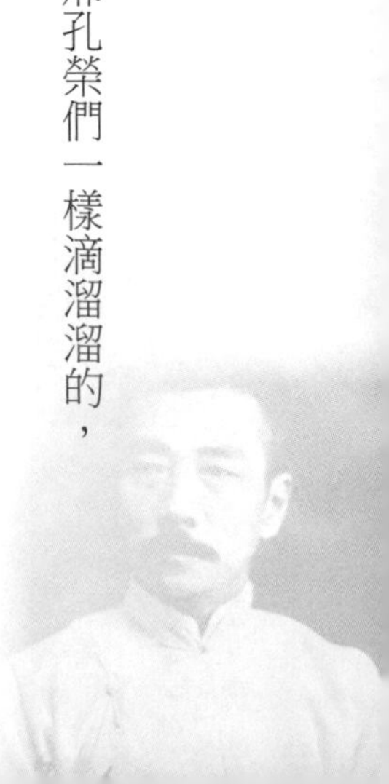

成功之作，其中的諷刺和藝術技巧，是和作者對主題的精心闡明緊密結合的，大半是運用意象派和象徵派的手法。而我要求作者『提供現實主義的情節』並『以戲劇性的措辭表現狂人的症狀』是錯誤的。」（引自《文學研究動態》一九八二年第十六期）夏志清道出了一個標準問題，對象徵主義的小說，是不能單純用現實主義的寫作標準來衡量的。邢孔榮的標準是什麼呢？他甚至連現實主義的標準也不是，他的標準就是自以為是和貶低魯迅。

邢孔榮也承認《阿Q正傳》是傑作，是「生動有趣的作品」，但同時對它又頗有微詞，認為魯迅「對阿Q的描寫已經接近漫畫化的邊緣」，並且「在中國現代文學史上開創了一個危險的先例，即以所謂的本質代替形象」。

我且不說他這段話的矛盾之處。關於漫畫化，我以為，一切的諷刺文學都有漫畫化的傾向，漫畫化是不是註定要遭到非議的呢？假設《阿Q正傳》真的如邢孔榮所說有所謂漫畫化傾向，那麼，《阿Q正傳》的成功，不就證明漫畫化做為一種藝術手法，也有其可取之處嗎？《阿Q正傳》是「本質代替形象」的作品嗎？如果是，又怎麼解釋阿Q的形象如此地深入大眾生活呢？難道中外的讀者接受的只是一個「本質」而不是阿Q這一典型形象的本身？羅曼・羅蘭說，他曾被《阿Q正傳》「所深深感動以致流下淚來」，又說，「我永遠忘記不了阿Q那副苦惱的面孔」。《阿Q正傳》問世半個多世紀以來，「阿Q」已成為家喻戶曉的名字，它在國內外的廣泛影響，就足以證明邢孔榮的非議是多麼的不可理喻！

……

魯迅的成就是多方面的，魯迅是一個綜合存在。我們很難把一個綜合的魯迅割裂開來，換言之，任何只強調魯迅某一方面的成就，都是對魯迅本身的背離，都很難接近真實的魯迅。魯迅的文學成就，在於他小說、散文、雜文、學術研究諸方面都達到了他那個時代的高峰；魯迅的不朽，在於他在文學、思想、學術以及革命等諸多方面的建樹。魯迅是一個系統，是一個立體的存在。

我又想到了郁達夫對魯迅的評價，他在《魯迅的偉大》一文中寫道：

如問中國自有新文學運動以來，誰最偉大？誰最能代表這個時代？我將毫不躊躇地回答：是魯迅。魯迅的小說，比之中國幾千年來所有這方面的傑作，更高一步。至於他的隨筆雜感，更提供了前不見古人，而後人又絕不能追隨的風格，首先其特色為觀察之深刻，談鋒之犀利，比喻之巧妙，文筆之簡潔，又因其飄溢幾分幽默的氣氛，就難怪讀者會感到一種即使喝毒酒也不怕死似的淒厲的風味。當我們見到局部時，他見到的卻是全面。當我們熱衷去掌握現實時，他已把握了古今與未來。要瞭解中國全面的民族精神，除了讀《魯迅全集》以外，別無捷徑。（原載一九三七年三月一日日本《改造》雜誌第十九卷第三號）

郁達夫的話讓我想起錢理群（也許是王得後）在某一本書中說過大意這樣的話：在文學的歷史長河中，中世紀文學只有一個章節，這個章節的名字就如我們所看到的，這就是《但丁與他的〈神曲〉》；如果說，若干年後，二十世紀的文學在整個中國文學史中也只能佔一個章節的話，那這個章節的名字只能這麼寫：《魯迅與五四文學》。

我完全贊同這樣的觀點。整個二十世紀文學，甚至整個二十世紀文化，如果離開了魯迅這個光輝的名字，那將黯然失色！從這一觀點出發，否認魯迅的文學成就，實際上就是從整體上降低了二十世紀的文學成就。這是一種文化虛無主義。

7. 魯迅一無是處之四：「私德」問題

從私生活上看，魯迅也被攻擊他的人罵得一無是處。

梅子說，當年魯迅住在日本鬼子內山完造開設的內山書店樓上，在北四川路上可以看到的是白俄舞女的裸體跳舞，也可以看到「老傖」、「癟三」們在低低叫喚「阿要買春宮」，在這樣色情環境享受下的魯迅，搖起筆桿，寫幾篇給黑暗的雜文，當然不是難事。

梅子的邏輯是標準的流氓邏輯：內山書店在北四川路，魯迅常去北四川路上的內山書店，北四川路上有妓院，所以魯迅便是在享受「色情」。如此看來，經過北四川路的人，不都成嫖客了？我想，梅子是經常出入北四川路的，但是，我在沒有根據之前是不會說他是老色鬼的。

再有就是蘇雪林們的所謂魯迅嫖妓說了。蘇雪林對魯迅的攻擊到了喪心病狂的程度。她在一九八八年十一月號《香港月刊》拋出《大陸颳起反魯風》一文。文中說：「據最近的太陽報，有李石城所撰《魯迅召妓引起轟動》一文，言有人在魯迅日記發現一則小記事『某月某日，召妓發洩』，有個讀者便驚叫起來，說道：『魯迅原來是這樣下流！看他外表象孔老二，居然也搞起玩妓女的事。』又有一個讀者說：『魯迅不是一個完人，因為他生活作風不正派。』」

李石城何許人也，不得而知。他依據「有人」的「發現」，撰文攻擊魯迅。蘇雪林又拾其牙慧廣為流佈，用心更其陰險。對此，李允經在香港《明報》一九八九年第六期發表了《為魯迅一辯》一文，對李石城和蘇雪林進行了有力的批駁。李允經說：

> 魯迅日記中是否有過關於他和妓女的交往記載呢？有的。一九三二年二月十六日，記有「往青蓮閣飲茗，邀一妓略來坐，與以一元」，這原來是對於妓女的同情，可是一到李石城、蘇雪林筆下，便被篡改為「召妓發洩」。莫非除此而外，李、蘇等人還會在魯迅日記中別有「發現」嗎？當然絕不可能。那麼為什麼要篡改呢？這除了粗心、無知之外，就只能是居心叵測，惡意中傷了。

同年，魯迅還作有《所聞》一詩。詩中對妓女的同情，雖不能斷言是來自二月十六日的所見所聞，但也不能說絕無關聯。詩中寫道：「華燈照宴敞豪門，嬌女嚴裝侍玉樽。忽憶情親焦土下，詳看羅襪掩啼痕。」那時，適值上海「一•二八」戰後，由於日本帝國主義的狂轟濫炸，一些親人死於戰亂，驟然淪為孤兒的少女，不免落入酒肆，賣唱維生。在這種情況下，魯迅邀來一談，「與以一元」這難道就是嫖妓嗎？按照這種邏輯，豈不是只要和妓女見過面、說過話的男人就都成了嫖客了嗎？遺憾的是，這種荒唐的邏輯，我實在不敢苟同。我想李石城也未必就不曾與妓女見過面、說過話，久居臺灣的蘇雪林女士也未必就沒有和嫖客見過面、說過話，但我是絕不會因此就斷言他們是嫖客或妓女的。

蘇雪林太過性急，撿到一根稻草就當作大砲，她甚至沒有耐心去查一查魯迅日記，想出魯迅的醜，結果是誰出醜呢？我相信讀者自有公論。

我想，若是用日常生活的語言來表述，我要說，魯迅是被鬼纏上了。魯迅的每一句話都要放到顯微鏡下，被放大無數倍，從中挑剔出可以攻擊的內容。攻擊魯迅成了蘇雪林以及蘇雪林們一生生活的內容。文學史上，有劣跡、有污點的是大有人在的，周作人、張資平當了漢奸，劣跡昭著，蘇雪林們不吭聲，現在倒有人吹捧他們的作品如何之好；郁達夫嫖了幾回妓，也少有人非議，我看到有的文章甚至還把這加以渲染，說什麼是真名士自風流。可是，魯迅既不是漢奸又不曾嫖妓，但他們卻非要給魯迅以惡名不可。這是一種什麼心態呢？

陳漱渝採訪蘇雪林時曾問她，為什麼要對魯迅採取激烈攻擊的態度？蘇雪林說：「有人說，我之所以攻擊魯迅，是因為我對魯迅單相思，愛而不得轉為恨。這是沒有根據的。」蘇雪林不說也罷，陳漱渝並沒問她是不是愛上了魯迅，她卻先說了。她為什麼又性急了呢？她要表白什麼？她要洗刷什麼？我也搞不清楚，只有天曉得。

蘇雪林對陳漱渝說了她反對魯迅的「理由」：「我對魯迅反感，主要是因為他人格分裂。魯迅一方面從國民政府的文教機構領薪，每月得兩百元大銀洋，至死才罷；另一方面又在文章中輕蔑地稱國民政府為南京政府。」對此，陳漱渝評論說：

> 做為一個魯迅研究者，對於蘇雪林的觀點我自然是無法苟同的。因為常識告訴我們，一個人的職業，並不能成為衡量其政治立場、思想傾向的主要依據。比如為了謀生的需要，恩格斯曾在一家公司工作達二十年之久並成為該公司的股東，這絲毫也不妨礙他成為工人階級的思想領袖。魯迅到上海定居後，被蔡元培聘為大學院特約著作員，因「絕無成績」，於一九三一年底被裁。在此期間，魯迅曾撰文譴責國民黨政府「攘外必先安內」的政策，這怎能成為他自玷人格的證據呢？蘇雪林曾用三段話對魯迅進行概括：「魯迅的人格是渺小、渺小，第三個渺小；魯迅的性情是兇惡、兇惡，第三個兇惡；魯迅的行為是卑劣、卑

劣，第三個卑劣。」（《我論魯迅·自序》）用這種謾罵來取代研究，使蘇雪林關於魯迅的文章喪失了學術價值，因而也失去了論辯的意義。由此可見，政治上的偏見，是如何誘使一個有才華的批評家逐步走上了背離公正立場、歪曲客觀事實的歧路。（《她希望葬在母親墓旁——台南訪蘇雪林教授》，見《親情·鄉情·風情》，北京十月文藝出版社一九九二年九月版）

劉文典也認為魯迅的「私德不好」，怎麼不好呢？原來是「兄弟如水火不相容，骨肉關係不應如此」。這大約說的是周作人了。這也不是什麼新鮮的話題。我這裡只想說的是，一九四九年的周作人已被當作漢奸關進牢中，劉文典為什麼不拷問一下漢奸的「私德」？為什麼不問「失和」的原因？便把一鍋髒水往魯迅身上潑？這種不做具體分析、無是非觀的「兄弟失和」便是「私德不好」的胡說，除了表明他對魯迅的深刻偏見以外，又能說明什麼呢？

此外，魯迅生前死後，一些人對朱安，對許廣平，對周海嬰，都多有攻擊，這些多少關乎魯迅的「私德」，這裡就不一一詳說了。

8. 做為政治符號的魯迅

魯迅去世以後，非議、誣衊魯迅的，有幾種情況呢？我嘗試著做了歸納。不知道能不能回答魯迅之所以遭非議與受誣衊的原因？

在中國這樣一個講政治的國度裡，我們不能不首先從政治上看問題。魯迅去世時，當時的國民黨政府雖然也有一些要人加入了追悼的行列，比如，孔祥熙就送過輓聯。然而，從總體上看，當局對悼念魯迅的活動或是持沉默的態度，或是持反對的態度。在某些問題上沉默，在另一些問題上反對。當時的國民黨宣傳部曾發過一個通知，肯定魯迅的小說創作，攻擊魯迅參加的革命活動，對魯迅雜文持否定態度。

事實上，魯迅也不是屬於當權者的。在很多時候和很多情況下，魯迅是當局的敵人。因此，魯迅自然而然地成了反抗者的旗幟，成了被壓迫者心目中的神和引路的人。

魯迅去世時，與國民政府的沉默相反，中共中央立即發出唁電，給魯迅以極高的評價——

上海文化界救國聯合會轉許廣平女士鑒：

魯迅先生逝世，噩耗傳來，全國震悼。本黨與蘇維埃政府及全蘇區人民，尤為我中華民族失去最偉大的文學家、熱忱追求光明的導師、獻身於抗日救國的非凡領袖、共產主義蘇維埃運動之親愛的戰友，而同聲哀悼。謹以至誠電唁。深信全國人民及優秀之文學家必能賡續魯迅先生之事業，與一切侵略者、壓迫勢力做殊死的鬥爭，以達到中國民族及其被壓迫

的階級之民族和社會的徹底解放。

肅此電達
中國共產黨中央委員會
蘇維埃中央政府
一九三六年十月二十二日

不久，毛澤東又發表《論魯迅》等文章，稱魯迅為現代中國的「第一等聖人」（《六十年來魯迅研究論文選》，中國社會科學出版社一九八二年月版）。

從這樣的背景出發，我要說，魯迅去世以後，他事實上、基本上成了被壓迫者和在野的中國共產黨的魯迅。由於國民黨的無法接受和拒絕，魯迅事實上、基本上成了共產黨的「專利」。在很多時候和很多情況下，魯迅不是國家的魯迅，不是民族的魯迅，而只是政治集團的魯迅，是某一政治集團的朋友，是另一政治集團的敵人。於是，這樣的情況發生了，誰要是肯定魯迅，誰就是肯定中國共產黨；誰要否定中國共產黨，誰就要否定魯迅。為魯迅說好話，就是為中國共產黨說好話，罵魯迅就是罵中國共產黨。我以為，這種狀況，對共產黨來說，是一個巨大的榮幸；對國民黨而言，則是一大不幸了。

「魯迅」二字成了政治符號。

9. 喜愛魯迅作品與忠誠「黨國」的矛盾

話題還是從「政治」切入。說起側重以政治的眼光來看魯迅這一點，當首推蘇雪林。

蘇雪林是喜愛魯迅作品的，早年也對魯迅懷有敬意。她在魯迅面前謙稱「學生」，是誠心誠意的。應該說，魯迅去世前，蘇雪林對魯迅是尊重並有幾分崇敬。發表於一九三四年十一月五日《國聞週報》第十一卷四十四期的《〈阿Q正傳〉及魯迅創作的藝術》一文，對魯迅的《阿Q正傳》等小說創作給予了很高的評價。在這篇論文中，她不但肯定魯迅是中國最早、最成功的鄉土文藝家，而且承認他的代表作能「與世界名著分庭抗禮，博得不少國際的光榮」。一開篇，蘇雪林便說：「誰都知道魯迅是新文學界的老資格，過去十年內曾執過文壇牛耳……」又說：「好書不厭百回讀，好文字也不厭百回評，只要各人有各人自己的意見，就說淺薄，也不妨傾吐一下。」她認為，「魯迅的小說創作並不多，《吶喊》和《徬徨》是他五四時代到於今的收穫。兩本，僅僅的兩本，但已經使他在將來中國文學史上佔到永久的地位了。」

蘇雪林從這樣幾個方面分析《阿Q正傳》所「影射」的民族劣根性：一、卑怯；二、精神勝利法；三、善於投機；四、誇大狂自尊癖性。應該說，這幾方面是把握了阿Q的性格特徵，也反映了國民劣根性的某些特點。內容的論述之外，蘇雪林還歸納出魯迅小說的「藝術」，

認為最明顯的三點是：一、用筆的深刻冷雋；二、句法的簡潔峭拔；三、體裁的新穎獨創。她還對魯迅的用字造句倍加推崇，說都是「經過千錘百鍊」的。她甚至還批駁了胡適對魯迅小說的個別不夠準確的議論。比如，胡適認為，《阿Q正傳》沒有用紹興土話寫，這是很可惜的。蘇雪林則說：「鄉土文學範圍本甚隘狹，用土白則範圍更小。這類文藝本土人讀之固可以感到三倍的興趣和滿足，外鄉人便將瞠目而不知所謂，豈不失了文學的大部分功用？」又說：「《阿Q正傳》不用紹興土白，正是魯迅的特識。」

我覺得，蘇雪林對魯迅小說的人物十分熟悉，如數家珍，你看：

魯迅的《吶喊》和《徬徨》十分之六、七為他本鄉紹興的故事。其地則無非魯鎮未莊，咸亨酒店，茂源酒店；其人物則無非紅鼻子老拱，藍皮阿五，單四嫂子，王九媽，七斤，七斤嫂，八一嫂，閏土，豆腐西施，阿Q，趙太爺，祥林嫂，其事則無非單四嫂子死了兒子而悲傷，華老栓買人血饅頭替兒子治癆病，孔乙己偷書而被打斷腿，七斤家族聞宣統復辟而躲起的一場辮子風波，閏土以生活壓迫而變成麻木呆鈍，豆腐西施趁火打劫……而已。他使這些頭腦簡單的鄉下人或世故深沉的土劣，像活動影片似的在我們面前行動著；他把他們的喜怒哀樂，他們愚蠢或奸詐的談吐，可笑或可恨的舉動，惟妙惟肖地刻劃著。其技巧之超卓，真可謂「傳神阿堵」、「神妙欲到秋毫巔」了。自從他創造了這一派文學以後，表現「地方色彩」（Local color）變成新文學界口頭禪，鄉土文學家輩出，至今尚成為文壇一派勢力。

不難看出，這時的她對魯迅是虔誠的，對魯迅的作品是反覆閱讀、倍加推崇的。如果是粗粗翻閱，怎麼會有這麼深的印象呢？

蘇雪林的罵魯迅，出於文學的考量要少，出於政治的考量卻是最主要的。她這樣的作家、學者，不可能不知道魯迅的價值和意義。她寧可痛苦地放棄了自己曾經對魯迅作品的偏愛，為了服從政治的需要，不惜讓自己成為一個潑婦。

魯迅去世不久，她的態度發生了一百八十度的大轉彎。一九三六年月十月十九日魯迅去世，與萬民同悼相對立，蘇雪林一反常態，不擇手段地發起對魯迅的攻擊。這主要表現在她十一月十二日寫的那封《與蔡孑民先生論魯迅書》的公開信。信中稱，「魯迅病態心理將於青年心靈發生不良之影響也」，「魯迅矛盾之人格不足為國人法也」，「左派利用魯迅為偶像，恣意宣傳，將為黨國之大患也」……同時，她還致函胡適，談了與「公開信」相似的內容。針對「新文化產業，被左派巧取豪奪」，「今日之域中，已成為『普羅文化』之天下」的情況，也針對「魯迅死後，左派利用之為偶像，極力宣傳，準備將這個左翼巨頭的印象，深深打入青年腦筋，刺激國人對共產主義之注意，以為醞釀反動勢力之地」的情況，請求蔡元培、

胡適站出來做所謂「取締『魯迅宗教』」的工作。

蘇雪林對魯迅進行人身攻擊、誹謗和謾罵，罵魯迅「褊狹陰險，多疑善妒」，「假左派」，「是一個刻毒殘酷的刀筆吏，陰險無比，人格卑污又無恥的小人」，「睚眥必報，不近人情」，「色厲內荏，無廉無恥」，「好謾成癖」，「劣跡多端」……誣衊魯迅是「玷辱士林之衣冠敗類，二十四史儒林傳所無之奸惡小人」。她攻擊魯迅的雜文「文筆尖酸刻薄，無與倫比」，「含血噴人，無所不用其極」。更有甚者，蘇雪林無中生有地誣衊魯迅「表面上敝衣破履，充分平民化」，其實「腰纏萬貫」，家私累累。（《胡適來往書信選》中冊）

此外，在《〈理水〉與〈出關〉》一文中，蘇雪林對當時全國悼念魯迅表示了她的不滿。她說：「上月文壇巨匠魯迅先生死了，全國報章雜誌，這裡也在悼魯迅，那裡也在悼魯迅，拉拉雜雜，如火如荼，似乎比什麼綏遠戰訊、華北危急，還來得熱鬧而緊張。不但害得一般前進的崇拜魯迅而其實未讀魯迅一行之書的青年，痛哭流涕，如喪考妣；便是我這樣落伍的中年，也給鬧得中心搖搖，不可終日……」（原載一九三七年三月一日南京《文藝月刊》第十卷第十三期）

胡適畢竟是「好好先生」，接書信後回答蘇雪林說：「我很同情於妳的憤慨，但我以為不必攻擊其私人行為。魯迅狺狺攻擊我們，其實何損於我們一絲一毫？他已死了，我們盡可以撇開一切小節不談，專討論他的思想究竟有些什麼，究竟經過幾度變遷，究竟他信仰的是什麼，否定的是什麼，有些什麼是有價值的，有些什麼是無價值的。如此批評，一定可以發生效果。」（《胡適來往書信選》中冊）這裡，胡適首先是把魯迅當作對立面的；其次，即使針對魯迅這樣的對立面，他也認為應該不糾纏小節，要大處著眼，具體問題具體對待。在同一封信中，胡適又說：「凡論一人，總須持平。愛而知其惡，惡而知其美，方是持平。魯迅自有他的長處。如他早年的文學作品，如他的小說史研究，皆是上等工作……說魯迅抄鹽谷溫，真是萬分的冤枉。鹽谷一案，我們應該為魯迅洗刷明白……如此立論，然後能使敵黨俯首心服。」胡適的目的，是為了「使敵黨俯首心服」，但他事實上否認了蘇雪林那種粗暴卑劣的做法，在反魯迅的勢力甚囂塵上的情況下，客觀上一定程度地維護了魯迅。其實，胡適畢竟與魯迅有過「五四」時期共同戰鬥的經歷，胡適對魯迅的意義與價值要比蘇雪林理解得更為深刻。胡適的辦法是，盡量地把魯迅變成他和他們所能接受的人，比如，他就對周策縱說過，魯迅是一個自由主義者，「是我們的人」。從五四到晚年，胡適對魯迅的文學成就，從來都沒有懷疑過。

對於蘇雪林的罵街，當年李何林就有評論說：

新月「派」陳西瀅「羽黨」這種潑婦罵街式的文字，除了在讀者面前暴露她自己的卑劣

和下流外，如果有人要加以批評或辯駁，都全是褻瀆筆墨的事！她既然這樣失掉理性的罵街，還同她作「文藝批評」，那對照將成什麼樣子呢？何況該「派」的主將也並不以她的戰法為然，頗覺得不如陳西瀅（即「通伯先生」）對魯迅生時的「污蔑」，或梁實秋、葉公超對魯迅死後的「曲解」的聰敏了！（李何林：《談談蘇雪林女士論魯迅》原載一九三七年四月九日《北平新報》）

李何林說出了兩層意思，一是蘇雪林文章根本就不是正常的批評，除了罵街，並沒有什麼價值，不值得批駁；二是這樣的文章連她的「主將」胡適都看不上眼。不過蘇雪林並不是新月「羽黨」，她的罵魯迅也不只是站在新月的立場，而是站在「黨國」的立場。

蘇雪林寫信給蔡元培，說明她對蔡元培與魯迅的關係不太瞭解。我覺得，魯迅對蔡元培小有不滿，但蔡元培對魯迅一向是敬重的。蔡元培視魯迅為「新文學開山」（《魯迅先生全集序》，見《六十年來魯迅研究論文選》，中國社會科學出版社一九八二年九月版）。他不僅推崇魯迅的文學創作，對魯迅不滿現實的文章也表示理解，他說：「先生閱世既深，有種種不忍見不忍聞的事實，而自己又有一種理想的世界，蘊積既久，非一吐不快。」在總體上，蔡元培給魯迅的評價是極高的，他認為，魯迅的「感想之豐富，觀察之深刻，意境之雋永，字句之正確，他人所苦思力索而不易得當的，他就很自然的寫出來，這是何等天才！又是何

等學力！」（引文同上）

這樣一個蔡元培，蘇雪林自然對其是不滿的。她說：「魯迅在滬逝世，魯黨推先生主持其葬儀，上海各界成立魯迅紀念會，又推先生及宋慶齡女士為籌委，方將從事盛大宣傳。先生太邱道廣，愛才若渴，與魯迅舊誼頗深，今為之料理身後諸事，亦復分可當為。顧茲事雖小，關係甚大，……」蘇雪林又說：「且今日有共產主義，則無三民主義，先生身為黨國元老，設共產奪取政權成功，先生安在？」認為蔡元培為舊誼所礙，有損「黨國」利益。她對蔡元培與魯迅的舊誼超過了「黨國」利益而不滿。於是就寫了這封信，以警告蔡孑民勿為「魯黨」所利用，並「願先生之自重者也」。這就是她的寫作動機。

可是，像蔡元培這樣的人是容易被人「利用」的嗎？他用得著蘇雪林來說三道四嗎？蘇雪林又怎麼配與蔡元培論魯迅？我的意思是，她找錯了對象，她若是去找梁實秋或是陳西瀅，那她也許就找到了知音。

據洪星發表在一九三七年四月十一日《北平新報》上《蘇雪林的魯迅論》一文稱，蘇雪林給蔡元培的信，是「托南京某先生代轉的」，某先生以信中措辭過於狂直，沒敢給病中的蔡元培看。於是，她改用了公開信的形式。她的公開信發表了，可是，一向「兼容」的蔡元培根本就沒有理睬她。這裡，蔡元培的沉默，是不是也可以理解為是一種蔑視？

一九四九年蘇雪林到香港，任職於真理學會。一九五〇年去法國，兩年後由法國去臺灣在臺灣師範大學任教，一九五六年轉臺南成功大學，一九七三年退休。這期間，「她出於仇共反共的政治需要，再次發動對魯迅的攻擊」（馬蹄疾語）。這一時期的「罵魯」文章主要有：《與共匪互相利用的魯迅》、《對戰鬥文藝之我見》、《琵琶鮑魚之成神者——魯迅》、《新文壇四十年》、《魯迅傳論》等。一九六六年冬，她將自己罵魯文章彙編成《我論魯迅》一書，由臺灣文星出版社出版，並寫了帶有總結性質的《自序》。在《自序》中，她不無誇張地認為，國民黨丟了大陸，是與魯迅有很大關係的。她還認為，若是讓魯迅在臺灣登陸，不到半年，臺灣也將被赤化。在這些文章中，她對魯迅個人的辱罵、誹謗、攻擊，逐步升級，給魯迅頭上扣的帽子有：「文妖」、「土匪大師」、「青皮學者」、「紹興師爺」、「性迫害狂」、「財迷」、「火老鴉」、「剽悍的狗」、「大流氓」、「暴君」、「老毒蛇」、「瘋老頭」等等。所列數的罪狀，則有「癖好諂諛」、「禍國殃民」、「乖張可怕」、「性情惡劣」、「氣量褊狹」、「多疑善妒」、「陰暗空虛」、「最愛放賴」、「一錢如命」、「兇惡狠毒」等等。她揚言：「我要剝去魯迅偶像外表燦爛的金裝，歸還他一包糞土。」

對魯迅的創作，這時蘇雪林也是採用一筆抹殺的態度。她說：「論創作，他不過寫了《吶喊》、《徬徨》兩本短篇小說（她忘了她說過的話，「《吶喊》和《徬徨》是他五四時代到於今的收穫。兩本，僅僅的兩本，但已經使他在將來中國文學史上佔到永久的地位了」。作者注），只有《吶喊》裡的《阿Q正傳》，寫得還算不錯，但已有人指出有套襲日本作家某篇作品的嫌疑。」對此，馬蹄疾評論說：「這時的蘇雪林已把自己在一九四九年以前評論過魯迅作品的話，拋之九霄雲外，對自己也來一個徹底否定……這段造謠誹謗之詞實在比陳源誣陷魯迅的《中國小說史略》是『整本的剽竊』日本的鹽谷溫的《中國文學概論》還要高明得多，陳源的誣陷，我們還可以拿鹽谷溫的原作來對比，後經魯迅晚年的論敵胡適核對後，終於認為陳源誣陷了魯迅，是陳源潑在魯迅身上的污穢，陳源應該主動向魯迅認錯，魯迅的不白之冤終於得到昭雪。而蘇雪林卻比陳源高明；這時誣陷魯迅的《阿Q正傳》是『套襲』之作，用了兩個絕妙好詞：一云『有人』，一云『某篇』，使這個不白之冤永遠查不到，查不清，無法查，永遠在魯迅頭上扣一個『套襲』的罪名。但如果稍明事理的人，向蘇雪林問一句：這『有人』是誰？魯迅『套襲』的是哪位元作家的哪篇作品？蘇雪林的惡毒伎倆也就不攻自破了。」（《魯迅生活中的女性‧翻雲覆雨的蘇雪林》，知識出版社一九九六年一月版）

蘇雪林如此赤膊上陣，就像一隻忠實於主子的獵犬，在讓人感到一定程度的感動的同時，我更多的是感嘆政治竟是如此無情面地把一個有活生生思想的人異化為一種工具，一個傳聲筒。

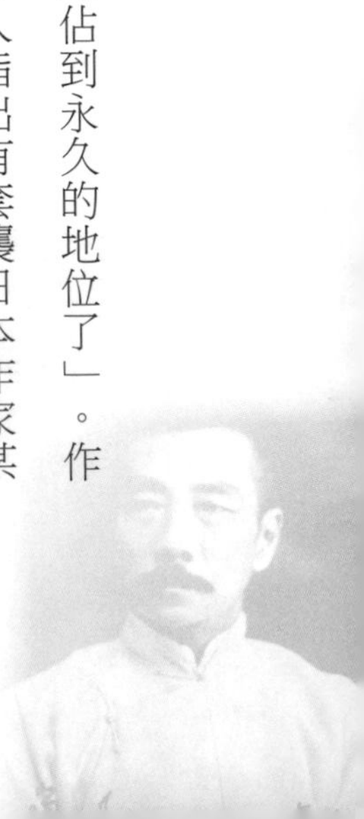

蘇雪林對魯迅，走過了這樣的心路歷程：她先是喜歡魯迅的作品，崇敬魯迅；這期間是不是羼雜進了「愛而不可得」的怨恨，不得而知，魯迅死後，她一反常態，逆大眾潮流而動，樹起了反魯的大旗——從一開始，她對魯迅的攻擊就是缺乏理性與科學精神的，不過起點卻是很高，她是從「黨國」的利益來確定她的反魯立場的；去了臺灣以後，她對魯迅彷彿心有餘悸，過分誇大了魯迅對她的「黨國」的危害，比三〇年代更蠻橫地攻擊魯迅，甚至不惜以謠言為武器。

蘇雪林不是搞政治的，卻有著這麼高的政治「覺悟」，這是讓我莫名驚詫，又讓我很是敬佩的。蘇雪林是不是國民黨黨員呢？如果是，國民黨應該為有這樣忠誠的人感到榮幸，但是不是又要為如此蠻不講理的人感到難為情呢？如若不是，國民黨則應該檢討，把蘇雪林這樣的「忠誠的戰士」遺在黨外，這既對不起蘇雪林的忠誠，又是黨的組織建設方面的一大失誤。

英國的約翰・羅斯金說：「偉大的藝術是一個偉大的人物的心靈的表現，卑鄙的藝術一定是一個藐小的人物的缺少心靈的表現。……作品如果是蜘蛛網，作家一定是一隻蜘蛛。蜂房的作者一定是蜜蜂。繭子是蛹造的。鳥造鳥巢。有價值的人造有價值的房子。無知的人造出屋子來總是無知的……」約翰・羅斯金應了中國的一句老話，叫：狗嘴裡吐不出象牙。蘇雪林是蜘蛛？是蜜蜂？是狗還是象？或者曾經是象後來是狗？或者是相反？我想，讀者自然心中有數。

我覺得，蘇雪林有那麼一點「我愛我師，我更愛真理」的作態。問題是，她所更愛的「真理」，是不是真理呢？她是喜歡魯迅的作品的，但在關係到「黨國」利益的時候，就只能犧牲她心目中的魯迅了。雖然卑劣，但她對國民政府的忠誠卻是始終如一的。

與蘇雪林相類似，從政治目的出發而誣衊魯迅的，還有鄭學稼們所說的「魯迅不是革命家」、暗示魯迅是漢奸等；夏志清等人出於國際上反共大背景的需要而極力貶低魯迅等。這裡就略去不表。

10. 魯迅的過錯還是時代的不幸？

另一種情況，也是與政治有關但卻與魯迅基本上無關的。新中國成立後，凡是被魯迅「罵」過的人都遭到不同程度的迫害，有了不幸的命運。然而，這是魯迅的不幸呢還是時代的不幸呢？

我以為，魯迅不能為他死後的事情負責任，魯迅也不是當權者，他說的話也不是組織、人事部門下的結論。被魯迅批評了幾句，便有了不幸的命運，這只能是時代的不幸，這只能說明某些左傾份子並不是真誠地熱愛魯迅，而是利用魯迅，並且客觀上損壞了魯迅，以致在

很長一段時間裡，在不少人的心目中，魯迅成了和壞種們一樣的至少是無大區別的人物。於是，有了這麼一類所謂被魯迅「害」過的人，他們罵魯迅，是因為魯迅給他們造成了不幸，他們要洗刷不白之冤。當顧及自己的不幸時，他們的理性變得那麼脆弱，他們怎麼不問一問，這是魯迅造成的嗎？

這一類情況比較典型的是夏衍。

中國人對「四條漢子」這一詞目並不陌生，它有兩層含意，一是魯迅的本意，它只是魯迅語言風格的一種表現，是一種調侃，也是一種幽默；一是「四人幫」以魯迅對「四條漢子」的批評為藉口，無限上綱，對「四條漢子」進行政治迫害，它成了某一歷史時期若干人政治命運的象徵，成了一條政治術語。

「四條漢子」典出於由馮雪峰起草、魯迅修改定稿的魯迅名文——《答徐懋庸並關於抗日統一戰線問題》。

魯迅是這樣描述的：

> 去年的有一天，一位名人（指沈端先，即夏衍——作者注）約我談話了，到得那裡，卻見駛來了一輛汽車，從中跳出四條漢子：田漢、周起應，還有另外兩人（即夏衍和陽翰笙——作者注），一律洋服，態度軒昂……（《且介亭雜文末編》）

這裡，就像魯迅在《答楊邨人先生公開信的公開信》中把楊邨人比喻為「革命場中的一位小販，卻並不是奸商」一樣，有諷刺，有挖苦，亦有調侃，亦有幽默，卻絕無政治上一棍子把人打死的惡毒用意。況且，魯迅只是一個文人，手中絕無「中央文革小組」成員那樣以言治罪，甚至致人於死地的大權。大約，魯迅也絕對想不到，他的諷刺與幽默，日後竟然成了致「四條漢子」於死地的工具。

「四條漢子」之一的夏衍，在過了近半個世紀以後的一九七九年，對魯迅仍然耿耿於懷，憤憤不平。他在《一些早該忘卻而未能忘卻的往事》（以下簡稱《往事》）一文中寫道：

> 魯迅給徐懋庸的信是一九三六年八月寫的，那麼，信中所說「去年的有一天，一位名人約我談話了」一語的「去年」應該是一九三五年，而一九三五年秋天，陽翰笙、田漢早已被捕，被押到南京去了，怎麼會有「四條漢子」去看魯迅呢？這分明是錯的。又如「卻見駛來了一輛汽車，從中跳出四條漢子……一律洋服，態度軒昂」。到過舊上海的人知道，內山書店所在地北四川路底，是所謂「越界築路」區域，那裡既有工部局巡捕，又有國民黨警探。在當時那種政治情況下，我們四個人在內山書店門口下車，會引人注意，所以我們的車子過了橫濱橋，在日本小學前停下來，然後四人分頭步行到內山書店，而其時魯迅是

在書店門市部裡間等著我們，不可能「卻見駛來了一輛汽車，從中跳出……」的。「一律洋服」也不是事實，其他三人穿什麼我記不起來了，而我自己卻穿著一件深灰色駱駝絨袍子。因為一進內山的日本式會客室，在席子上坐很不方便，就把袍子脫了，所以我還能記得。至於「態度軒昂」，那時我們都是三十上下的人，年紀最大的田漢三十六歲，身體也沒病，所以「軒昂」了一點可能是真的。這是幹部向領導人彙報工作，是戰友間的會見，既不是覲見，也不是拜謁，那麼不自覺地「軒昂」了一點，也不致犯了什麼不敬罪吧。（《文學評論》一九八〇年第一期）

夏衍把魯迅批駁得體無完膚了，魯迅關於「四條漢子」那段話，沒有一句是準確的，是對的。讀罷，我覺得是一個嚴謹而不領風趣的人，在一本正經地批駁一個幽默的人（不知怎麼搞的，此時我想起了顧頡剛的「罵」魯迅）。魯迅是一個作家，而且是一個幽默的作家，他採用的是形象的模糊的思維。夏衍在這裡，有一點像一個科學家，逐字逐句進行推敲。魯迅說，今天好冷啊！夏衍跑到氣象臺取了資料以後說，不冷，魯迅說錯了，今天是十二度，十二度怎麼算冷呢？

十幾年前，我讀了夏衍的這篇大作後，曾驚奇夏衍的「氣」鬱積於胸中四十多年而居然未轉為瘤！現在想來，其實夏衍原本是無氣的，他也知道，「魯迅寫道他不滿的人的時候，常常會信筆寫來，加以藝術誇張」。（《往事》）我以為，他的「氣」是因為「四人幫」藉「四條漢子」這一帽子迫害他們而生的。

夏衍對魯迅的不滿，除了「四條漢子」這頂帽子外，還有「兩個口號」的爭論和「左聯」解散等問題。夏衍對魯迅一直是耿耿於懷的，但苦於自己是黨內的人，又礙於魯迅的巨大存在。黨的領袖對魯迅有過極為高度的評價，他能說、敢說些什麼呢？他不滿魯迅，但不滿的是一個偉大的人物，要說什麼，還讓他頗犯躊躇哩。於是，他自覺不自覺地接受了採用了古老中國的一個傳統戰法，即：指桑罵槐。新中國成立後，他有權時，藉由好名義，參與了整馮雪峰的運動。他沒權或者說權力不是那麼大時，他藉著自己的名望，發表了許多損害馮雪峰的言論。他的整馮雪峰和損馮雪峰的終極目的，都是為了出一口惡氣，為了證明當年魯迅是不對的。當然了，魯迅的「不對」，是由於他被馮雪峰、胡風這樣的人給蒙蔽了。只有讓魯迅的「不對」找到一個切實的「承載者」，才能反過來證明夏衍的「對」，才能洗刷他在「文革」中所蒙受的不白之冤。時過境遷，今天，我們懷著善意和同情理解他們，我覺得，與其說他們對魯迅不滿，不如說是對極左份子的不滿，是對「四人幫」的憤恨——「四條漢子」的帽子，整得他夠苦，今天不得不把話說清楚！應該說，他們主要攻擊的，似乎還不是魯迅，而是神化、利用魯迅的人們。換言之，他們針對的是當代中國的魯迅，而不是魯迅本身。儘管這樣，可是，誰又能否認得了，夏衍，以及夏衍們，客觀上傷害了魯迅呢?!

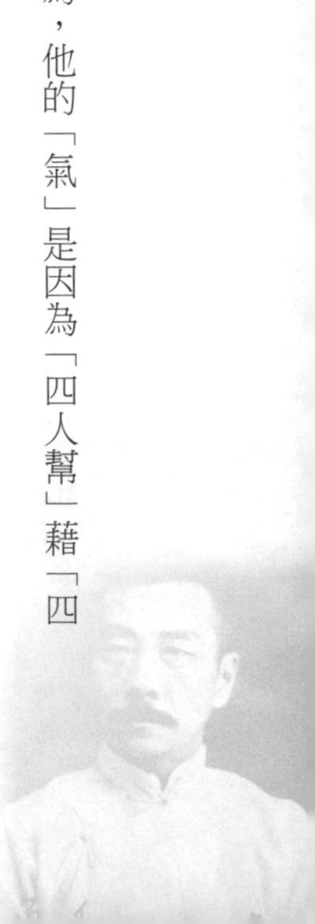

11. 聞一多與王蒙：魯迅的「多」與「少」

第二種情況是價值觀的不同，也可以說是世界觀的不同。這一點，我要以聞一多和王蒙對魯迅的態度來說明問題。

聞一多和魯迅一樣，也是正直的人。沒有人對聞一多的人格表示懷疑。聞一多與魯迅都是追求民主和反對封建專制的鬥士。聞一多為了中國的民主和自由甚至獻出了寶貴的生命。聞一多的死，讓我想起魯迅參加楊杏佛追悼會時不帶回家鑰匙的義無反顧。

聞一多留學美國。回國後，因為有著共同的文學興趣和審美傾向，他自然和留學英美的梁實秋、徐志摩等人「泡」在一起。魯迅在與梁實秋、徐志摩論戰的時候，聞一多正是他們的好朋友。雖然目下沒有資料顯示魯迅、聞一多有過交往或有過筆墨官司，但從聞一多的自述中，我們可知他曾經與新月派採同一立場，至少對魯迅表示過不滿和不屑。

一九四四年十月十九日聞一多在昆明文藝界舉辦的魯迅逝世八週年紀念會上發表演講，回顧了他在北平時期對魯迅的看法，認為當年他是「自命清高的人」，他說：「從前我們住在北平，我們有一些自稱『京派』的學者先生，看不起魯迅，說他是『海派』。就是沒有跟著罵的人，反正也是不把『海派』放在眼上的。」（《聞一多代表作・在魯迅逝世八週年紀念會上的演講》，河南人民出版社一九九二年一月版）早期的聞一多是不把魯迅放在眼裡或並不理解魯迅的存在對於中國的意義的。

不僅如此，我還以為，若不是環境的變化引起聞一多思想上的變化，聞一多甚至可能終生都會對魯迅懷著偏見和誤解。魯迅逝世的時候，清華大學文學研究會于當年十月二十四日舉行了一次追悼會，會上，聞一多發表了演講。在這樣嚴肅的場合，聞一多仍然按捺不住地說出了他對魯迅的帶有新月色彩的偏見。他說：「魯迅因為個性的關係，仇人很多，和他認識的人，除了那些喜愛他那種性情的人以外，十有八九都是他的仇人。」（林青《清華文學研究會追悼魯迅記》，原載一九三六年十月三十一日北平出版的《世界日報》，轉引自《大先生魯迅》，四川文藝出版社一九九七年一月版）

我以為，聞一多關於魯迅「個性問題」的見解，客觀上傷害了魯迅，是對魯迅的誤解和偏見。

是的，魯迅的「仇人很多」，魯迅自己也說過：我的怨敵可謂多矣。然而，這絕對不只是魯迅的「個性的關係」。如果只是魯迅的個性使然，那麼，魯迅與新月派等等的爭論，便都是出於魯迅的好鬥而無所謂是非了。如此，過錯豈不都在魯迅這邊了？照聞一多的話看來，斯人而有斯疾，似乎魯迅天生這樣的性格，所以他總是要和人結仇；如果魯迅沒有這樣的性

格，這一切便都不會發生了——這樣的邏輯怎麼可以成立呢？此外，如果魯迅真有很多的「仇人」的話，魯迅「仇人」中有幾個是魯迅的私敵呢？魯迅生前，眾多與魯迅論戰的人中，我們可否舉出一個是由於個人因素而導致筆戰的？至少我舉不出來。我敢說，魯迅的怨敵固然多矣，然沒有一個是魯迅的私敵。魯迅與他們的爭論，都是關於對社會、對人生、對文學的不同見解。此外，「仇人」和「怨敵」的概念也是不同的。所謂仇人，乃因仇恨而敵視的人。魯迅既然沒有私敵，與論戰者又何從說起是「仇人」呢？所謂「怨敵」，大半是因為被魯迅抨擊，從而使之麒麟皮下露出了馬腳，感到渾身不自在、時不時要對魯迅反咬一口的人們。

如果真如聞一多所說，和魯迅交往的人「十有八九都是他的仇人」，那麼，剩下的十之一二裡面，有幾個是魯迅沒有結仇但只是一般往來的人？有幾個是魯迅的朋友？那魯迅不是幾乎沒有朋友了嗎？這顯然也是不符合事實的，這表示聞一多當時對魯迅是十分缺乏瞭解的，或者說，他的見解只是新月社的見解。魯迅一生的朋友甚多，既有像瞿秋白這樣，魯迅將其稱為「斯世當以同懷視之」的人生知己，也有郁達夫這樣的文學同道；更有胡風、馮雪峰這樣的追隨者，還有許壽裳這樣的世交；甚至還有許廣平、蕭紅、許羡蘇這樣的「紅顏知己」……據蔡元培回憶，魯迅在章士釗免他的職時，與魯迅同在教育部的齊壽山「就聲明辭職，與先生同退」。蔡元培還說，齊壽山「並不喜歡文學，但崇拜先生如此，這是先生人格的影響。」

（《記魯迅先生軼事》，原載一九三六年十一月十六日上海《宇宙風》，轉引自《大先生魯迅》）

魯迅去廈門，有川島等追隨同去；魯迅去廣州，也有同行人……這一切都說明，魯迅並不像聞一多所想像的那樣，幾乎成了孤家寡人。

聞一多當時之所以對魯迅有如此的偏見和誤解，與他當時所處的環境是不無關係的。一九三六年前後，聞一多正沉下心研究先秦漢魏六朝詩，同時還在研究中國古代神話以及唐詩等。在清華優美的環境中做著關於遠古的學問，確實是很難理解魯迅以及魯迅戰鬥的意義的。

後來，環境變了，聞一多也變了。一九四四和一九四五兩年，是昆明民主運動浪潮高漲的年代。時局的惡化，不僅使聞一多無法靜心於學問，甚至影響了他的日常生活。國難家窘，他激動了，他憤怒了，他走出了書齋，他扔掉了他用慣了的筆，他投入了現實的鬥爭，他成了民主鬥士！因為這一切，聞一多對魯迅的鬥爭精神和革命行動有了新的認識，新的理解。

聞一多畢竟是一個真誠的人，是一個無畏的人，他在直面自己的同時，勇敢地向魯迅懺悔。他在談了不喜歡魯迅的兩種人以後，說除了這以外，「也還有一種自命清高的人，就像我自己這樣的一批人」，聞一多為他當年的看不起魯迅而向魯迅懺悔。聞一多說：

現在我向魯迅懺悔：魯迅對，我們錯了！當魯迅受苦受害的時候，我們都正在享福，當時

我們如果都有魯迅那樣的骨頭，哪怕只有一點，中國也不至於這樣了。（《在魯迅逝世八週年紀念會上的演講》）

接著，聞一多提出不能再當「幫閒幫兇」，要向魯迅學習，學習魯迅英勇無畏的戰鬥精神，這正是紀念魯迅的意義所在：

> 罵過魯迅或者看不起魯迅的人，應該好好想想，我們自命清高，實際上是做了幫閒幫兇！如今，把國家弄到這步田地，實在感到痛心！現在，不是又有人在說什麼聞某某在搞政治了，在和搞政治的人來往啦，以為這樣就能把人嚇住，不敢搞了，不敢來往了。可是時代不同了，我們有了魯迅這樣的好榜樣，還怕什麼？紀念魯迅，我想應該正是這樣。

多幾個魯迅，就不會「把國家弄到這步田地」，中國才有救，這就是聞一多的結論。不久，聞一多為了實踐他這用生命歷程體驗出來的結論，付出了寶貴的生命。聞一多從書齋走向了人生、社會，從與魯迅價值觀的不同，又回歸到了魯迅。

與聞一多的多幾個魯迅，就不會「把國家弄到這步田地」相反，將近半個世紀以後，王蒙則認為多幾個魯迅會引發「地震」。

如果有人要問我王蒙與魯迅有什麼區別的話，我要說，最明顯的區別就在於前者在極力鼓吹「寬容」，而後者則「褊狹」，聲稱「一個也不寬恕」。儘管王蒙被稱為「大師」，儘管王蒙比起胡適其建樹要稍遜「三」籌，但他著實扮演了當年自由主義者胡適的兼容的角色——雖說這一角色的扮演者一代不如一代，但畢竟扮演了。王蒙是「寬容」的。

我也讀了不少王蒙的作品，他不像許許多多當代的中國作家那樣，是由魯迅、由「五四」那一批作家的乳汁哺育成長的。據他表白，他的「情意結」是在蘇聯，他是在蘇聯的作家們哺育下成長的。早些時候，在我購買的王蒙的書中，幾乎不見他提到魯迅。我最初的印象，他與魯迅是無涉的。中國現當代作家而能不受魯迅影響，這應該說是一種超出常例的例外。他是幸運的，雖不能說是唯一，但他也是少數一些沒有被「魯貨」「魯化」的作家之一。

可是，後來他也「偶爾露崢嶸」了。他對魯迅是深不以為然的。他假設了文壇有五十個魯迅，於是發出了「我的天」的驚呼！

我們看看他是怎麼說的。據一九九五年二月五日《中國青年報》發表的王若谷的文章《魯迅誘發地震》一文披露，王蒙在一次演講中說：「世人都成了王朔不好，但都成了魯迅也不好——那會引發地震！」不久，他在《人文精神問題偶感》一文中又說：「我們的作家都像魯迅一樣就太好了嗎?完全不見得。文壇上有一個魯迅那是非常偉大的事。如果有五十個魯迅呢？我的天！」（《世紀之交的衝撞——王蒙現象爭鳴錄》，光明日報出版社一九九六年一月版）

地震是一種災難。魯迅會誘發什麼樣的地震呢？或者說，魯迅會引發什麼災難呢？王蒙沒有說。我推測，王蒙所說的所謂地震，就是社會動亂。在王蒙看來，魯迅激烈的、極端的思想是會造成人們對社會的不滿，是會讓人變得不「寬容」而又激進。

這裡，王蒙忘記了基本的一條，他把舊社會和新社會看成是一個社會了。是的，魯迅讓人們不滿黑暗的舊中國，魯迅讓黑暗的舊中國害怕。可是，魯迅怎麼也讓行著「布禮」、高喊「青春萬歲」並當過文化部長的新中國的王蒙害怕呢？新中國的締造者毛澤東都不曾害怕魯迅誘發地震，而且，毛澤東還自視魯迅為知音，毛澤東以後的第二代、第三代中共領導人也都肯定了魯迅而沒有將其視為洪水猛獸，王蒙害怕什麼呢？王蒙視魯迅為災難，如此先天下之憂而憂，是不是杞人之憂呢？

至於五十個魯迅問題，我感到特別費解，中國文壇不是老在呼喚大師嗎？「山中無老虎，猴子稱霸王」，目下沒有魯迅這樣的大師，不是有人把王蒙也湊上，稱之為「大師」了嗎？既是這樣，有五十個魯迅不是大好事一樁嗎？不是正可以證明我們的時代是偉大的時代嗎？中國有幾千年的文明史，有世界上最為眾多的人口，即便有五十個魯迅這樣的大師也不為多，我們也應該看作是國之幸事！目前，我們根本就沒有魯迅第二。王蒙的假設是沒有任何實際和積極意義的。他說的魯迅很偉大之類也是充滿了虛情假意，是一種出於「兩點論」的需要、出於不被抓辮子的需要所不得不說的，否則就很難解釋他為什麼要驚呼「我的天」了。他的終極目的是什麼呢？換言之，他為什麼要這樣假設呢？「我的天」，他為什麼如此驚詫呀，我的天！

他不會因為魯迅的小說而如此驚詫吧？他不會因為魯迅的《朝花夕拾》等散文而這般驚詫吧？他不會因為魯迅的小說史研究而這等驚詫吧？那麼，他為什麼驚詫呢？顯而易見，他是為魯迅的雜文驚詫。結合他平時不厭其煩的「寬容」論，他尤其為魯迅的「罵人」文章、魯迅的「褊狹」驚詫。他的言外之意是，如果出了五十個魯迅這樣不「寬容」的人，如果文壇上老是像魯迅那樣爭吵，「我的天」！我以為，這就是王蒙的「天」的全部內涵之所在。

王蒙為什麼會把魯迅扯出來，做為王朔的反面並加以攻擊呢？我是這樣想的，也許王蒙被「惹」急了，很多批駁王蒙的人都是以魯迅為思想武器的，於是，他想來一個「根本解決」，魯迅也沒有什麼了不得，我把魯迅也數落一番，看你也奈何洒家不得。王蒙提著一個「寬容」牌的袋子，這袋子「寬容」了王朔卻「寬容」不了魯迅。這是一個什麼袋子呢？我懷疑它可能是一個碩大無比的垃圾袋。

王蒙是幸運的，他沒有生活在三〇年代，以他的世故，以他的聰明，以他對無聊和無恥的精神贊助……他若生活在三〇年代而不被魯迅「罵」得狗血噴頭，那肯定算是文壇奇蹟，

那魯迅也將不成其為魯迅，那魯迅便成了周作人了。

12. 所謂「還原一個真實的魯迅」

第三種情況是，所謂還原一個真實的魯迅。這一類人，魯迅生前，多與魯迅有過交往，或是魯迅的家人，或是魯迅的故友，有的乾脆自稱是魯迅的故友。

周作人與魯迅是同胞兄弟，他眼裡更多的是平常的魯迅，這似乎也可以理解。魯迅死了幾十年，遠了，更遠了，這期間，隨著人們對他的理解的加深，魯迅的形象大了，更大了，魯迅的偉大已經不成問題。可是，魯迅在周作人心目中的形象卻是不變的。

周作人在六〇年代初期給香港的鮑耀明的信中，對魯迅的座像，談了他的看法：「現在人人捧魯迅，在上海墓上新立造像，——我只在照相上看見，是在高高的臺上，一人坐椅上，雖是尊崇他，其實也是在挖苦他的一個諷刺畫，即是他生前所謂思想的權威的紙糊高冠是也，恐九泉有知不免要苦笑的吧。要恭維人不過火，即不至於獻醜。」（《周．曹通信集》香港南天書業公司一九七三年八月版）

上海的魯迅座像也不怎麼高，從美學的角度看，正好。周作人的意思是太高了，有點神化魯迅。一座雕塑，不抬到一定的高度，行嗎？我們假設一座雕塑擺在地上，感覺會是怎樣？

那是不可思議的。

不神化魯迅，是周作人非議魯迅雕塑的理由。可是，魯迅是偉人，是不是搞了個偉人的雕塑就是神化了偉人呢？偉人雕塑既是對偉人一生成就的肯定，也是一個民族的精神物化；偉人雕塑還是現代城市的一種裝飾、一個景觀。世界各國都有自己的偉人雕塑，丹麥有安徒生的，英國有莎士比亞的。俄國就更多了，有普希金的、托爾斯泰的，還有高爾基的等等。一個國家，一個民族，都有自己的偉人，為自己的偉人樹碑立傳，世界皆然。魯迅是近現代史上的偉大人物，他還是中國現代最偉大的文學家。這樣一個偉大的人物，在他的墳上豎立一座雕塑，有什麼可值得非議的？中國人為魯迅豎立了雕像，怎麼註定就是神化魯迅呢？死後的魯迅怎麼就是「任人擺佈」和「戲弄」呢？至於「最大的侮辱」，更是從何談起！周作人說：「世無聖人，所以人總難免有缺點。」有缺點的偉人也終究是偉人，我們總不能以任何人都有「缺點」為名，從而否認了偉人的存在吧！

從某種意義上說，晚年周作人與曹聚仁是知音。曹聚仁也因為與魯迅多有交往，所以，也多從所謂真實的魯迅方面著筆，有意無意間陷入了誣衊魯迅的誤區。

曹聚仁出於他的自由主義觀，出於他與魯迅的私交甚篤，他的魯迅研究自然有其獨到之處。基於魯迅不是聖人的思想，曹聚仁不贊成把凡是魯迅批判、抨擊過的人都看成是壞人，

都是惡棍。他說：「筆者特別要提請讀者注意，並不是魯迅所罵的都是壞人，如陳源（西瀅）、徐志摩、梁實秋，都是待人接物很有分寸，學問也很淵博，文筆也很不錯，而且很謙虛的。有人看了魯迅的文章，因而把陳西瀅、梁實秋，看作十惡不赦的四兇，也是太天真了的——在魯迅的筆下，顧頡剛是十足的小人，連他的考證也不足道。其實，顧頡剛是篤學君子，做考證，十分認真；比之魯迅，只能說各有所長，不必相輕。」（《魯迅年譜》）

這樣看來，他的還魯迅真實面目，是建立在貶損魯迅和抬高魯迅論敵的基礎上的。這裡，曹聚仁犯了一個魯迅研究的一般性錯誤，或者說是誤入了一個誤區，就是他唯讀魯迅的「罵人」文章，不讀，或者說是少讀他人的罵魯文章。我們只要把魯迅論敵的文章認真一讀，一個就像太陽和月亮一樣平常的客觀存在就會擺在面前，即：陳西瀅、梁實秋等「四兇」罵起魯迅來，比魯迅罵他們要更加窮兇極惡。憑著魯迅拿盧布一條，就不難看出，他們是在誘導當局，讓當局將魯迅當作赤化份子給捕了。如此看來，國民黨特務因懾於魯迅的崇高威望，還不敢對魯迅輕舉妄動，而梁實秋輩的誘導，不是說明他們比國民黨當局還要壞嗎？資本家的走狗是不會比資本家更懂得有所顧忌的。事實是，是他們把魯迅看作了「十惡不赦」的人了。是的，我也不想否認，陳源、梁實秋等人，「都是待人接物很有分寸，學問也很淵博，文筆也很不錯，而且很謙虛的」。但這要看針對什麼人，紳士和紳士之間固然可以如此，他們彼此間待人接物的分寸也許把握得比薛寶釵還要好哩。但紳士若是遇上了狼，大約是要比狼更加兇狠的。

我以為，曹聚仁說的「並不是魯迅所罵的都是壞人」，這一論點是對的，但具體到梁實秋等人，其論據不能證明論點，也與歷史事實不吻合。

13. 表現自我，以魯迅為參照

第四種情況是為了自我表現和實現自我的目的。

先說胡山源。我覺得，他對魯迅的非議很大程度上是為了表現自己的不在乎魯迅的肯定或是否定。

魯迅在後來選入《且介亭雜文二集》的《〈中國新文學大系〉小說二集序》一文中，以頗為不少的篇幅談到了「彌灑社」和胡山源。魯迅說：

……不過也崛起了為文學的文學的一群。這裡應該提起的，是彌灑社。

……………

一切作品，誠然大抵很致力於優美，要舞得「翩躚回翔」，唱得「宛轉抑揚」，然而所感覺的範圍卻頗為狹窄，不免咀嚼著身邊的小小的悲歡，而且就看這悲歡為全世界。在這刊

> 物上，做為小說作者而出現的，是胡山源，唐鳴時，趙景沄，方企留，曹貴新；錢江春和方時旭，卻只能數作速寫的作者。從中最特出的是胡山源，他的一篇《睡》是實踐宣言，籠罩全群的佳作，但在《櫻桃花下》（第一期），卻正如這面的過度的睡覺一樣，顯出那面的病的神經過敏來了。

《櫻桃花下》是《碧桃花下》的筆誤。把胡山源的作品收入《中國新文學大系》，這本身就是對他某一方面的肯定。而且，魯迅認為胡山源是「最特出」的，他的《睡》是「籠罩全群的佳作」。我理解，如果說魯迅這裡有所批評的話，也只是批評了他們的文學主張，即讓筆端隨著靈感信馬由韁的的見解。在魯迅看來，便是靈感，也有一定的流向。魯迅批評的主要一條是：「感覺的範圍卻頗為狹窄，不免咀嚼著身邊的小小的悲歡，而且就看這悲歡為全世界。」這種批評，與魯迅一貫的文學主張是一致的，比如，魯迅對葉聖陶的作品就不太滿意，他在一九三六年二月三日致增田涉的信中說：「葉的小說，有許多是所謂『身邊瑣事』那樣的東西，我不喜歡。」

魯迅生前似乎並不見胡山源對魯迅的批評發表過異議。一九八五年，胡山源在《藝譚》第四期發表了《〈文壇管窺〉八則》一文，其中有一段主要是針對魯迅以上文字的議論。胡山源說：「初版《新文學大系》中的文字不是這樣的；他捧我很高，也打我很重（原文無處可找，待以後找到了再錄下。——原注），不知這樣的改動，是否出於他的親筆，還是別人為他代勞的。在改動中，看來做了版面的挖補，要湊滿原來的字數，所以填上了幾個『彌灑社』社員的名字，其中『張企留』還填成了『方企留』。」他又說，「看見初版的《新文學大系》時，他那樣地捧我，我覺得受之有愧，並且我並不以為《睡》是一篇小說。他又那樣地打我，我也不敢領教。改筆，當然兩方面的氣勢都大大地緩和了，使人容易接受些。不過他所說的『這面』、『那面』我還不能領略他的真意。」

據文後所署日期，胡山源的這些文字寫於一九七三年十二月十日，也就是說，是在「十年動亂」期間。所以，在當時要查閱初版《中國新文學大系・小說二集》等圖書資料，當然是極不容易的。但是，胡山源在寫於一九七九年的《彌灑社的經過》（《新文學史料》一九八○年第二期）一文中，仍然表示相似的意見，他說：

> 魯迅列舉了幾個社員的名字。據我記得，初版《大系》的《導言》上，是沒有這些名字的，並且這段文字，現在收入《且介亭》的，也與初版的《導言》不同，看來他後來修改時，刪去幾句，用這些名字補上的。是否魯迅自己做這個挖補工作，不得而知。至於初版文字及修改文字的不同，有什麼用意，這裡不打算去研究。

關於《碧桃花下》的批評，修改本似乎比初版本要口氣緩和些。但也不免模糊些，我至今只覺得它是貶詞，而不瞭解它的真意所在。初版本對我的評論，似乎要比修改本明確些，我至今還留有這個印象：捧得肉麻，罵得結棍。初版本我找不到，不能證明我這個印象正確與否。

對於胡山源所謂《中國新文學大系・小說二集・導言》「魯迅自己」或者「別人為他代勞」的「挖補」問題，王瀰做了考證：《中國新文學大系》當年的主編趙家璧，在一九八一年第一期《新文學史料》上已經加以澄清，他認為「魯迅沒有『挖改』新文學大系小說二集的《導言》」，他說：他「查閱了《小說二集》魯迅所寫《導言》，第二節有關彌灑社的文章中，早已列了七位彌灑社成員的名字。再查《且介亭雜文二集》所收進的這篇《導言》，兩相對照，隻字未收，更談不到什麼『挖補』。『良友』印《大系》共三版，用的同一副紙型。我看是胡山源先生寫此文時，僅憑個人記憶，沒有查對原書，因而造成這個錯誤。」上海文藝出版社於一九八〇年十月根據原上海良友圖書公司一九三五年四月十日付排、一九三五年七月十五日初版印行的《中國新文學大系》（第四集）《小說二集》影印本，其中所載魯迅所撰《導言》，誠如趙先生所說，與「《且介亭雜文二集》所收進的這篇《導言》，兩相對照，隻字未改」。早在一九七五年八月，文物出版社初版了北京魯迅博物館編的《魯迅手稿選集四編》，該書共收魯迅手稿二十四篇，其中第十六篇即為：《〈中國新文學大系〉小說二集序》，將這篇手稿分別與《小說二集》的初版影印本及《且介亭雜文二集》所收文字對勘，即可發現「兩相對照，隻字未改」。

以上史料說明，魯迅對胡山源及「彌灑社」的態度並沒有「挖補」過，所有文字都是出於魯迅的「親筆」；這又說明胡山源的一些印象僅僅是印象而已。

胡山源說，魯迅對他的作品「捧得肉麻，罵得結棍」。讀了魯迅對他及「彌灑社」的評論，我實在看不出有什麼「捧」或是「捧我很高」之類，這不過是一段正常的文學批評。魯迅認為胡山源的《睡》，是實踐（彌灑社）宣言，籠罩全群的佳作」，我理解，這「籠罩全群」也只是「籠罩」了「彌灑社」的「全群」，而不可能還有別的什麼社。肯定他的《睡》寫得不錯，退一百步說，便是肯定錯了，怎麼就「肉麻」了？我覺得，胡山源在表示一種假裝的清高，彷彿他不在乎魯迅的肯定——一個人若是真的修練到不在乎魯迅的肯定的程度，那基本上是生活在我們當中的仙人了。

魯迅怎麼又「打得結棍」呢？這太不可理喻了，若要打得「結棍」，又何必將其選入《中國新文學大系》？魯迅只不過是指出了他們的隨順靈感的態度，只是說出了一種事實。胡山源的作品是不是「所感覺的範圍卻頗為狹窄」，「咀嚼著身邊的小小的悲歡」呢？是不是「就

看這悲歡為全世界」呢？他不是說「我們一切作為只知順著我們的Inspiration」嗎？靈感是一切，那麼，靈感以外，世上還有什麼？所以，說他們視自己的靈感、自己的悲歡為「全世界」，並無失當之處。

關於《睡》的文體，見仁見智，可以討論。便是到了今天，也難有統一的結論，難有確切的定義。

胡山源關於魯迅的議論，給我的感覺是：他是一個批評不得、表揚不得的人。說好不行，說壞也不行，對這樣的人，魯迅應該不說。

周作人是為了表現自己的淡泊。我在上文談到周作人對魯迅的座像頗有非議，從這一方面看，他是站在親戚的立場，站在與魯迅深有交往的人的角度。從另一方面看，我覺得他是為了自我表現。我覺得，在魯迅的塑像問題上，與其說周作人是在否認魯迅的高大，不如說是在自我表現，表現他的平淡之心。他淡化魯迅的偉大正可以凸顯他的平淡。不過，如果所謂平淡要靠刻意地表現，這平淡的外表，不是裹著不平淡的心嗎？很不平淡，卻又要表現得十分平淡，這是對自我的一種折磨。他的戴著平淡眼鏡看魯迅，雖然是他自我表現的一種，但客觀上不也是對魯迅的攻擊嗎？

王蒙是為了表現自己的寬容。王蒙之所以揪住了魯迅，是因為魯迅認為「費厄潑賴」應該緩行，聲稱「一個也不寬恕」，而他所要鼓吹的卻正是「費厄潑賴」應該實行。王蒙開口閉口是「寬容」，他是大好人一個，人緣也好，他的為人和為文都與魯迅形成一個鮮明的對比。這除了上文所指出魯迅與王蒙的價值觀不同外，從一定意義上說，王蒙也是為了自我表現的需要。他的「寬容」與魯迅的「褊狹」是一個衝突，要肯定他的「寬容」，也就必然要否認魯迅的「一個也不寬恕」。從這個意義上說，王蒙認為魯迅會引發「地震」，這也是一個必然。

此外還有一種人，罵魯迅成了一種純粹的手段。聞一多說：「……也有人不喜歡魯迅，倒願意常常提到魯迅的名字，是為了罵罵魯迅。因為，據說當時一旦魯迅回罵就可以出名。現在，也可以對某些人表明自己的『忠誠』。」聞一多認為，這就「只好叫做無恥了。」（《在魯迅逝世八週年紀念會的演講》）這確實道出了一個事實，魯迅的回罵，成就了多少人的名聲！龔明德在與筆者的通信中也說過，魯迅生前，就有一群毛孩，他們與魯迅無冤無仇，而且隔著一個時代，有的甚至還真的喜歡讀魯迅的作品，為了辦刊物出名，他們故意找碴罵魯迅，魯迅一回罵了，他們的刊物就站住腳了。魯迅成了他們做廣告的一種手段。章克標坦承，他就採用過這一戰術。

14. 揚此抑彼，客觀上傷害了魯迅

第五種情況是，有的是為了替被魯迅罵過的人鳴不平，揚此而不惜抑彼，他們客觀上傷害了魯迅。

一九八八年一月十五日上海《聯合時報》發表了記者黃平對新聞界知名人士、全國政協委員徐鑄成的採訪記（此文《魯迅研究月刊》一九八八年第七期有轉載）。徐鑄成聲稱「以魯迅的隻字片語給人定論是『凡是論』的翻版」。徐鑄成為林語堂鳴不平，認為應該重新認識、重新評價林語堂，不能以三十多年前魯迅的一句「西崽」來概括林語堂的一生。林語堂並不是什麼「西崽」，按其生平，也可以說是沒有一點媚骨的文學大師。

我覺得，徐鑄成對魯迅與林語堂的關係問題，是感覺多於研究，印象代替了理性。說魯迅「罵」林語堂的所謂「西崽」問題。倘若我們細究起來，首先罵人「西崽」的，不是魯迅，而是林語堂。他在《人間世》第二十八期（一九三五年五月）發表《今文八弊》，攻擊別人譯介波蘭、捷克等被壓迫民族文學，以及在文章中吸收外國語法，是「事人以顏色」，「其弊在奴」，「談文學雖不足，當西崽頗有才」。還說：「有食洋不化之洋場孽少，也必有自欺欺人之迂腐故老。」我們知道，介紹波蘭等被壓迫民族的文學，始於魯迅的《摩羅詩力說》，「五四」以後文學研究會也曾大力提倡。那不是「事人以顏色」，而是由於中國人同樣處於

被壓迫的境地，譯介這類作品易於心心相印之故。林語堂的肆意攻擊，不能不激起魯迅的反擊，魯迅發表了《「題未定」草（二）》予以有力的批駁。魯迅說：「要研究西崽，只能用自己做標本，雖不過『頗』，也夠合用了。」林語堂從小吮吸著洋人和教會的乳汁，是個「西化」程度很深的知識份子，在處理中西文化、華人與洋人的關係上也有不少可議之處。魯迅指出，他所懂得的大抵是「英文」，這是他們的吃飯傢伙，專事服侍洋東家的。魯迅說：「西崽之可厭不在他的職業，而在他的『西崽相』。這裡之所謂『相』，非說相貌，乃是『誠於中而形於外』的，包含『形式』和內容而言。這『相』，是覺得洋人勢力，高於群華人，自己懂洋話，近洋人，所以也高於群華人；但自己又系出黃帝，有古文明，深通華情，勝洋鬼子，所以也勝於勢力高於群華人的洋人，因此也更勝於還在洋人之下的群華人。」最後，魯迅歸納道：「倚徙華洋之間，往來主奴之界，這就是現在洋場上的『西崽相』。」（《且介亭雜文二集》）林語堂罵別人「西崽」，因為品題不切，所以黏不到別人身上；魯迅以子之矛，攻子之盾，稍稍勾勒一下「西崽相」，他可就難以脫掉關係。這是一場遭遇戰。林語堂搬起石頭砸了自己的腳，只能埋怨他自己，並非魯迅存心給他「戴帽子」。

此外還有柯靈，他在為梅蘭芳辯白的同時，客觀上也傷害了魯迅。

在《想起梅蘭芳》一文中，柯靈說：「偉大正直如魯迅，也不免對梅懷有極深的偏見，

曾因傅東華把他和梅『並為一談』，看作是極大的侮辱，忿懣異常，為文壇所熟知。……」柯靈張冠李戴，把魯迅因美國黑人休士來訪引出的對傅東華的不滿扣到了梅蘭芳的頭上。這些，就不去詳說了。

15. 相對的無知者

第六種情況是相對的無知，一時信口成胡說。比如李准、千家駒對魯迅帶有很大程度的隨意性的議論。我絕對不認為他們是無知的人。他們都是飽學之士，在各自熟悉的領域都卓有建樹。然而，在魯迅這個對他們而言也許是相對陌生的領域，他們卻是相對無知的。人不可能是全能全知的。對自己無知的東西是不是不好信口開河呢？然而，他們還是信口開河了。

一九九三年五月二十二日山東出版的《作家報》上刊出《海濱的談話》一文。文章主要內容是記述了當代著名作家李准有關一些文藝問題的談話。其中涉及魯迅研究，有關內容引錄如下：

> 李准還說起唐明皇，說他也是個了不起的男子漢，真英雄。說他對楊貴妃不限制，不嫉妒，又真心愛她。……

我這時提起魯迅對唐明皇與楊貴妃二人的盟誓曾有過某些推測的話：要真相好，也許想不到要盟誓，要盟誓，也許愛情已有了某些危機。李准斷然說：那是庸俗社會學！——我吃驚於李准的大膽。

關於李隆基和楊玉環的愛情問題，《魯迅全集》中沒有提及，然而，魯迅生前曾對馮雪峰、山本初枝、許壽裳、孫伏園等幾位好友提及過他的推想和構思。關於這個問題，說得最為詳細的是郁達夫，他在《歷史小說論》一文中說：「朋友的L先生（即魯迅——房注），從前老和我談及，說他想把唐玄宗和楊貴妃的事情來做一篇小說。他的意思是：以玄宗之明，哪裡看不破安祿山和她的關係？所以七月七日長生殿上，玄宗只以來生為約，實在是心裡已經有點厭了，彷彿是在說『我和妳今生的愛情是已經完了！』到了馬嵬坡下，軍士們雖說要殺她，玄宗若對她還有愛情，哪裡會不能保全她的生命呢？所以這時候，也許是玄宗授意軍士們的。後來到了玄宗老日，重想起當時行樂的情形，心裡才後悔起來了，所以梧桐秋雨，就生出一場大大的神經病來。一位道士就用了催眠術來替他醫病，終於使他和貴妃相見，便是小說的收場。」敘述完魯迅設想的情節，郁達夫評論道：「L先生的這一個腹案，實在是妙不可言的設想。若做出來，我相信一定可以為我們的小說界闢一生面。」（《郁達夫全集》第五卷197頁，浙江文藝出版社一九九二年十二月版）顯然，郁達夫對魯迅的構思是持欣賞

的態度的。

根據郁達夫等人的回憶，我們可以看出，魯迅認為：唐明皇、楊貴妃長生殿盟誓時，他們之間的愛情已經稀淡，甚至衰竭，甚至已經沒有了。

李楊的愛為什麼消亡了呢？是不是因為出現了安祿山這個「第三者」？

安祿山與楊玉環的私情問題，野史有記載，正史似乎也留下一點痕跡的。《舊唐書》卷二百上，有一筆讓人頗費思慮。據記載，安祿山請求並成為楊貴妃的乾兒子以後，他進宮答對都是首先拜見楊太真，唐玄宗對此感到奇怪，就質問安祿山，安祿山答說：「臣下是外族人，外族人都先禮尊母親，爾後再尊父親。」此例至少說明唐明皇已多了一個心眼。《綱鑑易知錄》中還記載：「祿山生日，上及楊妃賜予甚厚。後三日，召入禁中，貴妃以錦繡為大襁褓，裹之，使宮人以采輿舁（音預，對舉也），上聞，問故，左右以貴妃洗祿兒對。上賜貴妃洗兒金銀，復厚賜祿山，盡歡而罷。自是祿山出入宮掖，通宵不出，頗有醜聲聞於外……」（卷四，1315頁）以上兩例，至少說明魯迅所言，並非一無根據。我以為，魯迅的見解，可以說有社會學的內容，但不能說是「庸俗社會學」。魯迅的見解，正是魯迅批判現實主義精神的閃耀，是魯迅嚴峻理性的表現。於此可見魯迅「知人論世，總比別人深刻一層」。

如果安祿山插足之事屬實，那麼，「安史之亂」將多了脂粉味，安祿山反唐，至少又增加了一條原因。魯迅可謂是大膽假設，遺憾的是未能將他計畫中的《楊貴妃》寫出來，對二位之間愛情由濃到淡、由有到無的原因也未做出解釋。總之，沒有完成的東西，當然無法做到小心求證了。

可是，即便這樣，是不是就如李准所說，是「庸俗社會學」呢？李准太性急了，他按捺不住地表現了對魯迅的不滿。是不是因為魯迅破壞了他對愛的憧憬？是不是魯迅傷害了他心中的偶像唐明皇？自然，我羨慕李准根據白居易在《長恨歌》中的描述所產生的對永恆愛情的憧憬，然而，我更傾向於魯迅對李楊的深刻洞察。即便魯迅的假設永遠得不到證實，做為歷史小說的一種構思，也不會失去其意義。歷史小說不僅可以一定程度的虛構，甚至可以做反面文章、翻案文章。郁達夫說：「歷史是歷史，小說是小說，小說也沒有太拘守史實的必要。」他還說：「在不十分的違反歷史常識的範圍以內，小說家的空想，是完全可以自由的。」（《歷史小說論》）

我遺憾魯迅事業之未竟，我也遺憾目下寫李楊愛情的作品都不去或不能理解魯迅的見解，我更遺憾李准信口開河，傷害了魯迅。

為什麼說魯迅是「庸俗社會學」呢？李准沒有加以闡述。因此，我只能將其當作洩憤之語來看。同時，他這種沒有證據的胡說，既表明了他的思想的蒼白，也表明了對魯迅世界的

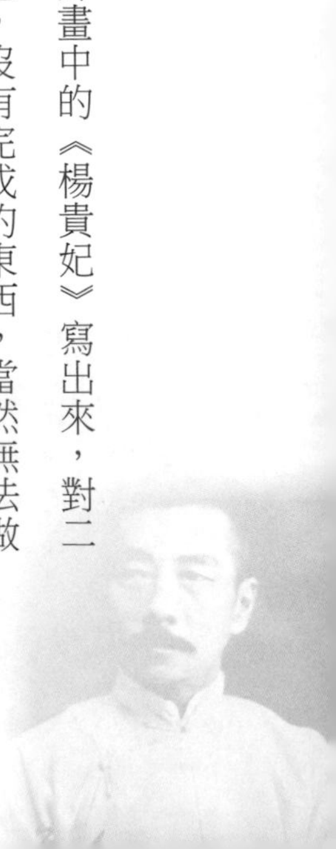

無知——這裡，我還不說他對歷史知識的無知。

在勇於信口開河方面，更為典型的要數千家駒了。千家駒憑著對魯迅的一知半解，也高談起魯迅來。他在一篇題為《讀〈魯迅日記〉》的萬字文中，就把周作人之妻羽太信子當作兩個人，而不知「羽太」是姓，「信子」是名（見《發憤集》）。一九九二年一月他又在香港《明報月刊》發表了一篇《魯迅與羽太信子的關係及其他——也談魯迅研究》，斷言羽太信子和魯迅原是夫婦關係。其論據，是魯迅在一九一二年日記中有「寄羽太家信」的記載。他說：「既稱羽太為『家信』，又經常寄款，可見羽太與魯迅的關係不是一般的關係而是夫婦的關係。」

對魯迅研究稍有常識的人都知道，魯迅的「老弟」周作人娶的是日本媳婦即羽太信子；魯迅的二弟娶的是羽太信子的妹妹羽太芳子。她們後來都入了中國籍。魯迅在日記中，還稱信子為「二弟婦」、「二弟夫人」、「弟婦」等；又稱芳子為「三弟婦」、「三太太」等。

千家駒「專門」研究魯迅日記，我不知道他是怎麼研究的，這些基本的事實怎麼就不進入他的視野呢？魯迅是給羽太家寄信，而不是給羽太寄家信，事實上所謂「寄羽太家信」係指魯迅在北京寄給周作人的妻舅羽太重九的信。羽太也不可理解成魯迅的太太。魯迅辛苦持家，在千家駒眼裡，倒成了一大發現——他發現了魯迅私生活上的一個「污點」了。

16. 絕對的無知者

第七種情況便是絕對的無知。這有兩人為代表，一是李直，一是李不識。李直心目中的魯迅是怎樣一個人呢？他說：「那些吃魯迅的人稱他為『中國文學之父』，那麼，我們就從文學上來看看魯迅吧！」接著，他對魯迅的文學成就做了如下「評價」：「我們這位『文學之父』呢，除了短短一篇《阿Q正傳》勉強算個小說外，其餘的都是『罵街集子』，隨便罵些顛街，集起來就算『文學創作』，把這些創作拿出來就算『文學家』，『文學之父』，這不但在世界文壇上是個最大的笑話，那簡直是罵盡了中國四萬萬人裡還沒有一個懂得『文學』怎樣講的人。」先前，罵魯迅的人們，為了罵得「公正」，一般是肯定魯迅的小說、散文，否定魯迅的雜文的。而李直正如他的大名，心直口快，乾脆說魯迅除了《阿Q正傳》勉強算小說外，其他一無是處。李直這樣的謾罵文章，簡直叫人不屑於批駁，因為太無知，所以太蠻橫不講理了。

過了幾十年以後，又出了一個李不識。他也是公開謾罵，把魯迅的作品說成是「魯貨」，把接受魯迅的影響說成是遭「魯化」，把宣傳、推廣魯迅看成是一種「魯禍」等等，就屬於這一類。

我有一個強烈的感覺，真正對魯迅有研究的人，或者說，讀魯迅確實讀進去的人，我深信，

無不被其中的無窮魅力所吸引，他們可能未必喜歡魯迅所有的文字，但他們不是喜歡了魯迅的小說，便是喜歡了魯迅的詩歌，或者魯迅的雜文……無論喜歡上了哪一方面，他們都將對魯迅懷有自己的敬意——讀了魯迅的人，如果不是像蘇雪林那樣懷有政治的偏見，如果不是像某些年輕人那樣是為了藉罵魯迅以揚名，一般是不容易信口開河、胡說八道的。基於這樣的認知，我以為，李直、李不識一類的人，若是有機會真的進入了魯迅的世界，他們是會認識到自己的無知的。他們若還是正直的人，若還是有勇氣直面自己的人，他們大約要向魯迅懺悔的吧！

17. 變魯迅為工具

除了以上出於種種目的對魯迅進行攻擊、誣衊以外，還有一種情況，表面上捧魯迅甚高，實際上是對魯迅利用、歪曲，變魯迅為手中工具。這當首推「四人幫」了。

「四人幫」讀魯迅，關於魯迅本身，他們關心甚少。魯迅為「幫」所用，就是他們的特點。比如，一九七六年二月底張春橋對在上海的餘黨授意說：「我最近在讀《阿Q正傳》，看到小D和阿Q打架，鬧派性，他們還不知道走資派趙太爺在挑動。有些地方兩派至今鬧得很厲害，就是因為背後有走資派。」同時，又讓他的祕書捎信給上海寫作組的頭頭，說他正在看魯迅的小說《風波》；說魯迅小說中的人物現在都還在活動著，他想到阿Q和小D，不應該互相揪住對方的小辮子，而應該去揪趙七爺的長辮子，應該去揪張勳的長辮子。他親自策劃用歪曲魯迅小說和思想的卑劣手法來攻擊黨中央，攻擊黨政軍一大批領導幹部。於是，半個月內他們就拋出了《由趙七爺的辮子想到阿Q小D的小辮子兼論黨內不肯改悔的走資派的大辮子》和《學習魯迅，痛擊右傾翻案風》兩篇文章，歪曲魯迅的《阿Q正傳》和《風波》，惡毒影射攻擊周恩來和鄧小平。

當年，李何林對此有過批駁。他說：

> 《阿Q正傳》寫阿Q和小D揪著彼此的辮子打架，結果阿Q並沒有打勝他所看不起的小D，這是表現阿Q自高自大、欺軟怕硬的精神勝利法的一個方面，並不是「鬧派性」，也不是「趙太爺在挑動」。他們二人留的辮子，更與《風波》裡趙七爺的留辮子、革命時盤起辮子、復辟時放下辮子的表演毫不相關；也和《風波》中所寫的一九一七年在北京復辟的辮帥張勳無關，怎麼能扯到一起呢？張春橋和「四人幫」的寫作班子公然歪曲魯迅作品所表現的思想，生拉硬扯地為他們影射攻擊周總理和鄧小平同志的政治陰謀服務，竟達到如此卑鄙瘋狂的地步。張春橋看了前一篇文章後又說什麼：「初看了一下，總根子是辮帥這一點似乎還可以考慮。辮子黨的頭子應是那個被廢除了的皇帝吧？應是整個舊制度吧？」這

就又進一步把矛頭指向黨中央領導和社會主義制度。（《李何林文論選・「四人幫」破壞魯迅著作出版和歪曲魯迅思想的罪行》，人民文學出版社一九八六年版）

在「四人幫」那裡，魯迅已經喪失了魯迅本身，成了階級鬥爭的銳利工具了。如此使用魯迅，用過之後就扔，很有一點嫖客的習氣。難道搞政治的，就註定要變成嫖客？

18. 小雜感

我還有一些雜感，和一些需要說明的問題，記在以下。

魯迅生前並沒有對所有的攻擊都施之以反擊，但是，魯迅在世時發表的「罵魯文章」，對當事者而言，應該說是相對公平的，因為魯迅有著反擊的機會與可能。魯迅死了，魯迅已不能還嘴，在這樣的背景下發表的「罵魯文章」，多少有鞭屍的嫌疑，這種當事人不能進行辯解的攻擊，從某種意義上說是建立在不平等的基礎上的。

我這麼說，也許有人要問，那麼，一個人死了，就不能對其進行任何評說了？不，不是的。中國有句話，叫做「千秋功罪，任人評說」，魯迅已經融入歷史，魯迅已是中國文化史上的一個巨大存在，自然，魯迅也難逃任人評說的命運。可是，這也不意味著對歷史人物可以信口開河、胡說八道、進行人身攻擊……這一切，與正常的歷史評說、學術研究相去何止天壤！

我們歡迎對魯迅的一切合乎科學精神的學術研究，我們容忍一切從魯迅本身，或者說從魯迅的客觀存在得出的合乎邏輯的結論。事實是，魯迅去世以後的半個多世紀，我們、甚至有的政治集團，也無法堵住那些罵魯迅的人的口。一些人總是要罵，他們的一生業績全都維繫在「罵魯」之上，怎麼辦呢？這也是讓人無奈的事。

好在魯迅有很多的「黨徒」，好在魯迅在某些人的心目中，幾乎成了一種偉大的「宗教」。他們罵得，魯迅的「黨徒」們自然批駁得，他們有罵人的自由，一些人也有反駁的自由。我只是魯迅的一個熱心的讀者，我是魯迅「宗教」的一個虔誠的信奉者，我也自認是魯迅的一個「黨徒」，所以，我要盡其所能，我要反駁，我要罵人——罵那些罵魯迅的人！

恩格斯在談到馬克思的生平業績時說：

> 凡是為某種事業進行鬥爭的人，都不可能不樹立自己的敵人，因此他也有許多敵人。在他的大部分政治生涯中，他在歐洲是一個最遭嫉恨和最受誣衊的人。（恩格斯：《馬克思墓前悼詞草稿》，《馬克思恩格斯全集》第十九卷第 373 頁）

是的，魯迅一生，也是為著正義事業進行不倦鬥爭的一生，因此，他不可避免地成了現代中國最受誣衊的人。雖然，「敵人」的概念在這裡未必都是階級或政治的對立，它更多的

是指價值觀念的不同與思想的衝突。

以上所涉及的某些人物，有的是魯迅的生前友好；有的在總體上對魯迅有好的評價，只是某一方面出了問題；有的是因為魯迅生前的批評，給他後來的人生行程帶來了種種麻煩……但是，在我看來，生前友好，並不享有魯迅去世後隨便攻擊魯迅的特權；總體上對魯迅有好的評價，也不意味他對魯迅某一方面的誤解是可以容忍的，就好像一個人的身體總體上是好的，心也好，肝也好，只是腳底流膿了，心好肝好，是不能做為腳底流膿不必上藥的根據的。魯迅的批評也只是一種批評，魯迅的批評不是法院對某某人的終生判決書。雖然，我對由於魯迅的批評，而在黑暗時代身羈無妄之災的人懷有我最真誠的同情，但時過境遷，我覺得黑暗時代留給我們的如果僅僅是對魯迅的不滿，那未免太過膚淺了——我們應該痛恨那可痛恨的黑暗時代，黑暗時代之所以可以根據魯迅的話而置人死地，這反過來又證明了魯迅去世後，我們是多麼需要魯迅的戰鬥精神啊！新中國成立以後，如果有一兩個魯迅，或者如王蒙所說，有五十個魯迅，我們不說中國的命運，至少中國的精神狀態，不會有「文化大革命」那樣墮落——只有一個聲音，一個以紅色的名義傳播黑暗的聲音。

還有一些人，對魯迅說了一兩句很「藝術」的話，這些話雖然讓人不好多說什麼，但其中的潛臺詞卻是相當豐富的。比如，楊絳在《回憶我的姑母》一文中談到楊蔭榆時說：「一九二四年，她做了北京師範大學的校長，從此打落下水，成了一條『落水狗』。」這句話既表明了她的傾向，又讓人抓不著把柄，話能說到這種水準，一般是外交部的新聞發言人才辦得到的。又如，葉永烈在《梁實秋的夢》中說：「雖然已經過去了半個世紀，現在來評論魯迅和梁實秋在三〇年代那場大論戰孰是孰非尚為時太早。留諸後人去論功罪吧！」魯迅與梁實秋的論戰並不是什麼國家機密，魯迅也不是中共黨史人物，既不存在觀點的禁區，也沒有史料的封鎖，為什麼還只有後人才說得清楚呢？我不知道葉永烈的潛臺詞是不是想說，只有後人才能為梁實秋徹底「平反」？如果是這樣，為梁實秋說了幾籮筐好話的人也已大有人在，便是在魯梁論戰問題上也是如此，又何須留諸後人？諸如此類的還有很多，我不想一一列舉了。他們只說了一兩句，我也不好、也難以多說什麼。

最後，我要說的是，罵魯迅的人讓我感到寡味，因為他們並沒有罵出新的名堂。他們所有的觀點基本上沒有超出魯迅生前與之論戰的論敵的水準。比如，「魯迅不是革命家」，魯迅生前就有人說他是雙重反革命；「魯迅不是思想家」，梁實秋在魯迅生前也表達過這樣意思的話；肯定魯迅的小說創作，否認魯迅的雜文，尤其論戰性雜文；攻擊魯迅的不寬容、褊狹等等，這些觀點都有似曾相識之感。這是我寫此文以後的感覺。我真的很有一點瞧不起魯迅去世後罵魯迅的人們，過了大半個世紀，怎麼就不見有長進呢？要罵，也應該罵出水準來。

迫於時勢

喜歡魯迅雜文的人，認為魯迅的後期成就超過了前期；偏愛魯迅小說和散文的人，認為魯迅後期傾心於雜文是一大損失——在這些人的眼裡，雜文是入不了藝術的聖殿的。

魯迅的小說、散文及學術研究較之於雜文，其成就孰高孰低？雜文是否登不了大雅之堂？寫雜文而不寫小說是不是一大損失？這些不是本文所要探討的問題。我感興趣的是，晚年魯迅本該與許多老人一樣，心境漸趨平靜，而他老夫子為什麼愈老愈憤怒，因而有了許多憤怒的結晶——雜文呢？

只能說是迫於時勢。

我們知道，魯迅一生中有很多未完成的宏願，似乎也可以引為他終生的憾事。據馮雪峰、許壽裳、許廣平等人回憶，魯迅曾想創作一部類似綏拉菲摩維支《鐵流》這樣的作品，想寫關於唐明皇與楊貴妃的歷史小說，想寫反映中國四代知識份子命運的長篇小說，還想著《中國字體發達史》、《中國文學史》，以及翻譯法布爾的《昆蟲記》……然而，所有這一切，似乎都被他的憤怒、他的後期雜文排擠掉了。不論左派還是右派，具體言之，不論周揚、馮雪峰，還是胡適、梁實秋（梁認為魯迅是現代五大散文家之一），都認為魯迅是中國第一流的作家和學者，倘若先生致力於以上計畫的實施，那麼文化史肯定要增色許多。從這個意義上說，我們不得不為魯迅感到遺憾。

潛心創作與為時勢所擾，這是長期讓魯迅感到兩難的一對矛盾。身為作家和學者，卻不搞創作和研究，能不苦惱嗎？早在一九二五年，魯迅在《華蓋集・題記》中就說：「也有人勸我不要做這樣的短評。那好意，我是很感激的，而且也並非不知道創作之可貴。然而要做這樣的東西的時候，恐怕也還要做那樣的東西，我以為如果藝術之宮裡有這麼麻煩的禁令，倒不如不進去；還是站在沙漠上，看看飛沙走石，樂則大笑，悲則大叫，憤則大罵，即使被沙礫打得遍身粗糙，頭破血流，而時時撫摩自己的凝血，覺得若有花紋，也未必不及跟著中國的文士們去陪莎士比亞吃黃油麵包之有趣了。」這裡，我們可以看出，魯迅雖然沒有說「短評」不是創作，然而認為「短評」與「可貴」的「創作」不是一回事。魯迅認為勸他不寫或者少寫「短評」的人是出於「好意」，並且，「我是感激的」。儘管魯迅骨子裡也看重「創作」，然而，他還是要「樂則大笑，悲則大叫，憤則大罵」。魯迅曾說文學是戰鬥的，魯迅要戰鬥，認為這「也未必不及跟著中國的文士們去陪莎士比亞吃黃油麵包之有趣」。到了一九三三年，魯迅在致增田涉的信中感嘆道：「我雖也想寫些創作，但像中國今天這個樣子，總覺得不行。

最近適應社會的需要，寫了些短評，因此更不自由了，但時勢所迫，也無可如何。」寫短評不僅與搞創作有區別，而且還要付出「更不自由」的代價，然而「也無可如何」。魯迅畢竟是魯迅，無可如何，仍要戰鬥。魯迅死於一九三六年，一九三五年他在《徐懋庸作〈打雜集〉序》中依然堅持自己的觀點，不過，這時他已不是一般地感激某些人的好意了，他不僅不領受「好意」，而且對「好意」之類舉起了他所特有的「匕首和投槍」。他說——

近一兩年，作短文的較多了，就又有人來削「雜文」，說這是作者的墮落的表現，因為既非詩歌小說，又非戲劇，所以不入文藝之林，他還一片婆心，勸人學學托爾斯泰，做《戰爭與和平》似的偉大的創作法。

……

托爾斯泰將要動筆時，是否查了美國的「文學概論」或中國什麼大學的講義之後，明白了小說是文學的正宗，這才決心來做《戰爭與和平》似的偉大創作呢？我不知道。但我知道中國的這幾年的雜文作者，他的作文，卻沒有一個想到「文學概論」的規定，或者都圖文學史上的位置的，他以為非這樣寫不可，他就這樣寫，因為他只知道這樣的寫起來，於大家有益。農夫耕田，泥匠打牆，他只為了米麥可吃，房屋可住，自己也因此有益之事，得一點不虧心的糊口之資，歷史上有沒有「鄉下人列傳」或「泥水匠列傳」，他向來就沒有

想到。（《且介亭雜文二集》）

魯迅的責任感就在於他首先考慮的不是怎樣成為托爾斯泰，怎樣不朽，而是對「時勢」、對當時中國命運傾注了自己的滿腔熱忱。當年中國，「萬家墨面沒蒿萊」；當年魯迅，「心事浩茫連廣宇」。如此大海一樣廣闊的胸懷，如此深遠的憂患意識，是那些躲在象牙之塔的雅士們和紳士們所不可理解的——比如梁實秋，他可以在炮火連天的歲月裡，在他的雅舍裡不動聲色地談女人，談喝茶。

魯迅說：「在風沙撲面、狼虎成群的時候，誰還有這樣多閒工夫，來玩賞琥珀扇墜、翡翠戒指呢？他們即使要悅目，所要的也是聳立於風沙中的大建築，要堅固而偉大，不必怎樣精；即使要滿意，所要的也是匕首和投槍，要鋒利而切實，用不著什麼雅。」（《南腔北調集•小品文的危機》）魯迅又說：「作者的任務，是在對於有害的事物，立刻給反響或抗爭，是感應的神經，是攻守的手足。潛心於他的鴻篇鉅制，為未來的文化設想，固然是很好的，但為現在抗爭，卻也正是為現在和未來的戰鬥的作者，因為失掉了現在，也就沒有了未來。」（《且介亭雜文•序言》）在社會責任與自我才華的發揮發生了矛盾的時候，魯迅選擇了前者。如此選擇是一切傑出的人和平凡的人的共同的自然選擇。祖國蒙難，有如母親病危，在這特定的歷史時刻，有什麼比關心祖國的命運還要重要的事情？而祖國掙脫了封建專制，就有了孕

育一切天才的土壤。魯迅犧牲了自己寶貴的才華，用自己的憤怒鞭撻舊中國，用自己的心血澆灌著血紅的黎明。

如此選擇的，絕不僅僅是魯迅。一切偉大的心靈，就像一切平凡的心靈一樣，總是相通的。美國電影《一曲難忘》表現了波蘭音樂家蕭邦的生平。蕭邦做為一個音樂天才在巴黎立足並名震歐洲，著名女作家喬治・桑起了很大作用。她給了他最初的掌聲和熱烈的戀情。她還把他安頓在自己的島上別墅中，讓他靜心創作，發揮稀世之才。但就在這時，蕭邦的祖國波蘭因外族侵略掀起了愛國運動。他的鄉親、老師、早年的戀人都要拉他投入愛國戰爭，藉他的名望來產生積極的影響。喬治・桑反對蕭邦這樣做，因為她確認他是世界音樂史上最珍貴的天才之一，為人類提供最優美的樂曲才是他崇高的人生職責。幾經矛盾，蕭邦離開了喬治・桑，投入了愛國戰爭。他不停地到各大城市演奏，以所得錢款支援愛國者，結果很快積勞成疾，離開了人世。愛國者把蕭邦的死訊告訴喬治・桑，要她參加追悼會，但遭拒絕。她流著眼淚說：「這下你們該滿意了吧！世界永遠失去了一個天才！」當然，以個人而言，喬治・桑是無可非議的。我一點也不懷疑她對藝術的真誠。然而，她畢竟不是波蘭人，波蘭不是她的祖國。祖國在苦難中，蕭邦的樂曲可以流淌著歡樂嗎？

胡適是主張「多研究一些問題，少談一些主義」，主張整理國故、踱進研究室的。然而，就是這樣一個胡適，在抗日戰爭爆發後，終於走出了研究室，出使西方，為國難奔走呼號，贏得國內外一片喝彩。胡適尚且也有「迫於時勢」的時候，更遑論青年時代就心存「我以我血薦軒轅」的魯迅？

　事實上，魯迅不僅小說、散文等是傑出的，魯迅的雜文也是不朽的。可是，魯迅的原意，是希望他這一類「迫於時勢」的文字「速朽」，魯迅說：

> ……我的應時的淺薄的文字，也應該置之不顧，一任其消滅的；但幾個朋友卻以為現狀和那時並沒有大兩樣，也還可以存留，給我編輯起來了。這正是我所悲哀的。我以為凡對於時弊的攻擊，文字須與時弊同時滅亡，因為這正如白血輪之釀成瘡癤一般，倘非自身也被排除，則當它的生命的存留中，也即證明著病菌尚在。（《熱風‧題記》）

魯迅的「淺薄」之作還有人閱讀，說明魯迅所抨擊的時弊尚在，說明中國並無大的或是根本的改變。魯迅「迫於時勢」之作的不朽，是魯迅的悲哀，從某種意義上說，不也是中國的悲哀嗎？

被精神病

魯迅在《寫於深夜裡》的第三部分，講了「一個童話」：

有一天的早晨，許多軍警圍住了一個美術學校。校裡有幾個中裝和西裝的人在跳著，翻著，尋找著，跟隨他們的也是員警，一律拿著手槍。不多久，一位西裝朋友就在寄宿舍裡抓住了一個十八歲的學生的肩頭。

「現在政府派我們到你們這裡來檢查，請你……」

「你查吧！」那青年立刻從床底下拖出自己的柳條箱來。

這裡的青年是積多年的經驗，已頗聰明了的，什麼也不敢有。但那學生究竟只有十八歲，終於被在抽屜裡，搜出幾封信來了，也許是因為那些信裡面說到他的母親的困苦而死，一時不忍燒掉吧。西裝朋友便仔仔細細的一字一字的讀著，當讀到「世界是一臺吃人的筵席，你的母親被吃去了，天下無數無數的母親也會被吃去的……」的時候，就把眉頭一揚，摸出一枝鉛筆來，在那些字上打著曲線，問道：「這是怎麼講的？」

「……………」

「誰吃你的母親？世上有人吃人的事情嗎？我們吃你的母親？好！」他凸出眼珠，好像要化為槍彈，打了過去的樣子。

「那裡！……這……那裡！……這……」青年發急了。

但他並不把眼珠射出去，只將信一折，塞在衣袋裡；又把那學生的木版，木刻刀和拓片，《鐵流》，《靜靜的頓河》，剪貼的報，都放在一處，對一個員警說：

「我把這些交給你！」

「這些東西裡有什麼呢，你拿去？」青年知道這並不是好事情。

但西裝朋友只向他瞥了一眼，立刻順手一指，對別一個員警命令道：

「我把這個交給你！」

員警的一跳好像老虎，一把抓住了這青年的背脊上的衣服，提出寄宿舍的大門口去了。門外還有兩個年紀相仿的學生，背脊上都有一隻勇壯巨大的手在抓著。旁邊圍著一大層教員和學生。

據考證，這是現實生活中的真實的故事。所謂「美術學校」，指杭州國立藝術專門學校；「一個十八歲的學生」即美術家曹白。那麼，為什麼稱之為「童話」呢？只能說在這個「權力者壓服了人民，但覺得他們都是強敵了，拼音字好像機關槍，木刻好像坦克車」的時代，一切都具有「童話」一樣的荒誕性。

「吃人」誰吃人了？你母親被吃了嗎？沒有。如此，這不是神經病的囈語嗎？秀才遇上兵，有理說不清。如此，被員警帶走的這樣的年輕人，自然是「被神經病」了，他的歸宿，自然是精神病院了。

以員警為代表的統治者，看文字如同機關槍，看繪畫彷彿坦克車，他們雖然搞不懂「吃人」到底是怎麼回事，但他們最害怕狂人們喚起鐵屋子中昏睡的人們，他們生活在深刻的恐懼中，所以，哪怕文字，哪怕繪畫，都讓他們產生了幻覺，如臨大敵，祖宗千秋萬代的基業似乎就會被文字和繪畫顛覆了一樣。他們生病了，「……抵抗力也衰弱起來，一有要緊的事情，就傷風，同時傳染給大臣們，一齊生病」，他們一樣的瘋了。

一群號稱母親被「吃」，在抨擊「吃人」的國度的人們，遇上了一群視文字與繪畫如同機關槍與坦克車的人們，一群這樣的「狂人」，遇上了一群這樣的「瘋子」！「瘋子」把「狂人」送進了「精神病院」，而「狂人」卻視「瘋子」治下的國度如「醬缸」，如「鐵屋子」，如「大墳墓」。

瘋了，不是「狂人」就是「瘋子」，這就是魯迅關於中國的「童話」！

這不是人之國，這是鬼之國。魯迅說，「我將深味這非人間」，是的，這是「非人間」，是精神病院，是「狂人」與「瘋子」反反覆覆碰撞的閃著鬼火的世界。

活的墳墓與行走的屍首

魯迅在廈門時，在亂墳中行走，有屍骨橫陳，他坐在墳中照了一張相，感慨曰：整個中國就是一個大墳墓。此後，他把在廈門時編的文集取名為《墳》。

陀思妥耶夫斯基視俄羅斯如監獄，魯迅視中國如墳墓，他們認為，他們生存的世界是非人類生存之處所。

中國的墳墓收藏了人間的輝煌。我們到各歷史博物館看看，博物館所展示的大多數，都是皇家用品。中國的皇帝們把人世間最好的東西搜括到了皇宮中，他們死了，還要把皇宮的一切帶到地下。我們張開眼睛看看吧，所謂偉大的中華文明，除了像長城一樣、像鎖鏈一樣曲曲折折的裹腳布以外，有多少不是從墳墓中挖掘出來的?!

中國大大小小的皇帝將近五百位，他們帶走了多少人間珍寶、人民血汗?!

此外，又有多少的諸侯、將相，他們的陪葬品雖不好與皇帝比，但也絕不在少數，陝西出土的大小官僚的墳墓，都有數量頗巨的陪葬品！馬王堆的出土文物也不算少，墓主辛追還只是長沙國丞相利蒼之妻！

中國的人間，卻是活的墳墓。張獻忠屠川，把小腳女人的腳剁下，像堆豬蹄一樣堆成山……遠的不說了，就說當下，從染色食品到神奇羊肉，從蘇丹紅鴨蛋到假雞蛋，從地溝油到石蠟米，從避孕蝦到激素蟹，奸商與磚家們使我們成為人造毒食品技術最先進國家，國人餐桌變成化工原料堆填區，國人的肚子也愈來愈像化工廠。這樣的世界是人間所在嗎？

為什麼把人不當人？把人間變成墳墓？熙來攘往，皆為利字。說到底，就是活在這個墳墓世界的人多是非人。臧克家《有的人》寫道，有的人活著，但他已經死了；有的人死了，但他卻活著。如此看來，當人把生當作生、死當作死來看時，並不排除另一種生就是死、死就是生的狀態。當我不時吟詠《有的人》時，經常有這樣的錯覺，在這個世界上，有許多行屍走肉之徒，我甚至感覺，睃巡周遭，一堆一堆的屍體在遊走著。

很多中國人到哪裡都是耍小聰明，謊言不離口，自私自利，貪婪惡毒，破壞規矩，鑽制度和法律的漏洞，為自己眼前的小利，哪怕所有人受害他們都毫無感覺，直到變得人人喊打為止！從最富裕的美國，到伊斯蘭的印尼，再到黑非洲，都出現排華事件！這樣一群沒有敬畏，沒有信仰，極端自私，想方設法佔善良人便宜，並為之沾沾自喜的人，不，他們根本沒有良心，他們只算是人形動物，只是遊走的屍首，他們不僅把中國變成墳墓，他們還要把世界變成墳墓。誰不討厭和痛恨?!

有一篇小小說，說一個人在墳墓裡，感覺就要悶死了，他忍無可忍，拉開墓門，想吸吸墳墓外的新鮮空氣，想喝一口鮮美的水。可是，他沒想到墳墓外的空氣和水的污染是如此嚴重！他覺得，還不如墳墓，於是，他又回到了他的陰間。

當人的世界被行屍走肉者所佔據，當四周遊行的都是活著的屍首，那麼，這個世界不就是監獄與墳墓嗎？卡夫卡找不到保護自己的坦克車，寧可把自己變成甲蟲——他把甲蟲的外殼當作坦克車了——也要離開這非人的所在。格里高爾死了。卡夫卡、陀思妥耶夫斯基、魯迅都死了。他們卻是活的精靈，在我們的精神天空像恆星一般地閃爍著，直到永遠。

「暗暗的死」及其他

魯迅先生《寫在深夜裡》的第二節叫「略論暗暗的死」。什麼叫「暗暗的死」呢？魯迅給出的結論是「在暗室中畢命於幾個屠夫的手裡」。那麼，「暗暗的死」是怎樣的狀態呢？魯迅提到他的「朋友或學生的死」，「倘不知時日，不知地點，不知死法」，這就是「暗暗的死」，比如柔石、胡也頻、殷夫他們。

「暗暗的死」自然不是中國特產，卻是獨裁專制這一黑暗統治的必然結果。索爾仁尼琴的《古拉格群島》中就有一群突然消失的人；蘇聯製造的「卡廷慘案」，也屬於魯迅說的「暗暗的死」。

「文革」中，林昭和張志新的死，應該算是「暗暗的死」。一九六八年四月二十九日，曾是北大新聞系才女的林昭因「斷然不能容許自己墮落到暴政奴才的地步」而被祕密槍殺。為防止她行刑前喊口號，有關人員給她口中塞了橡皮塞，並用塑膠繩勒緊喉管。林昭死時三十六歲。一九七五年四月四日，張志新因在文化大革命中批評對毛澤東的個人崇拜和極左派而成為著名的持異議人士，在瀋陽市東陵區大窪刑場被執行死刑。張志新在監獄備受折磨，

用鐵絲鉗住她的舌頭和嘴巴，把拖布往裡面塞，行刑前遭割喉，一個女管教員目睹慘狀旋即昏厥。張志新死時四十五歲。兩位女性的死，家人與大眾一如魯迅所言不知時日，不知地點，不知死法。此外，她們的「暗」，不僅在於三不知，更在於都被「封喉」，話不許說，話說不出，黯啞無語地離開這罪惡的世界，這大約屬於「暗暗的死」之登峰造極吧！

林昭、張志新死後，時代是進步了，但「暗暗」有時卻是免不了。早前那個被死在輪胎下溫州的錢雲會，似乎還不好說是「暗暗的死」。二〇一三年七月十二日民營企業家曾成傑據說因為非法集資三十四億被悄無聲息地處死，家屬連他的最後一面也沒見到！一句遺言也沒有！甚至連正式通知也沒有！這應該算得上「暗暗的死」之最新版本吧？

在文章中，做為對比，魯迅有談及與「暗暗的死」相對應的「明明的死」。魯迅說：「中國在革命以前，死囚臨刑，先在大街上透過，於是他或呼冤，或罵官，或自述英雄行為，或說不怕死。」就是說，臨刑之前，還是讓你說話的。遠一點的，我們說金聖歎。金聖歎因一場未遂政治騷亂而命喪刑場。受刑之日，他泰然自若，酣然暢飲，曰：「割頭，痛事也，飲酒，快事也；割頭而先飲酒，痛快痛快！」其二男痛不欲生，涕零與嚴父訣別。金聖歎仰天吟曰：「鼉鼓三聲擊，西陽日既斜。黃泉少旅店，今夜宿誰家。」吟訖，閉瞑，伏首而受刑。

至於共產黨的革命烈士，應該提到的當屬周文雍和陳鐵軍了，劊子手甚至同意他們舉行

「刑場上的婚禮」，在刑場上，他們一個說：「今天，我們在刑場上舉行這莊嚴的婚禮！」另一個說：「讓反動派的槍聲，做為我們婚禮的禮炮吧！」從容就義。影視為品中，烈士們多高呼「毛主席萬歲！」「中國共產黨萬歲！」亦證明了他們不是魯迅所言「暗暗的死」。

魯迅認為，「『成功的帝王』是不祕密殺人的」，換言之，祕密殺人的，甚至連「成功的帝王」都不是。「……給死囚在臨刑前可以當眾說話，倒是『成功的帝王』的恩惠，也是他自信還有力量的證據，所以他有膽放死囚開口，給他在臨死之前，得到一個自誇的陶醉，大家也明白他的收場」。雖然由於「時代的侷限」，魯迅還不能上升到「道路自信」的高度看問題，但他明白不搞「暗暗的死」，「也是他自信還有力量的證據」，反之，那就是缺乏「自信」了，是沒有力量的一種表現。

魯迅看到太多的生命在青天白日下死了，但他想到更可怕的是那些「在暗室中畢命於幾個屠夫的手裡」的恐怖，如此「暗暗的死，在一個人是極其慘苦的事」，「也一定比當眾而死的更寂寞」。這樣的世界，將比一般意義上的地獄更加殘酷。魯迅說，「我先前讀但丁的《神曲》，到《地獄》篇，就驚異於這作者設想的殘酷，但到現在，閱歷加多，才知道他還是仁厚的了：他還沒有想出一個現在已極平常的慘苦到誰也看不見的地獄來」。但丁的那麼恐怖的地獄在魯迅看來都是仁厚的，為什麼呢？因為還看得見。魯迅看到的事實，在中國客觀上

存在著「看不到的地獄」，而這地獄卻又「極平常」——這極言其多，因為多，「暗暗的死」肯定不在少數。

魯迅真是鬼的精靈，他的冷眼可以穿越到當今。在文章的結尾，他節外生枝，捎帶一槍，說到「祕密處死」之外的祕密。那麼，大大小小的帝王們，什麼才祕密地幹呢？魯迅說，「他只祕密一件事：和他那些妻妾的調笑」，用今天的話說，就是與二奶、小三們鬼混，這才是「祕密」；再有呢，魯迅說，是「他的財產的數目和安放的處所」，魯迅所言的這個祕密嘛，至今尚未解密，所以我也不便多言了。

不過呢，進入了斯諾登時代，似乎這類「祕密」也難守，雷政富的房事，龔愛愛的房子，都被提前解密了，唉，房事與房子，都與洒家有關，慚愧！奈何?!

「酷的教育」

一個市委書記的論文抄襲，被曝光了。他問計於報社老總，老總說，你就忍一忍吧，過三五天，又會有新的關注點，人們很快就會忘記你的事的。果然，過了十天半月，這事也就不了了之了。

剛才讀網，不少官網都登出了關於二〇一三年「爛尾新聞」的文章，潼關「國土局長打記者」，「大師」王林非法行醫，黃浦江死豬事件，廣東「鎘大米」事件……無新資訊公開，無最終問責結果。看來，也是要不了了之的。

魯迅在《偶成》一文中說：「酷的教育，使人們見酷而不再覺其酷，例如無端殺死幾個民眾，先前是大家就會嚷起來的，現在卻只如見了日常茶飯事。」就是說，見多了，見怪不怪了，人民也就麻木了。

突尼斯的一個小販因受了不公正待遇，自焚！就是一起自焚事件，抗議的浪潮席捲全國，反人民的政府垮臺了。突尼斯事件甚至在中東蔓延，一定程度上改變了世界格局。

可是，因拆遷自焚事件，推土機輾死人事件，全國有多少起了？難以計數。最終的結果

怎樣？不得而知。自焚的生命，除了留下屍臭，還有什麼？還要有多少人自焚，才能喚醒中國這頭睡豬？

甲自焚了，我們無動於衷；乙自焚了，我們無動於衷；丙自焚了，我們還是無動於衷；丁自焚了，我們如魯迅所言，已經接受了「酷的教育」，「見酷而不再覺其酷」，只是成為茶餘飯後的談資了。如此，離我們自己自焚就已經不遠。當我們自己自焚的時候，這個世界所有的人們不也像我們一樣張著冷漠的麻木的眼睛觀賞嗎？自焚的火燒不掉邪惡，總有一天要把這個世界燃燒，總有一天，人們要同歸於盡。

中國的災難太深重了，如果沒有忘卻的生理機能，如果沒有忘卻的本能，是活不下去的。但是，攸關生死存亡的大事不能忘，一個沒記性、沒血性的民族，早晚會被開除「球籍」！

「有運動而無文學」

一九三〇年六月，國民黨的中宣部策劃了「民族主義文學運動」，魯迅在一九三一年一月二十三日致李小峰的信中說：「此輩有運動而無文學，則亦殊令出版者為難，蓋官樣文章，究不能令人自動購讀也。」有官辦商業、官辦醫院等等，自然亦有官辦文學。官辦文學的表現形式通常是請一些作家住進賓館，用重金請他們寫文章。秉承官的旨意，自然只能是官樣文章，官樣文章還得官方出錢購買，然後贈閱。贈送麵包，老百姓或許要的，贈送官樣文章，老百姓要不要呢？也要，銖積寸累，集腋成裘，多了，可以賣廢品，一斤可值八毛左右哩。老百姓為什麼不能「自動購讀」，因為官樣文章充滿了謊言，與其花錢購買謊言，不如去買冰棒來得痛快，道理就是這麼簡單。

「流官」

中國的事情是很無奈的。先前，一當了官，能上不能下，終生制。這毛病很多，其中重要一條，就是堵了後來者的路，不利於事業的發展。於是，改革，領導幹部的任期有了限定，你只能做一屆，最多兩屆。應該說，這是一大進步。

可是，問題又來了。你方唱罷我登臺，「為官一任，造福一方」，時間就是那麼三、五年，或是八、九年，時不我待，只爭朝夕啊！於是，這一任上馬了，立即圈地，搞一個什麼園區；另一任開始了，還是圈地，搞一個什麼基地；再一任又來了，在江的兩岸大開發……這麼三五任過了，新來的似乎無處下手了，怎麼辦？好辦，拆了舊的，重新來過，有的還不舊，剛剛蓋好的學校，還沒開學哩，也拆，立刻就拆！

魯迅在《談金聖歎》一文中說：「百姓固然怕『流寇』，也很怕『流官』。記得民元革命以後，我在故鄉，不知怎地縣知事常常調換了。每一調換，農民們便愁苦著相告道：『怎麼好呢？又換了一隻空肚鴨來了！』他們雖然至今不知道『欲壑難填』的古訓，卻很明白『成則為王，敗則為賊』的成語，賊者，流著之王；王者，不流之賊也，要說得簡單一點，那就是『坐寇』。」「流寇」、「坐寇」之類，我們略過不表，魯迅由「流寇」生發出「流官」，卻頗值得玩味。「流官」，像餓著肚皮的鴨子，他剛吃飽，又要走了；新來的，又是餓肚子，接著搶，搜刮民脂民膏，沒有了時。魯迅還說過大意如此的話：阿Q如果革命成功了，他比趙太爺和「假洋鬼子」之類更能搶。阿Q不是想要什麼就是什麼、想跟誰困覺就跟誰困覺嗎？活生生一隻餓極的鴨子。

如此，倒不如讓這些「流官」變成「坐官」，他吃飽了，也許不接著搶了，也比三五年甚至更短的時間「流」一下的要好。

當下，官員們是另一種飢餓的鴨子，那就是「政績飢餓」。你前任在這座城市留下了豐碑，比如修了機場，我如果不修更大的機場，還混不混了？至於在出政績的過程中，像劉志軍一樣順便搶些碎銀子，也只是偶爾為之，「中國腐敗份子是極少數，不到萬分之一，幾乎等於零」，劉志軍完全是一個偶然現象！雷政富工作累了，像阿Q要與吳媽困覺一樣與趙小妹困覺，這也只是「極少數極少數」。

總而言之，「流官」不如「坐官」。不斷地「流」，不斷有「政績飢餓」，就得不斷地搜刮，不斷地折騰。

那麼，回到過去，回到「坐官」時代，廢除任職年限，再行終生制？不言而喻，「開歷

史倒車是沒有出路的」。真是難啊，進也不是，退也不是。

其實呢，問題也簡單，就是選舉與提拔的問題。不論「坐官」、「流官」，誰讓他當官，他為誰負責。選舉者，是大眾選出來，舉起來的，他當然要對大眾負責；提拔者，又是提又是拔，力氣都來自上頭，他也只能為上頭服務，上頭需要政績，而且需要短時間內出政績，他只能這樣玩命；上頭自己雖然極廉潔，但他的親友們需要專案，他只能把電力之類的專案包給上頭悄悄指定的人，如此這般。

選舉是大眾授權，是權力的大眾化，也就是權力的公有化，所謂「公權力」是也；提拔是上頭授權，是權力的上有化，上頭不是抽象的，一般情況下是具體的個人，權力的上有化，實際上經常造成權力的私有化。

國外也有不流的官，有的市長一做就做了幾十年，但前提是他不斷得到人民的授權。流不流不是問題的關鍵，選不選才是問題的癥結。

正常與否

魯迅《關於中國的兩三件事》一文中，在談到中國的火時說過大意這樣的話：無論你怎麼會燒飯，如何會點燈，但肯定不會成為名人，查遍歷史，也查不到因為燒飯和點燈而名垂青史的人。但是，秦始皇一燒書，至今還儼然做著名人。

我理解：一切正常的，都不會留名，比如燒飯；一切非正常的才會留名，比如燒書。一個人，如果想成名，就要出非常之招數，這就像新聞傳播學中的那句名言，狗咬人，不是新聞；人咬狗，才是新聞。換言之，正常的不是新聞，不正常的才是新聞。

閒來讀網，每個網站幾乎都在用女人來勾引讀者。他們不「包二奶」，卻是爭先恐後地「露二奶」，更出類拔萃的則是一絲不掛了。女人們為什麼如此犯賤呢？不脫衣服屬於正常，不會奪人眼球，不會留名，脫了，脫得一絲不掛了，雖然不正常，但卻出名了。

問題是，正常與否是會起變化的。這麼多人脫，連未婚的中學生都說，已經視覺疲勞。如此，這些不正常的脫衣者也就變成了正常，白費心思白辛苦了，除了讓人們看到這類網站和這類人的犯賤以外，也留不了名了，留下的就是一絲不掛。

那麼，我們是為了正常而好好穿衣服呢？還是為了出名不穿衣服呢？我們是為了名利選擇不正常呢？還是為了正常而選擇正常呢？這是一個問題。

社會的與靈魂的

如果說中國也有列夫・托爾斯泰和陀思妥耶夫斯基的話，那麼胡適有點像托爾斯泰，魯迅則有點像陀思妥耶夫斯基——注意，只是說「有點」。

胡適與托爾斯泰一樣行走於上層社會，卻對下層的農奴與人力車夫們有著居高臨下的關愛；托爾斯泰是社會的革命家與改革者，胡適則是西方民主政治的科普作者，同時也是切實的社會改革的推動者。

魯迅與陀思妥耶夫斯基一樣，至少少年時代生活在社會下層，一生運交華蓋，從際遇到內心的體驗都充滿了苦難感。陀思妥耶夫斯基雖然描述了社會眾生，但他更多關注的不是造成眾生苦難的社會根由，他關注的是人的靈魂和靈魂的抽搐與痙攣，他是人類靈魂的偉大的審問者；魯迅關注的也是人與人的靈魂的問題，魯迅的人帶有文化遺傳的「歷史之罪」，魯迅人物的靈魂因痛苦而扭曲而變形，他向我們展示的都是病態人生、病態靈魂，他是中國國民精神的偉大的審視者。

列夫・托爾斯泰與胡適是社會的，是外在的；陀思妥耶夫斯基與魯迅是人與人的靈魂的，

是內在的。前者，由改革社會的激情而通往人道主義；後者，由人道主義的悲憫，則已經或可能通往宗教。

知識與道德

在我印象中，沒有知識的工人、農民，總是比較尊崇有知識的人的。但當他們與有知識的人們相處久一些日子後，除了對他們特定的知識技能還留下印象外，對知識份子往往不以為然了。為什麼呢？大多的原因是，知識份子做人不怎麼樣。於是，產生失落，讀書人，也就是這麼回事嘛。工人、農民總是簡單地以為，掌握了知識的人，自然就是有道德的人了。他們犯的錯誤在於，把知識等同於道德，因此，當然是知識越多越道德了。

魯迅在小說《肥皂》中刻劃了一個「知識份子」四銘的形象，這個人一般看來是很有教養的，禮貌也很周全，客人來了，也會「失迎失迎」等等。他在街上看見一個六、七十歲的瞎眼老人和一個十八、九歲的女孩在「求乞」，也會動了惻隱之心，稱讚那女孩「她只要討得一點什麼，便都獻給祖母吃，自己情願餓肚皮」，是一個「孝女」。四銘「從旁考察了好半天，竟不見有人給一個錢」，因而感嘆，「這豈不是全無心肝」；他罵起社會來，認為「學生也沒有道德，社會上也沒有道德，再不想點法子來挽救，中國這才真個要亡了。」可是，四銘太太問他，「你給錢了嗎？」四銘答：「我嗎？——沒有。一兩個錢，是不好意思拿出去

的。她不是平常的討飯，總得……」他終於一文錢也沒有施捨，沒有施捨，也還要硬摳出堂皇的理由——這就是中國的某些知識份子。

四銘是一個典型，他有「道德感」，有道德判斷，有與道德有關的知識。然而，道德在他身上，也僅僅是一些「知識」而已，他罵起別人、罵起社會來道理一框又一框，他的知識使他知道，透過「罵」別人的沒有道德，可以掩蓋自己的道德缺陷，同時自己也就有了道德形象。可是，他沒有把道德當作行動，他一毛不拔，終於還是沒有道德。魯迅畢竟是偉大的，他把很有道德知識的四銘這樣的「知識份子」的皮給剝下來了，在這個「孝女」面前，四銘心裡想的是什麼呢？他想的是，去買兩塊肥皂來，把「孝女」「咯吱咯吱遍身洗一洗，好得很哩」。

從以上舉例和分析可知，知識和道德是兩個概念。知識豐富的人有可能道德完善，但這不等於知識越多越道德。反過來，知識少的人可能道德不很完善，但這也不能理解為知識越少越沒道德。某甲知識豐富又很有道德，很多的情況下是這樣的，就是在他還沒有知識的時候，哪怕他都沒有知識了，他還是有道德的。某乙在沒有知識的時候是沒有道德的，後來他上了大學，有了知識，一般說來，也不會因為他有了知識，便從此變得道德高尚起來。道德是獨立於知識之外的一種特有的長期的修練，道德很大程度上還是一種與生俱來的秉性。

知識份子知書達禮，外在的禮貌諸如「你好」、「晚安」之類也許是有的，但是，如果碰到利害問題，在很多情況下，他們總是表現得比沒有知識的人更自私。在對待弱勢群體上，他們也更為冷漠。「文革」中，張春橋有一名言，叫「知識越多越反動」，這當然是反動言論，但說「知識越多越自私、越冷漠」，也許接觸過四銘這樣知識份子的人，多少會有點同感。

我的生活經驗告訴我，一些沒有什麼文化的工人、農民，他們往往更有道德感。一些被稱為「壞仔」的人，他們倒是非常孝順父母的。他們嘴上說不出什麼，也沒看什麼書，但他們把道德要求變成一種自然而然的行動，而不是嘴上的甜言蜜語。看來，道德首先不是什麼理論問題，而是一種行為，是一種實踐。道德的本質具有實踐性。如此，也更可以理解為什麼讀書人不一定有道德這個問題了。不少讀書人像四銘那樣，可能很有道德的知識，但沒有道德實踐，或者說不願意實踐道德理論的要求，所以，終於還是沒有道德。

以上當然都是個人感受，所說的「讀書人」或是「知識份子」，也是我所見識的，屬於極少數。我寫這篇文章，一是想告訴人們，不要被所謂知識矇住了雙眼，以為有了知識，就無所不有了。我還想告訴那些讀書人，不要以為有了高學歷就必然有了高道德。道德的修練是終生的實踐。有學問而無道德，高學問而低道德，往往會造成事業的挫折，使自己的聰明才智也白白地浪費了，有的時候，還會不同程度地傷害他人和社會。

晴雯是否也愛林妹妹

魯迅在談到文學的階級性時，曾有一段名文：「……窮人決無開交易所折本的懊惱，煤油大王哪會知道北京撿煤渣老婆子身受的酸辛，饑區的災民，大約總不去種蘭花，像闊人的老太爺一樣，賈府上的焦大，也不愛林妹妹的。」（《二心集・「硬譯」與「文學的階級性」》）魯迅的意思是，生活在不同階層的人，懊惱和喜好是不一樣的。

焦大愛不愛林妹妹，無從考證，因為他們是不會坐到一起說話的，向無往來。依我的猜想，倘若坐到一起彼此大約是無話可說的吧！如果林妹妹對焦大說詩？焦大對林妹妹說爬灰？全是對牛彈琴，不懂。林妹妹是見過劉姥姥，但她們沒有對上話，也無從說起愛不愛的。

不同階層的人似乎不相愛，那麼相同階層的人呢？林妹妹與寶姐姐雖然都是主子，是處在同一等級上的，但她們彼此肯定是不相愛的。可以說「賈府上的寶姐姐，是不愛林妹妹的」，反之，也一樣。寶姐姐不愛林妹妹，而和林妹妹有主奴之別的晴雯，在我看來，與林妹妹卻有不少臭氣相投之處。一主一奴，性格中都沒有什麼矯飾與遮掩，一個是「孤高自許」，一個是「心比天高」。黛玉甚至竟當著老祖宗的面，公開表示對寶玉的責備和一定程度上對其他女子的嫉妒。她看見寶玉從寶釵處來，立即冷笑著說：「我說呢！虧了絆住，不然，早就飛了來了。」甚至會站了起來，賭著氣回房去了。晴雯身為奴才，卻不低聲下氣去仰人鼻息，看人的眉高眼低。即使對賈寶玉，她也敢當面頂撞：「二爺近來氣大的很，行動就給臉子瞧……若嫌我們就打發我們，再挑好的使。好離好散的，倒不好？」襲人上來勸解，說了句：「妳出去逛逛，原是我們的不是。」她立即酸的辣的往上端：「我倒不知道你們是誰，別教我替你們害臊了！便是你們鬼鬼祟祟幹的那事兒，也瞞不過我去，哪裡就稱起『我們』來了。明公正道，連個姑娘還沒掙上去呢，也不過我似的，哪裡就稱上『我們』了！」晴雯沒遮沒攔，比黛玉自然多了幾分野氣，但在不矯飾上是一致的。我想，晴雯若是上了大學，和黛玉在一個班什麼的；或者，晴雯仍在鄉下，黛玉到她村裡插隊什麼的，他們會是好朋友的，儘管她們所處的社會階層不同。

「晴有林風，襲乃釵副」。襲人和寶釵，也是一奴一主，她們並不對立，在為人處世方面卻有許多驚人的相似。我看紅樓，覺得她倆面上都極乖巧的，隨和，為人熱情，內裡卻極是冷漠。寶玉挨打，襲人卻到王夫人那裡告陰狀。她小心翼翼地道：「論理，我們二爺也須得老爺教訓兩頓。」不是一頓，而是兩頓。為什麼要教訓呢？是為了防男女之大防於萬一。「況且林姑娘寶姑娘又是兩姨姑表姐妹，雖說是姐妹們，到底是男女之分，日夜一處起坐不方便，

由不得叫人懸心，便是外人看著也不像。」這時，她早已和寶玉幹過「警幻所訓雲雨之事」。至於薛寶釵，金釧兒投井死後，為討好王夫人，竟然喪失了最起碼的同情心和是非心，她認為金釧兒並不是賭氣投井，多半是在井邊玩，失足落水的，而且說：「縱然有這樣大氣，也不過是個糊塗人，也不為可惜。」王夫人因為金釧兒的死，愧悔交加，她是吃齋唸佛，相信陰司報應的。寶釵一番話，為她開脫，使她心安理得。襲人和寶釵，都有虛偽和冷漠的秉性，她們也一樣不愛林妹妹的。

雖然富人和窮人的懊惱不一樣，卻都有懊惱；至於喜好，同一階層的人不一定有同一的喜好，反之，不同階層的人卻有可能有一樣的傾向。同一階層的不一定是彼此相愛的，不同階層的人也未必彼此相恨；敵人不一定是壞人，同一陣營中的也不見得都是好人。生活比觀念要複雜得多。人與人，除了階層不同，經濟實力不同以外，畢竟還有許多屬於人格、氣質等精神上的東西。以經濟而論，恩格斯是相當數量資產的擁有者，馬克思則是窮光蛋，但這並不影響他們成為至交。魯迅與梁實秋，同是文學家，也都當過教授，似乎可以說是同屬於知識階層，他們雖然也無「開交易所折本的懊惱」，大約總會有當文人的共同感受吧？然而，他們的許多見解都是大不相同的。魯迅認為，「……世界卻正由愚人造成，聰明人絕不能支持世界，尤其是中國的聰明人……」（《墳・寫在〈墳〉的後面》）因而，他感到，「唯新興的無產者才有將來……」（《二心集・序言》）梁實秋則認為，「大多數永遠是蠢的，永遠和文學無緣」的，勞苦階級是「只會生孩子的階級」。（《文學是有階級性的嗎？》）

蕭蕭落紅裡的基因密碼

讀蕭紅著作極少，有朋友對我說，蕭紅的《呼蘭河傳》既是小說，更是一部長篇散文，比《生死場》要好許多，是不朽的。書櫃裡，蕭紅的作品也相當齊全，就是沒空光顧。印象較深的是她的散文《回憶魯迅先生》，這是浩如煙海的回憶魯迅文章中最好的一篇，蕭紅的魯迅，是活的魯迅。在這篇文章的開首，蕭紅就寫道：「魯迅先生的笑是明朗的，是從心裡的歡喜。若有人說了什麼可笑的話，魯迅先生笑得連菸捲都拿不住了，常常是笑得咳嗽起來。」一下子，不僅蕭紅和魯迅的距離是那麼近，讀者和魯迅的距離也是那麼近！有一次，鄧麗君對友人說：「我知道蕭紅，讀過她的書。」朋友問是不是《生死場》？她說是《回憶魯迅先生》。鄧麗君稱讚蕭紅的文章寫得好，並說：「我過去不瞭解魯迅，看了蕭紅的文章後，才讀魯迅的作品。」鄧麗君的感受應該具有代表性，我相信讀了蕭紅回憶魯迅的文章，很多人會喜歡上魯迅的。蕭紅在另一篇關於魯迅的文章《「萬年青」》中說，「我第一次看到魯迅的時候，好像看到了家鄉的山水，又好像看到了兒時的保姆，因為是他一個讀者的緣故，反而忘了他是一個作家」，這種感受非常奇特，有如我們到了從來未到過的某處，感覺似曾相識，彷彿回到故鄉一樣，這也許是前生前世留給今生今世的記憶？

這幾天讀馬蹄疾的《魯迅生活中的女性》，與蕭紅有關的兩個細節，卻讓我對她少了許多好感，儘管她對魯迅是那麼好！儘管她的文學成就是那麼讓人眩目！

一個是關於蕭紅母親的。蕭紅，現在我們已經不知道她姓什麼，只知道小名叫榮華，一九一一年六月一日出生於黑龍江呼蘭縣城外的一戶貧農家裡，這個貧農是呼蘭城內官僚地主張選三的地戶。據馬蹄疾說，蕭紅的母親姜玉蘭，長得漂亮俊秀，被地主張選三看中，她就將親夫害死，帶著榮華和榮華的弟弟連貴，嫁到張選三家來，蕭紅改名張迺瑩，弟弟改名張秀珂。張選三成了她的繼父。

關於這一點，蕭軍在《蕭紅書簡輯存注釋錄》一書中談到，蕭紅弟弟張秀珂曾對蕭軍說，「疑心以至確定他現在的父親張選三（即張廷舉）並不是自己和蕭紅真正的親生的父親」。蕭紅姪子、張秀珂的兒子張抗提供了父親產生這種懷疑的由來：「據母親回憶，父親的確同她談過這個懷疑。父親說，幼小時沒有得到多少父愛，親生母親在自己三歲時就已去世，繼母來後很快也有了孩子。他到下屋同老廚子睡在一起，被子涼冰冰、滑膩膩的，黑得發亮。老廚子曾對父親說，你的命苦啊，沒有親媽，爹也不是親爹。」

一個是蕭紅自己的。據馬蹄疾說，一九二八年，蕭紅初中畢業時，由六叔張廷獻作媒，

繼父和繼母把她許配給時在賓江縣三育小學任教的汪恩甲。她一開始反對這門婚事，後因明白公開反抗不行，就佯裝同意了，並趁機向繼父和繼母要錢，自己到哈爾濱辦嫁妝。到哈爾濱後，她沒有去辦嫁妝，卻與表兄路振舜同去北京上學，與路同住在西單二龍坑西巷七號。此後，蕭紅因生活所迫，回到了呼蘭家裡，被繼父和繼母困在家中，在北平大學求學的李潔吾用五元錢夾在戴望舒《我的記憶》一書中送到蕭紅手上，蕭紅用這五元錢再次跑到了哈爾濱並輾轉到了北平，李潔吾又送她回到原來的住處。蕭紅的未婚夫汪恩甲到北京找到了蕭紅，以甜言蜜語要與蕭紅完婚，蕭紅與汪恩甲返回哈爾濱，住進哈爾濱道外正陽十六道東興順旅館，這時她已懷有身孕，並即將分娩，兩人坐吃山空，欠旅館六百多元的住宿費，汪恩甲對蕭已經玩膩了，就告訴蕭紅回家取錢，讓蕭紅在旅館裡等候。但汪一去不返，蕭紅被困在旅館中。在走投無路的情況下，她給哈爾濱的《國際協報》發出了呼救信，該報編輯蕭軍持信到旅館找到了蕭紅，在蕭軍的幫助下，她離開了旅館。蕭軍搭救了蕭紅，已有家室的蕭軍，據說「愛上」那個一無所有挺著大肚子的女人；她呢？在即將分娩時，據說也是因為「愛」，就再次交付了自己的身體。在哈爾濱市立第一醫院生下了女孩。馬蹄疾說，「蕭紅為了追求幸福，只好把自己的女兒拋在醫院裡，與蕭軍暫時住進俄國人開的叫歐羅巴的旅館」。

讀到蕭紅母親的事蹟，我腦子裡閃過三個映象，一是《白毛女》中的喜兒，喜兒也被財主看上了，但為了與大春的愛情，寧可讓自己變成了鬼；二是毒殺親夫的潘金蓮，這就用不著多說什麼了；三是《大紅燈籠高高掛》中那個偷偷點燈的丫頭，莫非蕭紅時代的價值觀與當下的價值觀如出一轍，丫頭都是千方百計地想嫁給財主？搞不懂。已經有兒有女了，竟然下得了手害死親夫，這樣的女人應該比潘金蓮還要不同尋常。有一條是清清楚楚的，無論什麼時代，無論哪一個國家，害死親夫都是一種犯罪行為。

蕭紅在和蕭軍之前，與表兄路振舜「同住」，還有一個說不清的李潔吾。蕭紅逃婚的對象汪恩甲把她接回了哈爾濱，她立即就有了身孕，她懷的是誰的孩子，是汪恩甲的嗎？卻也難說哩。如果是汪恩甲的，既有今天，又何必當初？她逃什麼婚呢？不過，實在地說，懷誰的孩子並不重要，問題是，她生下了孩子，而竟然可以捨棄孩子，不多久，便和蕭軍偷歡去了！

生物學有時候比社會學要更精確，遺傳基因往往是難以抗拒的，要這樣而不是那樣，只能這樣而不能那樣。表象可以有種種差異，但內核一定是相對一致的。要知道女兒的秉性，可以看她的母親，反之，也成立。蕭紅的母親犯了殺夫罪，蕭紅則犯了棄嬰罪。在「追求幸福」這一點上，母女找到了共同點，出手都比較狠哩！

年紀愈大，我愈覺得老天有眼。人在做，天在看。蕭紅的母親傍了大款，也並不幸福，好景也不常，蕭紅十歲左右，姜玉蘭就病死了，大約也就是三十多歲吧！張選三又續娶了梁

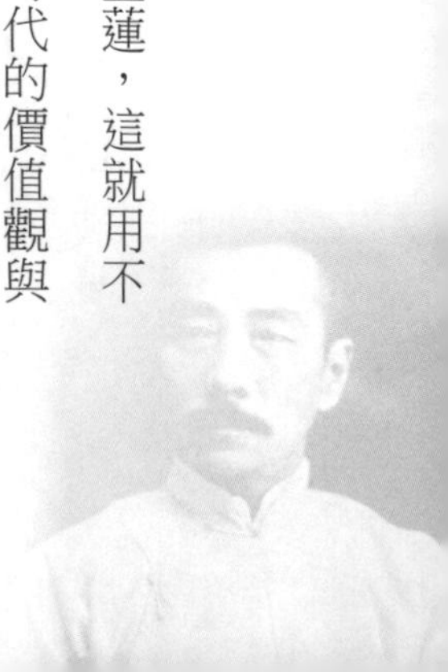

亞蘭。寫道這裡，我想到了莎士比亞的《王子復仇記》，我更願意把姜玉蘭的死，看作是被她害死的老公復仇來了。說是有愛情，蕭紅和蕭軍也好不到哪裡去，蕭軍經常對她拳腳相加。後來，蕭紅又有了別的男人。一九四八年一月十五日，端木蕻良和駱賓基這兩個男人將蕭紅轉入香港瑪麗醫院。第二天，蕭紅精神漸復，在紙上寫下「我將與藍天碧水永處，留下那半部《紅樓》給別人寫了」，「半生盡遭白眼冷遇……身先死，不甘，不甘。」蕭紅的生命是那麼短促，她只活了短短三十一年！雖然死於庸醫誤診，但我更願意看作是被她遺棄的女嬰在呼喚她，蕭紅固然是無助的，但更無助並且無辜的棄嬰要吃她的奶啊！

一九五七年七月二十二日，蕭紅的骨灰在香港淺水灣被一些文化人找到，曾經是當時很轟動的事件。最近，在她的家鄉黑龍江呼蘭縣城東的故居，也修復成蕭紅紀念館。蕭紅，中國現代文學燦爛天空的一顆耀眼的星，呼蘭河畔永不褪色的蕭蕭落紅，她是不朽的。然而，我卻在這永不褪色的蕭蕭落紅裡，看到了淒厲的血色。我有一雙狗眼，有什麼辦法呢？

阿Q下崗及教材變更

房向東，出版人，現居福州；

陳　奇，黨校高級講師，現居福州。

房：週日在家，讀了有關介紹新課改新教材的文章，專家說了新教材的種種好處，這是他們自己做的事，知道的「好處」當然特別多；也因為是自己做的事，「壞處」就顯得特別不容易看到。好處自然是有的，但值得重新審視之處也是有的。新教材面世之前並沒有在社會上廣泛徵求意見，而只是若干專家認知的結果。所以，新教材一出來，木已成舟，相關的問題都成了「過去時」。你是搞教育的，你看我們現在說，是不是白說？

陳：不一定白說。也有專家說，教材應該是動態的、不斷變化的，因此我們現在談一些感想，於將來修訂時或也有參考價值？這就給了我們白說也要說的動力了。

房：有道理，不說白不說，白說也要說。

陳：應該肯定，教材的不斷更新是必要的，這也是與時俱進的一種表現。新教材收入蔡元培的《就任北京大學校長之演說》和《奧斯威辛沒有什麼新聞》，這是加強人文教育；收入

巴金的《小狗包弟》，這是愛的教育；收入霍金的《宇宙的未來》和《飛向太空的航程》這是科學與幻想的教育；此外，「酷」、「爽」、「帥哥」、「辣妹」、「閃客」等流行詞語，都成為學生探究的內容。所有這些努力，都值得肯定。

目前，爭議最大的是關於魯迅的作品。中學課本要不要選魯迅作品，這不成問題。選多少、選什麼作品，是可以也應該討論的。有專家認為，不是說魯迅的作品一篇也不要上中學語文課本，「若是像郁達夫、朱自清那樣，選上一兩篇，是可以的」。這些人強調的是不能選太多，與其他現代作家一樣就可以了。

房：我是不接受這種無區別論的。現代作家哪一個比魯迅更有成就、更偉大呢？公認的，魯迅是現代文學最有成就的作家——這一點，絕對禁得起歷史的考驗，如何滿子所言，未來的歷史學家會對魯迅評價更高；錢理群說，三百年後如果要寫二十世紀文學史，那只有一章，即「魯迅與五四文學」——既然是最有成就的，多選幾篇魯迅的作品，有什麼不可以呢？

現在中學課本中不是魯迅作品太多的問題，是選魯迅的哪些作品的問題。還應該指出的是，魯迅作品多是經典性的，選這一篇還是那一篇，從作品品質的角度說，問題不會太大，這是因為魯迅作品的水準不會落差太大，不是這方面就是那方面，總會對學生有所啟發的。

陳：要指出的是，新中國成立以來，確實有學生課本選魯迅作品政治化的傾向。比如，和蘇聯友好時，就選《鴨的喜劇》，是為了強調魯迅與愛羅先珂的友誼，從而達到加強中蘇友誼的目的；與日本友好時，就選《藤野先生》；「文革」中，《論「費厄潑賴」應該緩行》自然是必選的；粉碎「四人幫」了，則選《三月的租界》……

房：二〇〇九年二月三日，閻晶明先生在《文藝報》發表《柔性的魯迅》一文，也談到了你說的魯迅課文的選文問題，他說：「我有時想，為什麼中學教材裡不能選點魯迅的妙文而只選戰鬥的檄文？如果學生們一上來接觸的魯迅文章是《夏三蟲》、《夜頌》、《略論中國人的臉》、《小雜感》，魯迅形象還會是一副冷面孔嗎？」我基本上贊同閻晶明的觀點。當然，如果因為我們現在的社會有點歌舞昇平了，所以就去掉戰士的戰鬥性，只是強調柔的和軟的，讓魯迅適應日益墮落的社會的口味，那我就未必贊成了。我比閻晶明要強化一點的是，選文一定要最切中魯迅的終極關懷，那就是國民性和立人問題。透過魯迅作品的閱讀，啟蒙大眾，改造人本身，從而達到再造新人的目的。

在中學語文課本的選文上，更大的問題是其他那些課文，比如，我記得餘心言的文章進了中學語文課本，那是膚淺的說教；金庸的武俠小說也進來了……對這些三、四流的文章，專家們倒不說什麼。我以為，把那些不夠水準的文章剔除出去，比匆匆忙忙處理魯迅的文

章要更為急迫。

陳：言之有理。新教材中，魯迅的文章少了許多。魯迅的文章被不斷抽去的一條主要理由是，「魯迅作品很經典，但學生不易讀懂」。你是魯迅研究的專家，對這一現象有何高見啊？

房：專家不敢當哩，一不小心就成了「磚家」，魯迅的信徒耳。所謂很經典，這是抽象肯定，具體否定，遮人耳目。不易懂嗎？自古以來，讀書都是苦的。讀書又叫「啃」，如果都沒有難度，一讀就懂，那還叫讀書嗎？那還叫「啃」嗎？理科的課文，也是由易入難，步步升級。文言文比魯迅的文章要更難懂，是不是也應該都抽掉呢？

陳：所言極是，我也認為這只是一種託詞。

房：魯迅被抽下的都是屬於具有啟蒙意義的作品，多有五四精神。我們現在最需要的是忘記，一切要向前看。《藥》拿掉了，記著秋瑾幹什麼？啟蒙幹什麼？秋瑾搞暗殺，其行狀如同恐怖襲擊。《為了忘卻的紀念》（那些所謂語文專家，每每談起魯迅這篇名文，總是把「記念」寫成「紀念」，所以，五四啟蒙的內涵實在讓人「記念」不住），既然要忘卻，還記念什麼？魯老夫子這不是矛盾嗎？殷夫高唱著「生命誠可貴，愛情價更高；若為自由故，二者皆可拋」——這首譯詩為什麼就不被選入中學課本呢？——「別了，我最親愛的哥哥」，拋棄了去德國深造的機會，拋棄了兄長為他安排好的榮華富貴，為了自由，走上了赴死之路。現在，我們的教材似乎要下一代忘卻（至少是淡忘）為了自由而奮鬥的人們，要「別了，殷夫」！

陳：在一個和諧的時代，這些爭自由的人們和他們的聲音，容易讓人引起搗亂的聯想。

房：殷夫還有革命的色彩，屬中共的烈士，還更容易被接受，魯迅要「紀念」他們尚且不可行，如此，更不要說什麼遇羅克、張志新了，現在有幾個孩子知道他們曾經的存在與抗爭？忘卻，足可以讓「五四啟蒙」和二十世紀八〇年代的「新啟蒙」成為無人問津的塵封的歷史。

陳：我看了不少科幻小說。外星人要征服地球，從《機器報務人》到《怪城歷險記》等等，這些作品中的外星人有共同的手段，那就是用諸如「欣慰劑」之類，讓人類遺忘、忘卻，忘卻了一切可忘卻的，於是，天下太平、官民和諧。

房：魯迅在《為了忘卻的紀念》的結尾寫道：「夜正長，路也正長，我不如忘卻，不說的好吧！但我知道，即使不是我，將來總會有記起他們，再說他們的時候的。……」我們正是魯迅的「將來」，「夜正長，路也正長」……我們的孩子卻正在品嚐著愛情美文等「欣慰劑」時，在「被忘卻」。

陳：此前，魯迅的文章撤下很多了。這回，甚至連老夫子最經典的名著《阿Q正傳》也撤下了。你有什麼評論啊？

房：說句玩笑話，阿Q若是在今天，可能是深圳的清潔工，或是富士康的保安，或許這樣的位置都保不住，下崗了。阿Q都下崗了，《阿Q正傳》能不下？既然阿Q都下崗了，我看中學課本乾脆就不要選魯迅作品得了，倒也乾淨。

陳：荒誕。黑色幽默。但不能說沒有道理。

房：我認為，最不該撤下的就是《阿Q正傳》。魯迅最偉大的小說是《阿Q正傳》。羅曼・羅蘭和法捷耶夫曾經極口稱道阿Q這個形象的生動和深刻意義。小說迄今為止已有近四十種不同文字譯本傳世，可以說，阿Q不僅是中國文學史上也是世界文學史上一個不朽的典型。無論從文學審美價值還是從社會啟蒙意義上看，將《阿Q正傳》踢出課本都是說不過去的。

關於《阿Q正傳》，我是這樣看的：

此前，節選的內容有失當的地方。我家中有好幾個版本的中學語文課本，找出來進行了一下比較。做為課文的《阿Q正傳》，倒是沒有全文照錄，與《紅樓夢》等一樣是選段。我讀中學時，一直到上個世紀九〇年代，選的都是《阿Q正傳》中「不准革命」一節。就是說，阿Q要參加革命，假洋鬼子等卻不讓他參加。我估計，之所以選這一段，主要是考慮了毛澤東的論述。毛澤東在《論十大關係》中認為阿Q是落後農民的典型，但同時指出他是要支持阿Q參加革命，反對趙太爺、假洋鬼子之流的「不准革命」。我看中國革命史，沒有阿Q們的支持，沒有這些最基本和最基礎的力量，在中國，任何革命都不容易成功。其實，便是這一段吧，也自有其歷史的認識價值。就是說，不論國民黨的革命隊伍，還是共產黨的革命隊伍，投身革命的都不乏阿Q這樣的人。那麼，阿Q革命的目的是什麼呢？他要的是「元寶、洋錢、洋紗衫……秀才娘子的一張寧式床」，還有就是趙司晨的妹子和吳媽了，他甚至還想著還沒有長大的鄒七嫂的女兒。總之，就是把趙太爺、假洋鬼子佔有的東西變為己有。如毛澤東所言：「阿Q當時的所謂革命，不過是想跟別人一樣拿點東西而已。」這也意味著革命勝利以後，阿Q同志當了這個長或那個長以後，我們改造社會、改造國民性的路還長哩！關於《阿Q正傳》的思想意義，這樣的文章成千上萬，鄙之無甚高見，有興趣的讀者可以找來看看。我的朋友林禮明寫過《阿Q後傳》，大意是，革命成功後，阿Q成了一方諸侯，當然有了寧式床和一群吳媽。

其實哩，在我看來，阿Q的名言「二十年後又是一條好漢」，在中國，在這一百餘年間，至少還是顛撲不破的歪理。每一輪的二、三〇年，都要新生多少阿Q這樣的「好漢」，他們現在要的不是什麼寧式床了，而是N套別墅，多少億的真金白銀；也不是什麼吳媽了，而是吳妹妹、林妹妹、薛妹妹……你也別看阿Q一個Q字畫不圓，現在阿Q天天圈閱，要

多圓有多圓；阿Q沒文化？錯，他如今已在中央黨校或別的什麼高校搞到了博士甚至是博士後文憑了。阿Q真闊了。當年，阿Q參加的是「搶點東西」的「革命」；現在的阿Q也是「搶」，但因為有了博士文憑，Q字畫得圓了，所以是不露痕跡的暗搶，而且還用一套高深理論做成一件時尚外衣套在身上。所以說，「不准革命」一節，也是很有認識價值的。比起後來選入的金庸那些破爛玩意兒，不知要好到哪裡去了。

但是，我認為，「不准革命」一節，還不是《阿Q正傳》最為精髓的部分。《阿Q正傳》最寶貴的貢獻是阿Q這個人物身上的「精神勝利法」，這甚至可以說是中國民族精神的一個縮影，是魯迅國民性批判的一個標誌性的人物。關於「精神勝利法」的內容，集中在「優勝記略」和「續優勝記略」二節，我以為，可以將這二節拼成一篇課文，題目就叫《精神勝利》。

網路上，有一篇署名「陳慶貴」的文章《阿Q子孫滿堂，魯迅能不「大撤退」嗎？》，關於當下的阿Q，表述得特別生動，引人深思：

> 想想當下世象看看周遭圖景，可謂阿Q子孫滿堂人丁興旺，不過換了一件「馬夾」而已。阿Q的現實處境十分悲慘，但他在精神上卻「常處優勝」。君不見：一旦與大國發生國際摩擦，網上就有憤青不屑一顧摩拳擦掌喊打，這與阿Q常常誇耀過去毫無二致：「我們先

前——比你闊的多啦！你算是什麼東西！」其實他連自己姓什麼也有點茫然；中國經濟稍微有點起色，有國人就迫不及待叫囂「趕英超美」，狂呼以經濟總量「取代某國成為第一、第二」而手舞足蹈，殊不知中國的人均GDP只是強國的數十分之一，核心競爭力更是無法與人家相提並論，這恰合阿Q常常比附將來：「我的兒子會闊的多啦！」其實他連老婆都還沒有；不少軟體動物類國人趨炎附勢搖尾乞憐甘願做權勢者的叭兒狗或鷹犬，更有不守婦道者趨之若鶩甘願委身權貴行「權色交易」「權錢交易」醜事，這儼然乃阿Q忌諱自己頭上癩瘡疤又認為別人「還不配」的基因遺傳作祟；有國人繼承阿Q衣缽，面對強勢凌辱不敢奮起抗爭且遷怒世道人心，阿Q被別人打敗了心裡想：「我總算被兒子打了，現在的世界真不像樣……」於是他勝利了：當別人要他承認是「人打畜生」時，他就自輕自賤地承認：「打蟲豸，好不好？」但他立刻又想：他是第一個能夠自輕自賤的人，除了「自輕自賤」不算外，剩下的就是「第一個」，「狀元不也是『第一個』嗎？」於是他又勝利了；更有人渣處處碰壁走投無路之際不思奮起，甚至選擇向無反抗能力的學生下手……足見，阿Q的子孫們比阿Q已然「青出於藍而勝於藍」「有過之而無不及」！

阿Q並不像小尼姑罵的那樣「斷子絕孫」哩。「不准革命」一定程度上是社會層面的問題，而「精神勝利法」是民族精神的靈魂層面的問題，二者孰重孰輕？道理不言自明。

九〇年代以後，《阿Q正傳》全書進了中學課文，我覺得，對一個中學生而言，似也欠妥，中學生還是讀選段比較好。大學生讀《阿Q正傳》的全篇是合適的。

陳：新教材據說是容忍愛情了。戴望舒的經典詩歌《雨巷》過去是學生自讀的內容，現在成了必修教材。專家聲稱，「這種表達愛情的主題過去是不能進入教材的，這首詩此次入選高中教材，能使學生更多地瞭解什麼是人性和真情」。

房：這一考慮或是實在的，現在的孩子早熟了，以前大學生都不讓談戀愛，如今中學戀愛已成燎原之勢——不知道是不是因為社會的墮落，在小學女生都說白毛女傻，放著好好的大款不傍的大環境下，青春少年沒了激情，沒了神聖的理想，在許多催人早熟的食品的催促之下，早早地躲入了所謂「愛情」？如果少男少女都躲進「愛情」，「愛情」將洪水滔天啊！

陳：是的，愛情是美好的，戴望舒也是我所喜歡的。可是，我隱約覺得，《雨巷》的婉約有某種接近憂傷的東西，有點陰柔，不夠陽光，讓人容易林妹妹，這對處於青春期的少男少女似乎無大助益。健康美好的愛情詩，多如牛毛，應該有比《雨巷》更好的可選，哪怕舒婷那首《致橡樹》，也要比《雨巷》更適合少男少女。

房：網路上，在談愛情詩入選中學課本的好處時，有一個大約是不學無術的中學老師跟帖說，

「在西方國家，老早就有愛情的教育，比如，他們的《愛的教育》就是中學生必讀的課文」。他甚至不知道愛的教育是一本書，而不只是一篇課文。這倒提醒了我們，愛的教育與愛情教育本不是一回事。

陳：是的。國外的朋友告訴我，在歐洲，課本中純粹的愛情詩也少而又少，倒是有很多愛心教育的文章入選，《愛的教育》中的文章是經常被選入中學課本的。愛的教育，愛心教育，在中國，往往被理解為愛情教育——雖然愛情教育也是要的，也是愛的教育的一個組成部分。

另外據說，莫泊桑的《項鍊》、巴爾札克的《歐也妮•葛朗臺》也都刪去。魯迅關於資本家的「走狗」、「乏走狗」的文章，是早已經拿掉了。

房：從當下看，中學課本的「大環境」倒是很適合資本家事業的發展。當下的「資本家」一般不叫資本家，是叫民營企業家或別的什麼家，雖然「十三跳」不是伏明霞或郭晶晶跳水，但也足以讓全世界驚詫。一般情況下，資本家先是成了慈善家，然後入了這個黨或是那個黨，用苦工的鮮血染成了紅色，成了胡雪岩一樣的「紅頂商人」。

所以，現在所有批判資本家和拜金主義的文章似乎都要不得了。這是不是考慮批判拜金主義的文章、揭露資本家的作品，容易養成人們的「仇富心理」？不利於「寧可坐在寶馬中

哭，也不願坐在自行車後面笑」的社會價值觀的普及？資本家十分走紅，我看我們應該編一篇新課文《如果妳要嫁人就要嫁給有錢人》，因為據說有錢是成功的標誌。

首先，《白毛女》節選要從課文中抽下。喜兒放著好好的大款不伴，跑到深山老林裡做了鬼，這滋長了全社會的仇富心理，不利於社會和諧；此外，現在女學生動輒離家出走，難道與白毛女出走的暗示一無關係？

《鐵道游擊隊》雖然只要求課外閱讀，但也不合適。好好的鐵路，不僅敵人能用，我們人民也要用，把鐵路給破壞了，給炸了，這有恐怖襲擊的嫌疑，會助長男學生的暴力傾向。

《武松打虎》更要撤下來。你想啊，老虎是國家一級保護動物，武松還在那裡打虎，這給學生什麼影響？如果還保留這樣的課文，搞不好世界動物保護組織會提出抗議的，甚至有可能火燒教育部哩。這絕不是危言聳聽。

《背影》更不行了，第一，朱自清的父親橫穿鐵路，學生閱讀這樣的課文，是不是要讓學生都去違反交規啊？現在可都是動車，出了人命誰負責？第二，朱自清的爹，白白胖胖，老半天爬不上月臺，這是一個猥瑣的形象嘛。我們學生應該從小學會做父親，做父親要做什麼樣的父親呢？別的不好說，外表形象應該有力度，氣宇軒昂，酷斃了，帥呆了，都是可以考慮的，總之，要像個帥哥。可是，朱自清的爹，肚子都鼓出來了，不說八個月，也有六個月，這不利於對學生進行美育教育。

至於魯迅的《藥》，鼓吹覺醒，反對蒙昧，魯迅自己也說了嘛，一個人在鐵屋子中沉沉睡去，多好！安樂死嘛，這多麼人道！可是，「藥」灌下去，人醒了，都是痛苦，到處吶喊，還形成什麼罷工潮，這像什麼話嘛。很不人道！嚴重危害社會，危害國家的長治久安！接二連三地跳跳跳跳，跳樓啊，這與魯迅的《藥》，不說有直接的關係，至少也有間接的關係。

還有什麼《狂人日記》，一個神經病病人寫的日記也可以做為教材，這不是神經病是什麼？這都是「文化大革命」那瘋狂年代遺留下來的瘋狂。在我看來，《狂人日記》只配放在神經病醫院做教材；當然了，讓醫學院神經學專業的學生看看，還有，讓神學院的學生看看，似乎也可以。

還有很多很多，我建議對每一篇課文都進行再審議，為了孩子，為了祖國的未來，我們千萬不能誤人子弟啊！

陳：哈哈，老兄嬉笑怒罵，出口成章啊！你這是反話正說了，這是搞笑。不過，這其中也蘊含著令人心痛的道理啊！我完全理解你所抨擊的，完全支持你！

房：至於新上什麼課文，我也有一些形而上的思考，供專家和教育官員參考。

第一，小學生要讀《三字經》，要背得滾瓜爛熟。這是流傳了幾千年的老教材，能流傳幾

千年的東西會有錯嗎？大浪淘沙，這是歷史的積澱啊！結合《三字經》的學習，安排實習，像重慶那樣，讓孩子學會下跪！下跪有什麼不好啊？一跪天地，願國家長治久安；二跪雙親，感謝父母養育之恩；三跪老師，現在老師待遇這麼低，讓學生跪成黑壓壓一片，得到一點心理補償，有什麼不好？當然，學會下跪也可以考慮放在體育課，畢竟下跪也是一種身體運動。如果能設計一套「下跪操」，在做廣播體操時段操作，那就更好了。這是技術問題，放在語文課上實習，還是放在體育課上操練，建議開一個聽證會，多聽聽社會方方面面的意見。

第二，如果中學一定要上《紅樓夢》的話，就選這兩段：初中選「賈寶玉初試雲雨情」，現在孩子性早熟，選這一段，可以結合青春期孩子的性教育。人家外國的孩子，一上了初中，老師發給學生的不是作業本，而是避孕套！高中選「鳳姐理財」，王熙鳳是個女強人，操家理財，大有一套，她要是活在今天啊，她要是在美國啊，競選總統一點問題也沒有，你對比一下看，王熙鳳強還是希拉蕊強？這不言自明嘛。

第三，我看可以從《金瓶梅》中摘出一段，編成《西門慶與潘金蓮》，當然，要放在大學教材中。給西門慶「平反」是早晚的事。西門慶多能幹，我們現在喊下海下海，經商經商，你看西門慶，那麼早就開藥店，就經商，而且確實是成功人士，可以帶動一方經濟，拉動

GDP。至於生活作風問題，也不能小題大作，你看科林頓，可以說是美國的西門慶，可是，人家美國人心態正常啊，他老婆希拉蕊沒有大意見，美國人民也沒有大意見，照樣當總統嘛。西門慶要是放在今天，不好說也成為中國的科林頓，進政協是一點問題也沒有的，紅頂商人是一點也沒有問題的。現在，不是有地方爭搶西門慶的出生地嗎？政府還要為西門慶蓋故居哩。這裡，我說一句題外話，我沒有經商，沒有生產性用品，如果有，註冊一個「西門慶」商標，哇塞，準發了！

再說潘金蓮，我認為，她是中國女權主義的先驅之一。好好一個獸獸，你硬叫她配武大郎，這公平嗎？這人道嗎？這是瞎胡鬧嘛！她多找幾個男人有什麼？巴黎的妓女還當了市長哩。你看那武松，亂打老虎的事且不說他了，一點法律觀念都沒有，沒有訴諸法律，也不上訪，自己提刀便殺西門慶，他好歹還是國家公務員，這大大損害了國家公務員的光輝形象。前一陣子，那個給國家辦事的什麼人，槍殺了法院工作人員，說不定就是從武松那裡學來的。

總之，就像要重寫歷史一樣，要重新審視一切。尼采說了：重估一切價值。概括地說，白毛女應該像《大紅燈籠高高掛》中那個偷偷點燈的丫頭，努力成為「謀女郎」，寧可在寶馬中哭泣，也不要坐在自行車後座上窮開心。

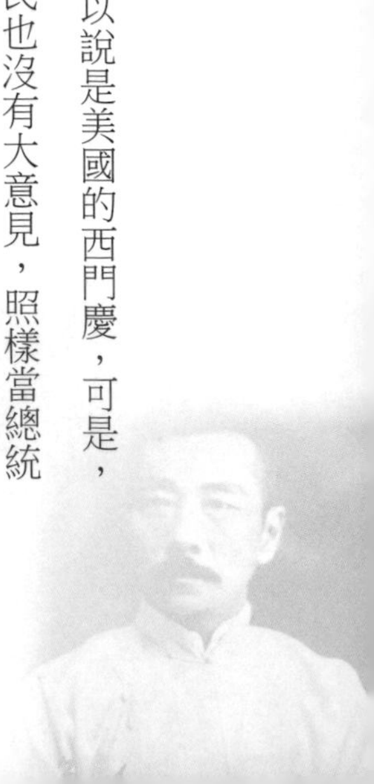

至於喜兒的白髮，也不要染黑了，要染就直接染成金髮，鳳凰涅槃，浴火重生，整一個金髮女郎！

那飄揚的金髮，就是我們時代的旗幟啊！

陳：語文課固然也可以理解為寫作課，它要培養學生的寫作技能，但是，更是一門人文教育課，世界眼光、人文情懷、憂患意識是要考慮的；悲憫、博愛、愛地球、愛他人、愛人類之外的一切生命——愛的教育——也是要考慮的；科學精神、創造能力、幻想思維也是要特別關注的。從這樣的思考出發，我以為，新教材雖然有某些可取之處，但不少誤入了時代的歧途，也可以說是媚俗的歧途，其進一步調整的空間是相當之大的。

房：英雄所見略同，我也這麼考慮。

拂袖而去與曲意逢迎

魯迅是喝狼奶的有野性的狂人，胡適實在是一個溫文爾雅、溫柔敦厚的紳士。魯迅脾氣大，看不順眼了，怒目圓睜，不開心了，便拂袖而去，活得本色；胡適是公認的好脾氣，經常委曲求全，曲意逢迎，臉上總是親切的微笑，但他的親切與他內心的感受並不一致，胡適相對要有城府許多，活得也比較累。

魯迅不喜歡田漢由來已久。田漢與創造社諸人一樣，頗有才子氣。才子好衝動，多少有點飄。這與深沉、冷峻的魯迅反差很大。對田漢放達張揚的表現，魯迅自然難以接受。據夏衍說，一次，內山完造在一家閩菜館設宴歡迎日本左翼作家、日本無產者藝術聯盟委員長藤森成吉，魯迅、茅盾、田漢、夏衍等應邀作陪。酒過三巡，田漢酒酣耳熱，便開始了高談闊論。因為席間客人是日本朋友，便引出了他大談日本唯美主義和惡魔主義作者谷崎的話題。田漢很帶感情地講起與谷崎的交遊，以及對谷崎作品的分析，並且介紹自己剛剛譯完的谷崎的小說《人與神之間》等。田漢有些情不自禁，口若懸河，手舞足蹈。藤森成吉雖對谷崎沒有田漢那樣的興趣，但出於禮貌，只有頻頻點頭。而一旁魯迅的臉色卻早已不好看了。夏衍察言觀色，

有些為田漢著急，但興頭上的田漢依然談興不減。「看來又要唱戲了。」魯迅低聲對夏衍說。夏衍明顯意識到了魯迅對田漢的這種反感。魯迅說完此話即起身告辭。在座賓主的難堪可想而知。

我想，如果當時在場的是胡適，那自然又是另一番情景了。胡適或許會委婉地勸阻或暗示田漢？或許會支開話題？或許也像日本客人一樣洗耳恭聽？總之有一點，他絕對不會像魯迅這樣，話不投機，便拂袖而去。

魯迅拂袖而去的例子還可以舉出一些，比如三〇年代，在李小峰邀請的宴席上，他和林語堂起了衝突，就要拂袖而去，還好郁達夫在場，強留了魯迅。那是一場愉快不起來的宴飲。

也不只有魯迅才這樣。還可以說一說魯迅與錢玄同的一件小事。一九二九年五月，魯迅第一次北上省親，曾與錢玄同相遇。據沈尹默說：「魯迅從上海回北京，一次曾在他們的老師章太炎那裡會見，為了一句話，兩意不投，引起爭論，直到面紅耳赤，不歡而散。」後來，錢玄同偶然去孔德學校，碰見魯迅。據沈尹默講：「這事情（按指上次的爭論）雖已過去，彼此心中總有些耿耿然，但一想到老朋友終歸是老朋友，不可能從此不見面，就跨進門去，打了個招呼，坐下來，正想尋個話題，恰巧看見桌上放著一張周樹人三個字的名片，他馬上回過頭朝著魯迅問道：『你現在又用三個字的名片了？』魯迅不加思索地衝口而出道：『我從來不用四個字的名字。』玄同主張廢姓，曾經常用『疑古玄同』署名，這是眾所周知的事。魯迅出口真快，玄同的感應也不慢，登時神色倉皇，一言不發，溜之大吉。」這裡的「溜之大吉」，也就是拂袖而去了。

不就是三個字、四個字的問題嗎？有什麼大不了的！魯迅和錢玄同，都是書生意氣，在可惱的同時透著幾分可親。我可以想像，當年魯迅說「我從來不用四個字的名字」時，臉上的表情是生硬的，沒有笑容，所以這句話有了某種諷刺的意味。倘非如此，魯迅笑曰：「我是從不用四個字的名字的。」那至多是揶揄，還多了幾分幽默。至於錢玄同，若非書生，臉皮也厚，這麼一句話，何難應酬？來一句今天天氣哈哈哈之類，又何必動氣，溜之大吉呢？所以，這個細節，以我而言，看不出他們的可惡，倒是看出了書生本色，硬是透著幾分可愛。

胡適則不一樣了，他可以溜之大吉的，卻不溜之大吉，還曲意逢迎，打起哈哈來也天衣無縫。有一陣子，何炳棣住在胡適南港的家中。某日上午九時左右，何剛要進城時，見廚子向胡適遞上一張名片。胡適相當生氣地流露出對此人品格及動機的不滿，但想了一想，還是決定接見。當何炳棣走出門時，正聽見胡適大聲地招呼他：「這好幾個月都沒有聽到你的動靜，你是不是又在搞什麼新把戲？」緊隨著就是雙方帶說帶笑的聲音。

自己討厭或不喜歡的人，胡適也能應付得有聲有色，一點不怕委屈自己。何炳棣極為敬

服胡適，對這一細節也多有玩味，說：「可以想見，這才是胡先生不可及之處之一：對人懷疑要留餘步；盡量不給人看一張生氣的臉。這正是我所做不到的。」魯迅見了自己不喜歡的人，比如在廈門大學時，見那個一會兒刁難魯迅，一會兒又笑嘻嘻地自稱自己是魯迅的學生的黃堅，只會直斥之，絕對不會像胡適這樣心裡厭惡，臉上哈哈，面子上還維持得過去。

我讀胡適少矣，一時還找不到他拂袖而去的細節，也許，他一生中就不曾有過這樣的事？也未可知。然而，胡適一生委屈自己，經常的時候是左不買帳，右不討好，唐德剛說：「胡適是『傳統中國』向『現代中國』發展過程中，繼往開來的一位啟蒙大師。他在我國近代的學術思想界裡（這兒筆者著重的是『學術』二字），可以說是初無二人。正因為他既『開來』又『繼往』，在思想流於偏激的國人看來，他的一言一行就不夠刺激；有人甚至把他看成連折衷派也不如的『反動學者』。同時在思想傾於過度保守的人士的眼裡，胡適卻又變成了背聖絕賢，為異端鋪路的罪魁禍首。因而胡氏多彩多姿的一生，便在他自己常說的『左右為難』中度過。」（《回憶胡適之先生與口述歷史》）與「荷戟獨徬徨」的魯迅一樣，胡適是左右皆為難的人物。這樣兩不討好有時腹背受敵的人物，怎麼可能是天天面帶微笑的呢？李敖說過：「別看他笑得那樣好，我總覺得胡適之是一個寂寞的人。」胡虛一也說：「這幾年來，別以為有那麼多人圍在他的身旁搞什麼獻花祝壽的熱鬧事，也別以為有那麼多的男女記者把他當作『花邊新聞』的採訪對象，而我卻體會到胡先生的心之深處，一直是孤寂的！一直是憂憤的！」是的，胡適的親切微笑的背後，蘊含著難以與人言的巨大的痛苦。否則，無法解釋他的死。

我們從有關胡適的傳記資料中引述胡適去世前的活動：

一九六二年六月二十四日，剛出院不久的胡適在蔡元培館主持了中央研究院第五次院士會議。下午五時，酒會開始。胡適興致勃勃地走到麥克風前，致開幕詞。他幽默而風趣地說：自己對物理學一竅不通，但卻有幾位世界聞名的物理學家是他的學生，至於楊振寧、李政道等人，則是他學生的學生了，真是桃李滿天下啊，這是他平生最得意、最自豪的事。

過了一會兒，胡適想起臨行前太太反覆叮囑他少講話，忙說：「今天因為太太沒有來，我多說了幾句話，下面，請李濟講話。」李濟是位考古學家，在胡適來臺灣前曾主持過中央研究院工作。他的講話有些悲觀，他說臺灣的科學設備都是進口的，有成績的學生最後都要出國，我們自己有什麼拿得出手的東西呢？他還提到了此前胡適因為演講而遭受圍攻的事，感慨臺灣缺乏科學研究的環境。

舊事重提，勾起了胡適的痛楚。剛才還談笑風生的他，臉色一下子陰鬱下來，一時似乎喘不過氣來。祕書見狀不妙，忙示意他不必介意。胡適擺擺手，衝著話筒生氣地說：「我去

年講了二十五分鐘的話，引起『圍剿』，不要去管它，那是小事體，小事體。我挨了四十年的罵，從來不生氣，並且歡迎之至……」胡適講到這裡，聲調很激動，他忽然感到心臟不適，急忙煞住話頭：「好了，好了，今天我們就說到這裡，大家再喝點酒，再吃點點心吧，謝謝大家。」

這時正是六點半，賓客們陸續開始散去。胡適還站在剛才講話的地方，含著笑容和客人們握手告別。只見他正要轉身和誰說話，突然臉色蒼白，身體晃了一晃，仰面向後倒下，旁邊的人趕緊伸手攙扶，已經晚了。他先是腦袋磕到桌沿上，又重重地摔在水磨石地上。人們趕忙就地急救，幫他做人工呼吸，打強心針，可是他的心臟已經停止了跳動。一代哲人就這樣溘然長逝了，在場者無不悲慟落淚。

有一種說法，經常生病的人一般不容易生大病；一向不生病的人，一生病就將是大病，甚至會要了性命。生病這樣，其實生氣何嘗不是這樣！一向「不生氣」的胡適這回卻真的生氣了，似乎從來沒有「拂袖而去」的胡適，這回竟這樣毅然決然地拂袖而去，而且是一去而不復返！

魯迅與「憤青」及其他

近日，網上熱議人教版教材削減魯迅文章事。魯迅的作品《藥》、《為了忘卻的紀念》和《阿Q正傳》不見了，保留在教材中的魯迅作品為《紀念劉和珍君》、《祝福》和《拿來主義》三篇。魯迅作品入選中學教材，曾經陪伴幾代人的成長，現在減少這些篇目，引起了讀者廣泛關注，也屬自然。

新浪網在博客推薦文章中，就有好幾篇與此事有關，其中，於德清的《少教點魯迅，少製造點憤青》放在推薦之首，點擊率近萬。於德清說：「一個支援語文教材削減魯迅作品的理由是，魯迅是當代憤青的重要思想來源，少學點魯迅，即可少製造一批憤青。過去的教材中大量選用魯迅的作品，倒是應驗了憤青要從娃娃抓起的道理。……他從早年對民族劣根性的批判，到轉向後來的左翼，最終魯迅先生給我們留下的思想遺產，徒剩下在崇高的理念下所保持的戰鬥姿態。這無疑也是當代網路憤青的一個標準剪影。」

於德清沒有給「憤青」下定義。我印象中，那些網路「憤青」的標誌之一是無知和非理性。我查找了一下「憤青的特點」，與我的結論是相近的。網上文章指出，「憤青」「年齡是很小的，

讀書是很少的」，「知識是貧乏的，思想是幼稚的」，「頭腦是簡單的，思維是混亂的」……總之，「憤青」是誤國的。

沒有人懷疑魯迅是有知識的，魯迅的文章與無知的「憤青」怎麼會掛起鉤呢？或者說，讀了魯迅的文章會讓人變得無知因而憤怒？真是天方夜譚，讓人不知從何說起！

我要重點說一說的是魯迅的理性。其實，在魯迅的時代，也有不少「憤青」。面對強敵入侵，他們最會高喊口號，寫一些宣傳鼓動的詩，對此，魯迅是大不以為然的。他說：「我們雖然也看見過許多慷慨激昂的詩，什麼用死屍堵住敵人的炮口呀，用熱血膠住倭奴的刀槍呀，但是，先生，這是『詩』呵！事實並不這樣的，死得比螞蟻還不如，炮口也堵不住，刀槍也膠不住。孔子曰：『以不教民戰，是謂棄之。』我並不全拜服孔老夫子，不過覺得這話是對的，……」（《論「赴難」和「逃難」》）看來，從孔子到魯迅，都是反對以不教之民戰，反對「憤青」無視生命地用「死屍堵住敵人的炮口呀，用熱血膠住倭奴的刀槍」。日軍侵佔榆關，北平的大學生要求提前放假，所願未遂，於是紛紛自動離校。當年，頗有一些「憤青」情懷的周木齋認為，「敵人未到，聞風遠逸，這是絕頂離奇的了……論理日軍侵榆……即使不能赴難，最低最低的限度也不應逃難。」魯迅則持相反的觀點，「以為『倘不能赴難，就應該逃難』，屬於『逃難黨』的。」魯迅是個清醒的理性主義者，不是徒作大言的蠱惑人心的宣傳家。道理，魯迅說得很明白了，連武器也沒有的大學生，至多是「罵賊而死」，也許因此成了烈士，成了當局的「宣傳材料」，到處演講，但「於大局依然無補」。魯迅認為，和日本人打仗，這主要應該是軍人的事。「大學生們曾經和中國的兵警打過架，但是『自行失足落水』了，現在中國的兵警尚且不抵抗，大學生能抵抗嗎？」魯迅的意思是，大學生尚且不是中國「兵警」的對手，如何能對付得了如狼似虎的日本兵？養兵千日，用在一時。中國「兵警」對付學生很在行，屠殺了學生，卻能開動宣傳機器，說是「自行失足落水」了。可是，兵警在日本人面前，一般說來，是難以有所作為的。如果要責怪，周木齋應該責怪中國軍人的不抗戰，而對大學生則不應該如此苛責。

之所以說起這些往事，我要說明的是，說魯迅是「當代憤青的重要思想來源」，完全是胡言亂語，根本不值一駁。當代為什麼會產生那麼多的「憤青」呢？那是偏頗的宣傳鼓動的結果，那是腐敗橫生的現實土壤的培植……魯迅是「憤青」的否定者、批判者，總之，這種隨便往魯迅身上潑屎的行為，一符合「憤青」的無知，二符合「憤青」的非理性，在彷彿溫和的外表下，倒實在是「憤青」的言行。

中學教材中的魯迅作品問題比較複雜。比如選《阿Q正傳》，只選「不准革命」一節，這是與毛澤東的魯迅論相呼應。我也認為選這一節未必妥貼。《阿Q正傳》的最重要的內涵

是「精神勝利法」，忽視了這一點，就忽視了這篇作品的根本價值，就遠離了魯迅。從這個意義上說，《阿Q正傳》先撤下來也是可以的。我以為，中學教材中的魯迅作品問題，不是要不要和要多少的問題，而是選哪些作品的問題。

不過，我不得不指出的是，語文教育不只是傳播知識，也不只是傳授寫作技巧，最重要的是學生人文精神的滋養。在強化語文教育的人文精神的時候，抽下若干魯迅作品，補進一些金庸一類人的作品，還是大可玩味的。問題是，對固有的和新補進類如金庸作品這樣無聊的貨色，倒不見有什麼人有太多非議，而「去魯迅化」，卻讓不少人神采飛揚哩！

寫道這，我想起何滿子先生在《「必讀書」》一文中說及的一件事。他的一個朋友問他，孫女上高二了，喜歡讀書，沒有方向，亂讀一陣。問何滿老這個「老爺爺」是否可以開一張書單給她，指導一番。何滿子說：「我說我指導不來，開不出；而且不知這位女中學生的志趣何在，未來考大學是準備報文法商還是理工醫農？唯一可以說出的必讀書是《魯迅全集》，那是不管學什麼的讀書人都該讀的。」文末，何滿子強調說：「我告訴那位朋友，他的孫女如學哪一門的志趣未定，就讓她喜歡讀什麼就讀什麼，只是大人要仔細關心她，不要叫她讀有害的壞書。如色情打鬥、兇殺之類的書不要讀。要我報得出而且確信要『必讀』的，就只有《魯迅全集》。」

在《德譯本〈魯迅選集〉出版所感》一文中，何滿子說，「英國有莎士比亞，德國有歌德，中國有魯迅，都是世界級的高峰，民族文化的驕傲」。他認為，「誰讀懂了魯迅，他就懂得了中國。魯迅做為民族精神的首席代表和中國文化的第一偉人，他身上最耀眼的特點，恐怕就在於沒有任何人能像他那樣全面而深刻地理解中國，把握中國文化的底細了。不僅他的揭示現實中國底蘊的作品喚醒了不只一代的中國人，更因為就在揭示現實中挖出了中國歷史的老根，將中國的靈魂窮源究本地和盤托出在他的筆墨之中，歷史上沒有人能夠企及。」我深為贊同何滿子的觀點，魯迅思想的深邃，魯迅文體的多樣性，魯迅文學成就的豐富性，魯迅對中國人的深刻洞察……都決定著，我們應該在中學課本中多選一些魯迅的作品。

魯迅的文章除了沉鬱之外，還有少年的激情，少年的詩意，少年的批判鋒芒，少年的不羈與野性……一個少年而不讀魯迅，就像少年而不讀詩，那將是人生的極大遺憾！我認為，中國的一切問題，中國人的所有德性，在魯迅書中都有展示。魯迅，是理解中國的一把鑰匙。如果我們徹底地「去魯迅化」了，我要對他們說：朋友，你進入中國的鑰匙丟了。

魯迅的手稿包油條

朋友陳震是個深諳書法之道的散文家，他對我說，魯迅長時間抄古碑，書法是力透紙背、入木三分，極見功力的，說現代第一家也不為過。我不懂書法，雖然知道魯迅的書法好，但好到什麼程度是心中無數的。我聽人說過，郭沫若的書法是「當代第一家」，就請教陳震，較之郭如何？陳震對郭不屑，意思是，魯迅的書法到了自然生成的境界，而郭沫若卻處處可見寫的痕跡。當然，這也屬一家之言。

魯迅的墨跡，現在大多被國家收藏，民間怕是不易求得。我讀魯多矣，不曾見有人說魯迅的字是褊狹的，會引發地震，不像胡適的字那樣忠厚而寬容。就是說，魯迅有那麼多的論敵，還沒有一個攻擊過魯迅的字。退一步說，哪怕魯迅的字寫得不好，現在要是能求得一幅魯迅的字，也一樣難得！一樣珍貴！巴金的字是寫得比較差的，冰心的字也好不到哪裡去，但如果有誰收藏了他們的字，應該也不會隨便出手的了。

有一回，我在葉永烈家坐，對他的碎紙機感到好奇，我問他，為什麼要買這勞什子？他說，他每月都會收到別人贈送的刊物，他把信封和垃圾一起扔了，可是，信封上因為寫有「葉永烈」的大名，總是被人從垃圾中撿了收藏。所以，買了碎紙機。是他人寫給葉永烈的信封，都有人要收藏，如果是葉永烈的親筆題字，又該如何？我是相信葉永烈的話的，上海人就是喜歡在垃圾中尋找價值。一九九一年，我在一家少年兒童出版社工作，當時出了一套《繪畫本二十五史》，居然也可以在上海搞簽名售書！司馬遷等原作者是不便來了，改編本的主編之類也沒有現身，那也沒關係，就請出版社方面的責任編輯簽名吧！於是，一個社長、一個編輯室主任在那裡簽得不亦樂乎，上海人還排隊等待。如非親眼所見，真叫人不敢相信。責編簽字的東西都有人等著要，寫給葉永烈的信封當然也有人要收藏的。

有這樣的收藏隊伍，就有人在這方面裝隆重。當代作家，字寫得好的是鳳毛麟角，陝西有個賈平凹，福建有個陳章漢。前些天讀一家文藝類的報紙，一個二、三流的作家，把他二、三流作品的手稿捐贈給某家文學館，居然還煞有介事地搞了一個捐贈儀式，登出了大幅相片，隆重極了！我是一個貪錢的人，當時我就想，捐什麼贈啊，乾脆來拍賣算了，不更實惠?!

以上亂扯一通，是因為再讀蕭紅的《回憶魯迅先生》時，注意到了這樣一段話：「魯迅先生的原稿，在拉都路一家炸油條的那裡用著包油條，我得了一張，是譯《死魂靈》的原稿，寫信告訴魯迅先生，魯迅先生不以為稀奇。」魯迅當然是不以為奇的。魯迅這個鳥人，別看他是一個文豪，其生活方式很大程度上就像一個農民，蕭紅說，「魯迅先生坐在那兒和一個

鄉下的安靜老人一樣」。據許廣平回憶，魯迅經常用自己草稿的背面來擦屁股，許廣平不時說他，他依然故我。這一點，在蕭紅這裡也得到了印證。蕭紅說：「魯迅先生出書的校樣，都用來揩著桌，或做什麼的。」做什麼呢？魯迅請人在家吃雞，手油膩膩的，他就一人分一張校樣，讓大家擦擦手。還好徐志摩之流不曾成為魯迅的座上賓，倘若他和魯迅一起吃雞，魯迅分給他和陸小曼一人一張清樣，那做為「英美派」的徐志摩和交際花的陸小曼也將有一雙黑手，不起雞皮疙瘩，才叫活見鬼了！

時代畢竟進步了，老漢癡長五十，吃了無數油條，不要講魯迅的墨寶來包油條，我一直渴望著能買到賈平凹或陳章漢的哪怕是他們的清樣包的油條，終於沒有，真是枉吃了五十年的油條！魯迅這樣的不文明、不衛生的習慣被所有的文明人所拒絕，便是魯迅寫在火柴盒上的字，也被當作文物收藏。不要講魯迅這樣的歷史人物，就是二、三流作家的手稿，也要搞一個捐贈儀式，可見，我們這個時代是尊重知識，更是尊重知識份子的。善哉！

「前不見古人，後不見來者」

首先，我要聲明的是，這篇文章的觀點來自我的朋友沈用大，我只想宣傳他的觀點，並加以我的詮釋。

沈用大與我有同好，對現代文學情有獨鍾。一次，他對我說：「五四這一代人，是前不見古人，後不見來者的。」雖然我也極喜歡魯迅、胡適他們，但沒有想到用這兩句話，沒有上升到他的高度，所以，我願聞其詳。

沈說了大意這樣的話：前不見古人，古人可能與魯迅、胡適他們一樣有舊學根底（古人的舊學根底肯定要比魯胡他們強。房注），但是，先秦諸子沒有像魯迅和胡適他們那樣，不是留學東洋，就是留學西洋，總之，沒有西學背景；後不見來者，未來的人們可能西學非常之精通，甚至可以不會說國語但卻會講英語，但他們不像魯迅和胡適他們那樣，是從私塾中走出來的，他們沒有舊學根底。結論是，古人有舊學，後人有西學，但絕對沒有五四一代人那樣，是學貫中西的。

就像「但丁是中世紀最後一位詩人，同時又是新時代的最初一位詩人」（恩格斯語）一樣，

魯迅與胡適是傳統中國走向現代中國的中間物，他們客觀上成了社會轉型的座標，他們因襲著沉重的傳統，同時又高舉著從西方盜取的現代文明之火。

由「前不見古人，後不見來者」生發開去，我覺得魯迅和胡適這一代人之「學貫中西」有這樣幾種具體的要素：

第一，他們首先是學者，魯迅著有《中國小說史略》、《漢文學史綱要》等；胡適著有《白話文學史》、《中國哲學史大綱》等。

第二，我們和時是作家或詩人，魯迅就不用說了，胡適亦有《嘗試集》以及數量頗巨的散文行世。

第三，他們都有過硬或過得去的外語，有翻譯作品澤世。

第四，他們不刻意練字，但客觀上還都是書法家。

與他們同時代的諸如陳獨秀、蔡元培、周作人、郭沫若、林語堂、梁實秋等人，也和他們一樣，都有幾套本領。

反觀當今學界、文壇，會做學問的教授基本上不會搞創作；會搞創作的作家大多是不學無術之徒；搞翻譯的就只搞翻譯，不搞研究更不搞創作，所以，現在的譯作多是長句，讀得讓你喘不過氣來。

五四先賢們因為有幾套本領，所以他們有歷史的深度，同時有世界的眼光，他們站在了歷史與時代的高度，所以他們自然成為傳統中國向現代中國轉型的文化巨人。

巨人也是人，就如同偉人也是人一樣，這已經是一點也不新鮮的話題了。歌德也是德國歷史上的文化巨人，早在一八四七年，恩格斯就直言：「歌德有時非常偉大，有時極為渺小，有時是叛逆的、愛嘲笑的鄙視世界的天才，有時則是謹小慎微、事事知足、胸襟狹隘的庸人」，恩格斯還說，歌德沒有戰勝鄙俗氣，而是鄙俗氣戰勝了他。然而，在德國，沒有人因為歌德的鄙俗氣等等鄙視他，他的文化巨人的地位，不因為他客觀存在的庸人的鄙俗氣而受到顛覆。反觀中國，當今的學者作家，有著大無畏的精神，學貫中西談不上，既不厚古，也不崇西，他們只厚顏無恥地崇拜自己，糞土魯迅、胡適，郭沫若更是狗屎一堆，他們彷彿憋了一大泡臭尿，無處發洩，終於泄到了五四巨人們的頭上，於是，發酒瘋一般狂笑，哈哈，什麼巨人，狗屎！站在巨人頭頂拉屎，似乎自己就比巨人更加偉大了——這樣的中國人！

不要說什麼「前不見古人，後不見來者」，不要說境界之高低，不要說研究、創作、翻譯，也不要抬出魯迅，哪怕郭沫若吧，不說他的詩、他的劇作、他的歷史研究、他的考古建樹……只是他的那一手好字，就足以讓在郭頭上尿尿的當今學者、作家從郭沫若濕漉漉的頭頂跳下——就當作跳樓吧！

文章不宜太像文章

我們看文章，讀文學作品，常常可以看到有這麼一類的東西：天衣無縫，四平八穩，絕對正確，然而寡味無聊，有說等於沒說，看完之後，不免喟嘆：這是文章！這是小說！這是演戲！總之，這是手寫的文章，這是太像文章的文章，它們不是發自心靈的歌，噴出胸中的火，字裡行間見到的只是文字，而無生命。

文章寫道太像文章的無可挑剔的程度，這是作文者的不幸了。

我讀有氣派，有靈性的文章，有這樣一個奇特的感覺：忘了是在讀文章，彷彿是在和作者對話，和歷史對話，這類不太像紙上印的文章，倘若戴上文章做法之類的有色眼鏡，挑剔起來，會剔出一大堆毛病。觀點是否正確？內容是否繁雜？結構是否嚴謹？等等。

魯迅文章的一些觀點，倘若細細推敲起來，是不正確的。他的《偽自由書》中的名文《電的利弊》，是詛咒酷刑的激憤之作。他討伐了當年上海的電刑：「上海有電刑，一上，即遍身痛楚欲裂，遂昏去，少頃又醒，則又受刑。曾聞連受七、八次者，即幸而免死，亦從此牙齒皆搖動，神經亦變鈍，不能復原。」接著，他感嘆：「許多人讚頌電報、電話之有利於人，卻沒想到同是一電，而有人得到這樣的大害，福人用電氣療病、美容，而被壓迫者卻以此受苦、喪命也。」魯迅不愧是雜感的大家，要是常人，也就到此收筆了，而他常常由現實而及歷史，從而使文章顯得格外厚重。文章的結尾，魯迅留下了一段醒世的名言：

外國用火藥製造子彈禦敵，中國卻用它做爆竹敬神；外國用羅盤針航海，中國卻用它看風水；外國用鴉片醫病，中國卻拿來當飯吃。同是一種東西，而中外用法之不同有如此，蓋不但電氣而已。

魯迅所抨擊的採用電刑的事實，已經成為歷史，而他對中國人歷史積習的描述，因為這一積習的未被根絕，而被人們所引用、所牢記。外國的好東西，到了中國便會走樣，這不是人們常說的話嗎？柏楊《醜陋的中國人》一書中所謂「醬缸文化」，不過是魯迅思想的另一種文字符號的組合而已。柏楊之所以走俏，說明與魯迅相類似的思想，至少還有其生存的社會土壤。

不過，若從苛求「正確」的觀點看，魯迅以上的激憤之詞，幾乎全是錯的了。

先說火藥。我查了有關資料，事實是，火藥發明以後，不久就被人們應用到武器上，唐末宋初發明的火藥箭，是火藥應用於武器的早期形式。西元一〇〇〇年，有個叫唐福的，還

製造出火箭、火球、火蒺藜等獻給宋朝廷。……北宋末年，人們製造出「霹靂炮」、「震天雷」等爆炸力比較強的武器。一一二六年，宋朝李綱就是用霹靂炮擊退金兵對開封的圍攻的。

再看羅盤針。史書記載，指南針發明以後，被廣泛地應用於軍事、生產、日常生活、地形測量和航海事業等方面，而在航海事業中作用最大，應用最廣。宋朝以後，我國海上交通得到迅速發展，常常派出龐大的船隊往返于南太平洋和印度洋上，這和羅盤針的使用有關。北宋朱彧在《萍洲可談》一書中記述道：「舟師認地理，夜則觀星，晝則觀日，陰晦觀指南針。」平時主要靠辨認日月來導航，特殊氣候下使用指南針。到了元朝，人們已經不論陰晴，都用指南針來導航了。正是靠了指南針的科學保證，才有了明代鄭和七下西洋的遠航壯舉。

至於鴉片，《辭海》的「鴉片貿易」詞條中說：「早在唐朝已有少量輸入，供藥用。」可見，雖然與有的外國人吸毒一樣，有中國人把鴉片「當飯吃」，但也有中國人用鴉片來「醫病」的。

從以上資料看，魯迅先生的偏頗是顯而易見的。這是因激憤而偏頗。恨之切，故言之也苛。試想，一篇總是那麼周全的雜感，除了看到天衣無縫的「正確」以外，還有思想的閃爍嗎？此外，魯迅關於「四大發明」的觀點具體地說也許是站不住腳的，然而，針對中國的國民劣根性，它不是有著巨大的批判力量嗎？魯迅自己，對具體文章在觀點上的錯誤與偏見，也是持客觀和理解的態度。他在一九三五年七月二十七日致李長之的信中說：「文章，是總不免有錯誤或偏見的，即使叫我自己做起對自己的批評來，大約也不免有錯誤，何況經歷全不相同的別人。但我以為這其實還比小心翼翼、再三改得穩當了的好。」

魯迅有的文章的內容，似乎彼此相去甚遠，有的甚至游離「中心」，給人太散了的感覺。比較典型的，似乎可算是《朝花夕拾》中的《瑣記》。雖然題目規定了寫的是「瑣事」，然而，按照所謂「形散神不散」的原則，顯然是兩篇文章的內容硬湊成了一篇了。《瑣記》的前半部分是寫衍太太——若以作文專家的眼光看，把《父親的病》中關於衍太太的內容也抽過來，另組合一文，取名《衍太太》，那才是最無懈可擊的文章——後半部分寫作者南京求學的經歷，前後亦無照應，兩者是無論如何也揉不到一起去的。倘不是魯迅的作品，而是一般作者的文章，我們的編輯和作文專家，肯定要建議作者「一分為二」的了。然而，當《朝花夕拾》成為現代文學的經典之作以後，我們看《瑣記》，誰又會計較它的所謂前後內容不一致的破綻呢？我們琢磨的不是這篇文章的組合問題，而是其中的衍太太的作為，以及在淹死學生的池子上面蓋起的關帝廟等等。魯迅對散文中的破綻也是持不以為然的態度，他說：「散文的體裁，其實是大可以隨便的，有破綻也不妨。」（《三閒集・怎麼寫》）

再說結構。曹禺的《雷雨》的結構，據說是戲劇結構的一個典範，《雷雨》被認為是標準的戲劇。然而，正因為它太標準了，太戲劇化了。給我感覺便是演戲而已。正是由於過分

地像戲劇，它不僅沖淡了《雷雨》的真實性，甚至影響了它的認識價值——僅僅是演戲，這就動搖了它的可信性。一部不可信的東西，它的藝術魅力和認識價值都會受到懷疑的。所以，曹禺在寫作《日出》時，就放棄了過於刻意的戲劇結構，就像文章不宜太像文章一樣，他的戲劇不太像戲劇，而更像生活本身，顯得更加自然。曹禺在《日出•跋》中說：「寫完《雷雨》，漸漸生出一種對於《雷雨》的厭倦。我很討厭它的結構，我覺出有些『太像戲』了。技巧上，我用得過分。彷彿我只顧貪婪地使用著簡陋的『招數』，不想胃裡有點裝不下，過後我每讀一遍《雷雨》便有點要作嘔的感覺。」我相信這不是曹禺的自謙之詞，而是他發自內心的感受。

文貴自然。文章最忌弄假。藝術的最高境界是無藝術，好的文章讀起來不宜太像文章。

兩株棗樹……

魯迅的散文詩《秋夜》有這樣奇特的開頭：「在我的後園，可以看見牆外有兩株樹，一株是棗樹，還有一株也是棗樹。」我多次與朋友議論，這幾句若改成：「在我的後園，有兩株棗樹……」那似乎簡潔了，然而味道卻淡了很多，也可以說全無了韻味，全無了可咀嚼之處。為什麼「繁瑣」反而平添了許多韻味呢？這裡，作者是用了重複的修辭手法，製造了一種氛圍，突出了它在暮秋嚴霜摧殘下，「默默地鐵似的直刺著奇怪而高的天空……」的孤冷傲岸的姿態。我想，倘若不是魯迅，倘若在今天，這樣的開頭是極可能被我們某些編輯簡潔成「有兩株棗樹」的。

時下，我們某些文章太「簡潔」了，「簡潔」到一本正經的程度。先是主題，主題以外的情節和細節以及幽默、渲染等等，一律剔去。散文寫一個好人，好的細節三兩個，不夠好但能表現個性的，也只好對不起了。雜文提出一個觀點，正反論據各一條，然後得出所謂結論，如此這般。我們的文章太像文章，缺乏一種親切、一種真誠，不是與讀者貼得很近並走進讀者的心中，而是高高在上，這樣好那樣不好，應該這樣不該那樣，一幅讓人生厭的牧師或政

工師的嘴臉。此類文章給我的感覺是：僅僅是文章而已。

匠人的文章是寫出來的，傑出的作品不僅是寫出來的，而且是作者心中情不自禁地流出來的情感和智慧。因為是流出來的，自然難免有那樣一些與所謂主題思想之類不相干、不切題的內容，然而，它為我們添加了許多親切。魯迅的《范愛農》，照文章做法之類，應將與范愛農無關的內容一律刪除，但魯迅卻寫了王金發贊助魯迅他們辦報，後來又罵了王金發，以及報館被一群兵們搗毀，這類事很難說與范愛農有直接相關。依我看，這只是為魯迅離開紹興到南京供職做自然而然的過渡吧！倘若把這一段抽去了，那文章確實是更集中地寫了范愛農，但我想，這種增多了「一本正經」的文章，是絕對少了色彩、真誠和親切的了。再有，魯迅的那篇《瑣記》，前一部分以白描的手法，刻劃了衍太太的市民相，她的虛偽；後一部分則寫了到南京讀書的一些經歷，寫了赫胥黎與《天演論》。若是作一本正經的文章，是可以「腰斬」的。但我卻以為，有了前後不同的內容，因為都是作者的經歷，雖然未必扣住主題，卻有如小溪汩汩流水一樣自然。

文章需要氛圍，需要自然，為了達到自然的氛圍和意境，應該不惜「重複」與「多餘」。藝術的最高境界是無技巧。無技巧的也就是自然的。

唯有自然的，才是不朽的。

「褒貶」自有春秋

魯迅也曾錯怪梁實秋。

一九二九年十月，梁實秋在《新月》第二卷第八期上發表《「不滿現狀」，便怎樣呢？》一文，說魯迅「把所有的藥方都褒貶得一文不值，都挖苦得不留餘地，……這可是什麼心理呢？」對此，魯迅寫了《「好政府主義」》一文，予以批駁。魯迅在駁斥了梁實秋的主要觀點後，也捎帶一槍，挖苦了梁實秋：「『褒』是『稱讚』之意，用在這裡，不但『不通』，也證明了不識『褒』字……」（《二心集》）魯迅把「褒貶」一詞分做「褒」和「貶」了。若是拆開來理解，梁實秋的話當然不通。這裡，魯迅的情緒化是顯而易見的，無論如何，梁實秋不會弱智到這等程度；即使真碰上一二硬傷吧（梁實秋文章可刪可改之處不是沒有，甚至可說是不在少數，我隨手翻《梁實秋讀書札記》一書中《莎士比亞與性》一文，其中有「朱生豪先生譯《莎士比亞全集》把這些部分幾乎完全刪去」這樣的句子，所謂「這些部分」，是指性描寫，這是重疊，或是「這些」，或是「這部分」就可以了。這樣的例子不好多舉，多舉就無聊了），似也應以平常心視之。不過，事情雖小，我倒也看出了事情之外——魯迅對

梁實秋是充滿蔑視的。

過了半個世紀，臺灣學者陳之藩在《褒貶與恩仇》一文中，為梁實秋的「褒貶」辯護，他說：

五十年前吧，文化界有一很著名的官司。就是現在還在臺灣已八十歲的梁實秋先生與左派自封自命的大宗師魯迅打筆仗。在筆仗中，梁先生說了一句：「把某一件事褒貶得一文也不值。」

魯迅抓住辮子不放，用像匕首一樣鋒利的詞句閃電式的向梁先生劈過來：「你梁實秋，究竟是在說『褒』，還是說『貶』？褒是褒，貶是貶，什麼叫做褒貶得一文也不值？」梁先生竟然無詞以對，只解釋說，北京城裡大家所說的褒貶，都是貶的意思，並沒有褒的意味。

陳之藩之所以要寫這篇文章，翻出半個世紀前的舊案，是因為陳氏偶然看到了魯迅的詩句中有「相逢一笑泯恩仇」一句。梁實秋說他所說的「褒貶」只有「貶」而無「褒」義，但沒做出合理的解釋，結果被魯迅搞得很尷尬。而今陳之藩見到魯迅自己也有這種寫法，所謂「泯恩仇」，說的是「泯仇」，沒有「泯恩」之義。犯的正是與梁實秋同樣的「錯誤」。所以，陳之藩看到這句詩後不禁「哈哈大笑，特別申明是替梁先生笑的。」說法有點誇張，有細節上的「小說做法」，感情色彩也顯而易見。考慮到梁實秋當時被捧為臺灣學界的「大師」，而魯迅的作品則成了禁書，對陳之藩抓了一根稻草「褒」梁「貶」魯，似亦可理解。在此，洒家也學著陳之藩「哈哈大笑」一下。

應該說，陳之藩是從現象到現象，沈謙先生在《修辭學》（臺灣空中大學一九九六年印行）一書，引用魯梁「褒貶」為例，進行了學理上的分析。沈謙認為，陳之藩「真正的問題癥結並未徹底解開：為何『褒貶』只有『貶』的意思，『恩仇』就沒有『恩』的意味呢？」有不甚明瞭之處。究其原因，是他們缺少必要的詞彙學常識和修辭學常識。吳禮權先生在《魯迅與梁實秋的尷尬》一文中，從詞彙學的層面對問題進行了探討，「褒貶」只有「貶」義而無「褒」義，「恩仇」只有「仇」義而無「恩」義，與「國家」只取「國」義而無「家」義，「窗戶」只指「窗」不指「戶」（門），情況是一樣的。這是漢語詞彙中的特殊一類，叫做「偏義複詞」。顧炎武在《日知錄》卷二十七「通鑑注」條曾明確說過：「愚謂愛憎，憎也。言憎而並及愛。古人之辭，寬緩不迫故也。」俞樾《古書疑義舉例》卷二「因此以及彼例」條也說：「此皆因此及彼之辭，古書往往有之。《禮記・文王世子篇》：『養老幼於東序』，因老而及幼，非謂養老兼養幼也。《玉藻篇》：『大夫不得造車馬』，因車而及馬，非謂造車兼造馬也。」

雖然顧氏和俞氏都未能講出學理，而只是以「古人之辭，寬緩不迫故也」、「古書往往有之」之類的含混之詞一筆帶過，但他們已經確切地指出了古代漢語客觀存在的這種「偏義複詞」事實。從修辭學的層面上看，這是一種「配字」修辭手法，它的作用是可以使音節和諧。如果不配一個不取義的字，就不能使音節偶化，單字隻語不能企及音韻和諧的表達效果。

畢竟是修辭學家，讓人知其然，亦知其所以然。

其實，陳之藩對「褒貶」公案，也是知其然不知其所以然。梁實秋並非像他說的那樣「竟然無詞以對」。對於魯迅的「褒貶」，梁實秋是不服氣的。魯迅死後，他終於報了一箭之仇。一九四一年十一月二十七日他在重慶《中央日報》第四卷第十六期上發表《魯迅與我》一文，他說：「我指陳魯迅先生的硬譯之不通，他雖然沒有回答，但是他在另一場合報復了。我說：『你把別人的主張都褒貶得一文不值，你自己主張什麼呢？』他說：『褒是褒，貶是貶，連著當作一動詞，而做貶解，便是不通。』我不再分辯……」為了說明自己的不錯，梁實秋舉了《紅樓夢》第三十八回中的句子「分辯」道：「黛玉笑道，『這樣的詩一時要一百首也有！』寶玉笑道，『你這會子才力已盡，不說不能做了，還褒貶人！』」之後，梁實秋也挖苦魯迅「大概是忘記了《紅樓夢》……」云云，並說，「曹雪芹先生正是和我一樣的不通」。

魯迅的「褒貶」是報復梁實秋的「硬譯」？用今天的話說，這是哪對哪啊，完全是不著調，瞎褒貶。關於「硬譯」問題，我將有另文說明，此不多言。

像梁實秋這一派文人，都是聲稱比較紳士、比較寬容、比較不計前嫌的。我要聲明的是，不只是受了魯迅的影響，主要是讀他們的文章多了，我是比較不相信梁實秋們的紳士，比較不相信梁實秋們的寬容，比較不相信梁實秋們的不計前嫌。我不相信。他們是這樣一派人物，比較在乎自己的紳士招牌，整天拿捏著自己，時時刻刻都在提醒自己，他們是在公眾面前的正人君子，所以，自己的言論應該正人君子一點。如果說，梁實秋二十世紀四〇年代還「褒貶」魯迅一番，是因為魯迅才死五年，梁也還年輕氣盛的話，到了二十世紀七〇年代，梁實秋仍然對魯迅耿耿於懷，那麼，他的紳士之類的招牌，恐怕也就只是招牌了。在《梁實秋讀書筆記》一書中有一篇寫於七〇年代的文章叫《複詞偏義》，通篇講的是與沈謙等人一樣的見解，梁羅列的例子與沈等稍有不同，但梁也用了《日知錄》的例。當然，梁實秋還是有所發現的，沈謙及語文學界的一般提法是「偏義複詞」，梁實秋卻是「複詞偏義」。事實是，《複詞偏義》只是一篇闡述「偏義複詞」的說明文。如果說這篇文章有什麼特出的話，那就是蘊含著歷史資訊與梁實秋憋悶胸中數十年的「氣」。他再次引用了一九四一年他舉過的《紅樓夢》中「褒貶」的例子，文章的結尾，他寫道：「複詞偏義實在是不合理，斥之為『不通』也未嘗不可；不過語言文字的形成時常有不合邏輯的地方，約定俗成，大家都這樣沿用，我們也只好承認

其為一格。析理過細，反倒像是吹毛求疵。」文字酸不溜丟，對熟知魯梁恩怨的人來說，劍鋒所指，不言自明。

我懷疑梁實秋是在看了沈謙的文字以後，才寫了這篇《複詞偏義》的，但沈書卻是出版在梁實秋去世之後。不過，這也不難解，沈書中的文章會不會單篇或局部先在報刊刊發？也難說。如果梁實秋一九四一年就知道「偏義複詞」，那麼，看他的秉性，一九四一年的文章中肯定會有所表現，卻沒有；如果他知道了「偏義複詞」，四〇年代抨擊魯迅時沒有言明，又何必在七〇年代寫這樣一篇除了洩怨以外沒有任何價值的文章呢——關於「偏義複詞」的說明文已經太多太多了。不過，這無關宏旨，屬想到寫來而已。

魯迅不是省油的燈，抓住「褒貶」二字加以褒貶，如果梁實秋暗自竊笑，不加褒貶，倒有了正人君子的風範，你一槍我一劍，褒來貶去，四〇年代來一下，七〇年代再來一下，梁實秋這燈也不省油。文人終究是文人。

今天，我們當然可以撇開他們當年的意氣之爭了。我查了《現代漢語詞典》，它對褒貶也有兩條釋義。一條是「評論好壞」，比如，「褒貶人物」，「不加褒貶」，「一字褒貶」等。這一條與魯迅所理解的不識褒貶之類意思相近。另一條是批評缺點、指責。比如，「他在背地褒貶人」等。梁實秋用的就是這個「褒貶」。一詞二義，魯迅只取其一，如此而已。

名人錯怪名人的事並不鮮見，我試舉一例：

施蟄存在談到「中國人的語文水準某些方面實在是每況愈下」時，先是批評了大街上的招牌、出版的書報刊錯別字比比皆是。接著，「逮」著了張中行，他說：「就連大教授、大作家張中行先生，其書中竟然也將『片段』的『段』字誤寫成『斷』字，張中行先生尚且『斷段』不分，遑論後生青年們！」（朱健國：《施蟄存的長壽之道》）

我覺得施蟄存的「片段」非「片斷」說似乎未必確切，於是，先在電腦上敲了一下，說來巧了，用五筆敲片語，居然既有「片段」也有「片斷」。我又查了《現代漢語詞典》，「片段」是這麼注釋的：「整體當中的一段（多指文章、小說、戲劇、生活、經歷等）。也作片斷。」「片斷」的釋義是：「同『片段』。零碎；不完整。」詞典舉了兩個例，如「片斷經驗」、「片斷的社會現象」。從兩條注釋看，一是，它們相「同」，都可以用；二是，若求精確，在涉及文章之類的時候，用「片段」比用「片斷」要好。如此看來，施蟄存是錯怪了張中行了。當然，施蟄存是世紀老人，也許在白話文運動的早期，只用「片段」而不用「片斷」？是他用習慣了？也未可知。

諸如此類的事甚多，過去有，將來還會有，似不必大驚小怪，更不必過了幾十年還要耿耿於懷——耿耿於懷了，還要聲稱「我不再分辯」、「我不生氣」……何必呢？

蕭伯納身邊的魯迅

梁實秋在《關於魯迅》一文中，說魯迅和蕭伯納照了一張滑稽照：「一邊站著的是一個身材高大鬚髮銀白的蕭伯納，一邊站著的是身材弱小頭髮蓬亂的魯迅。兩相對比，實在不相稱，身量不稱，作品的數量份量也不稱。」

說這話時的梁實秋，已經是一個老人了，老人自有老人的忠厚處，加上他固有的「雅人」趣味，與一貫的紳士做派，似乎不應該在「身材弱小」與「頭髮蓬亂」上做文章。蕭伯納固然個高，但並沒有規定不和「身材弱小」的人合影；蕭伯納的頭髮次序井然，但也沒有要求與他合影的人需要一樣的標緻；蕭伯納「鬚髮銀白」，是不是魯迅也要把鬍子和頭髮都染白了，以顯德高望重？梁實秋與他「新月社」的小兄弟徐志摩都是每一根頭髮都有固定位置的人，身材似乎既不弱，也不小，且都是到過英國的，可以自告奮勇去和蕭伯納合影啊！也不見得有什麼動作。徐志摩的詩，應該與泰戈爾有一些距離吧！「作品的數量份量也不稱」。泰戈爾來了中國，徐大詩人隨侍左右，實秋兄怎麼就不發一語呢？看來，作品相稱不相稱倒在其次，重要的是頭髮「蓬亂」不「蓬亂」。

大幾十年後，韓石山因為魯迅「個頭矮小」，得出了所以「心地陰狠」的結論；韓石山倒不是把魯迅與蕭伯納做對比，而是與「英美派」的帥哥們做對比，說是怎麼看怎麼不順眼。初時，洒家大為驚詫，現在看來，這還是有師承關係的，「英美派」下了蛋，還孵出了小雞。好在有魯迅與蕭伯納等的合影在，只要瞧了，也未必「蓬亂」。除了青年時期，魯迅的頭髮正如小平同志所言，是「五十年不變」，每一根都是直挺挺的，像歐洲的教堂，直刺雲天。魯迅這個人比較操蛋，是不懂生活的，換了梁實秋，要見蕭伯納這樣的大人物了——又是英國來的——肯定要到髮廊焗焗油，每一根都按照「文學的紀律」，理性地而不是浪漫地安排到固定的位置。

身材不相稱，頭髮不錚亮，作品的數量份量可能不相稱，但卻也未必完全如此哩。至於魯迅與蕭伯納的作品是不是對稱，各自在文學史上的地位如何，因為有很多不可比的地方，是仁者見仁的事，比如，梁實秋「大」蕭伯納而「小」魯迅，也是一個見解。

不過，在我看來，在魯迅之於中國的意義與蕭伯納之於英國的意義這一點上，魯迅肯定要「大」過蕭伯納。何滿子是這樣表述的：就如英國有莎士比亞、德國有歌德一樣，中國有魯迅。我完全認同何滿子的見解。在英國，蕭伯納與莎士比亞是什麼樣的關係？梁實秋寫過《英國文學史》，他肯定比我更瞭解，也比廣大的讀者更瞭解。

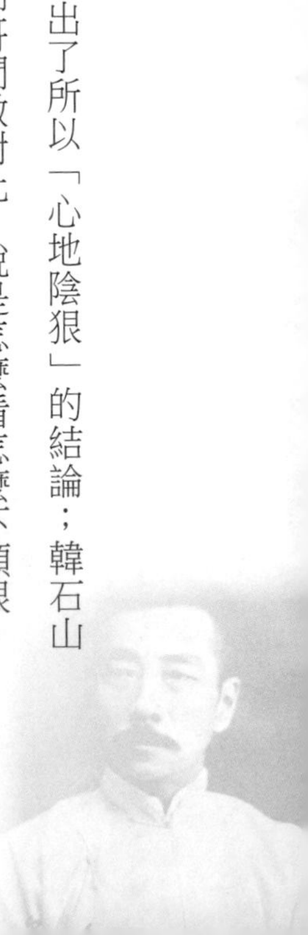

梁實秋「小」魯迅這是不足為奇的，看他關於魯迅吐一口血，讓丫頭扶著看海棠之類的奇談怪論，可以肯定，他基本上是不讀魯迅的（由此可以斷言，他捧魯迅為現代中國「五大散文名家」之類，也是一種惺惺作態，無非是表現正人君子的公正），讓一個不讀魯迅，不懂魯迅，且氣質上與魯迅格外衝突的人，來評論魯迅與蕭伯納的「大」與「小」，是有一點為難他了。

要補充的是，魯迅並不附庸風雅，更不會透過見大名人來抬高自己。他甚至不會有徐志摩陪同泰戈爾那樣的興奮。你看魯迅與蕭伯納們的合影，蕭伯納還保持微笑，宋慶齡不失嫵媚，唯有魯迅，一如既往地苦著臉，素素的、淡淡的。魯迅說，蕭伯納是世界大家，魯迅是中國的大家，兩者的差距從地域上就可以看出來了。魯迅自己是不願去的，總覺得自己還「不夠格」，他在《我和蕭伯納》一文中已經敘述了當時的無奈。中國有四億人口，不找個人去，便顯得寒磣，也怕人笑話。這個人確實不怎麼好找，不僅要是搞文學的，而且還得要有成就，於是他們就找到了魯迅。可是這下就壞事了，引起了某些人的不滿，指責的文章是屢見報端，直到魯迅死，他們還「耿耿於懷」。我就不明白，既然他們這麼不滿，當初何不毛遂自薦，告訴主辦方：「魯迅沒有資格站在蕭伯納的旁邊，我們才夠格！」可是他們沒有那種勇氣，有的只是滿腹牢騷。否則的話，他們也不至於現在這樣憤懣了，魯迅也不會平白無故的多受指責了。

狗的階級性

專以寫類如當今「小女子散文」名世的「一代文學大師梁實秋」，一生不曾養狗，但卻寫了好幾篇關於狗的文字。我手頭有一套四卷本的《梁實秋散文》，就有多篇是寫狗的。第一集《雅舍小品》中有一篇《狗》；第二集《雅舍小品續集》也有一篇《狗》；第三集《雅舍小品三集》中還有一篇《狗肉》，《雅舍小品四集》中則有一篇《一條野狗》等。此外，他在別的文章中，也不時會說上狗幾句，比如那篇《白貓王子》等。大師就是有大手筆，一切繁華歸於平淡，一無雕琢，從文章的標題就可以看出，除了「狗」，還是「狗」。

梁實秋是不吃狗肉的，他說：「我沒吃過狗肉，也從來不想吃。」如果只看這篇《狗肉》，結合他留學美國的經歷，你或許以為他這是接受了「西方文明」，他也說，「西方人以為狗乃人類最好的朋友，一聽說中國人吃狗肉，便立刻汗毛倒豎，斥中國人為野蠻」。然而，梁實秋雖然留學美國，他與美國人的觀點並不一樣。他不吃狗肉，不是認為狗不能吃，只是因為狗髒。他早年寫的那篇《狗》中，記載了他對狗的印象：「主人從來沒有掃過地，每餐的殘羹剩飯，骨屑稀粥，以及小兒便溺，全都在地上星羅棋布著，由那隻大狗來舐得一乾二淨。……

在這一家裡，狗完全擔負了『灑掃應對』的責任。」到了晚年寫的《狗》，他看到的狗總「……是在垃圾箱裡從事發掘」。在《狗肉》中，「桌下還有一條不大不小的癩皮狗，名叫『汪子』，大概是牠愛汪汪叫的緣故。房東一家吃東西很灑脫，嚼不碎的骨頭之類全都隨口噴吐，汪子忙得不可開交。幾乎沒有例外，小孩子一面吃一面就在洋灰地面上遺矢（此「矢」同彼「屎」；雅舍小品，談屎不雅，故用此「矢」？洒家直接了當稱屎為屎，這正是正人君子與野老村夫的區別？房注），汪子會把東一灘西一灘像『溜黃菜』似的東西舐得一乾二淨！主人無需打掃，狗已代勞，像這樣的狗，其肉豈足食乎？人稱狗肉為香肉，不知香從何來？」梁實秋又說：「許多人不吃香肉，想想狗所吃的東西便很難欣賞狗肉之甘脆。」狗改不了吃屎，因為狗吃屎了，雅舍中的雅士如何去吃狗肉？然而，梁實秋在雅舍的時代，估計還沒有化肥，或是化肥尚未普及，梁雅人吃的大米和青菜卻也是人屎澆出來的哩。

「屠狗不是體面的事，吃狗肉當然也就不是高雅的事」，儘管這樣，梁實秋是不反對吃狗肉的。他說：「有人說吃狗肉是虐待動物，是野蠻行為，這種說法就很令人驚異。」為什麼會令人驚異呢？他從傳統文化上找根據：「三字經是近來有人提倡讀的，裡面就說『馬牛羊，雞犬豕，此六畜，人所伺』，人伺了牠是為什麼？歷來許多小地方小規模的祭祀，不用太牢，便用狗。何以單單殺狗便是野蠻？……我看見過廣州菜市上的菜狗，胖胖嘟嘟的，一籠一籠的……」又說，「殺肥狗與宰肥豬、宰肥羊無異」，在梁實秋看來，吃狗肉是古時候就有的事，「有人不吃豬肉，有人不吃羊肉，有人不吃狗肉，各隨其便，犯不著橫眉怒目」，「我看不出期間有什麼文明與野蠻之區別」。

儘管梁實秋不反對別人吃狗肉並且為吃狗肉者找到了歷史根據，但因為狗吃屎，我上面說了，他自己是不吃狗肉的，在他眼裡，吃狗肉彷彿吃屎一樣。不過，他對狗肉吃法卻與楊絳一樣，深有研究，並取得了學術成果。楊絳說：「煮狗肉要用硬柴火，煮個半爛，蘸蔥泥吃……我們廚房裡依阿香的主張，用濃油赤醬，多加蔥薑紅燒。」梁實秋呢，他知道金華火腿有異香，緣於有狗腿一隻醃於缸內。金華火腿他是吃的。

梁實秋也不是沒有狗緣。他的小娘子韓菁清是愛狗之人。有一天夜晚在臺北，韓菁清在一家豆漿店宵夜後步行歸家，瞥見一條很小的跛腳的野狗，一瘸一拐的在她身後亦步亦趨，跟了好幾條街。看牠瘦骨嶙嶙的樣子大概是久矣不知肉味，她買了兩個包子餵牠，狼吞虎嚥如風捲殘雲，索性又餵了牠兩個。從此牠就跟定了她，一直跟到家門口。她打開街門進來，狗在門外用爪子撓門，大聲哭叫，牠也想進來……梁實秋「無可奈何託一位朋友把牠抱走，以後下落就不明了」。遺憾，雅舍中的雅人與狗失之交臂。

梁實秋痛恨的主要是土狗、野狗，換言之，是中國狗和飢寒交迫的狗。衣食足而知禮儀。

梁實秋知道，「經過訓練和餵得飽飽的那種狗，大概不至於有那種飢不擇食的惡習」，因為牠們是有產階級了，過上了小康以上的生活，有肉吃了，狗自然改了吃屎。當然，「普通的狗就難說」，「普通的野犬都是些不修邊幅的夾尾巴的可憐的東西，就是汪汪地叫起來也是有氣無力的，不像人家豢養的狗那樣振振有詞自成系統」。梁實秋分出了飽狗與餓狗，吃肉的狗與吃屎的狗，也可以說是根據狗的生存狀態劃分了狗的階級成份吧。此外，他還區分了狗的類型，將其分成供食用的菜狗、狩獵的狗與看門的狗等。總之，狗與人一樣，分三六九等。「土狗在街心亂竄，是相撲為戲，還是爭風動武，我也無從知道」，「如果是捕殺野犬，應該是有益社會之事，殺而食之也未嘗不可」。像妓女人皆可夫一樣——「沒有背景的野犬」——土狗、野狗人皆可食。然而，那些高貴的狗卻在梁實秋筆下享有特殊的待遇，他寫道，「我清晨散步時所遇見的狗，大部分都是系出名門，而且所受的都是新式的自由的教育」，這類狗是不能隨便捕殺的，「如果被捕之犬系出名門，則犬主人該負一大部分責任，不該縱犬留連戶外」，「屠宰名犬進補，實在煞風景。可是這責任不該由香肉店負」，而梁實秋在《白貓王子》中所讚賞的「在外國，貓狗也有美容院。我在街上隔著窗子望進去，設備堂皇，清潔而雅致，服務項目包括梳毛、洗澡、剪指甲……之類」，我想，如此像雅舍一樣的去處，大約在垃圾中討生活的中國土狗和野狗是不配享用的。

土狗、野狗們配與上層的紳士狗抗爭嗎?不配。牠們只配供國人當作香肉吃了,而梁實秋這樣的高等華人還不吃狗肉,因為狗是吃屎的。什麼樣的狗才能成為上等的不吃屎的狗呢?當然是洋狗,還有那被魯迅稱之為「乏走狗」之類。

以上對比,用階級的眼光看,梁實秋不喜歡的狗,也只是中國土狗和野狗,我想,他如果在美國繼續待下去,應該也會牽著美國狗上狗的美容院。無論佛洛德多麼偉大,我總以為,儘管梁實秋認為中國土狗、野狗之類是「不修邊幅的夾尾巴的可憐的東西,就是汪汪地叫起來也是有氣無力的」,但梁實秋的不喜歡狗,與魯迅罵他是「資本家的乏走狗」沒有關係,魯迅早早死了,「秋公八十看不老,窗前喜伴青青草」,誰還會記得什麼「乏」不「乏」的,誰還會記得那又瘦又矮的糟老頭?不喜歡某種狗與不喜歡某種人一樣的,不喜歡就是不喜歡,哪裡需要那麼多的理由呢?

梁實秋與楊絳的志趣還比較相近,在狗的問題上都有著深刻的理性。楊絳一邊吃著狗肉一邊訴說著她與狗「小趨」的深情。小趨不知所終。她在《「小趨」記情》的結尾這樣寫道:

默存和我想起小趨,常說:「小趨不知怎樣了?」

默存說:「也許已經給人吃掉,早變成一堆大糞了。」

我說:「給人吃了也罷。也許變成一隻老母狗,揀些糞吃過日子,還要養活一窩又一窩的

小狗……」

不知怎麼搞的，讀這段文字，我沒有注意「早變成了一堆大糞了」幾個字，我覺得「揀些糞吃過日子，還要養活一窩又一窩的小狗……」這行字應是雙關，它是不是也暗示著中國農民的命運？這樣想來，楊絳還是一個大有人文關懷的人了。梁實秋曾以嘲諷的口吻諷刺勞苦大眾，滿是優越感地說：「一個屬於『普羅列塔利亞』的人就是『國家裡最下階級的國民，他是沒有資產的，他向國家服務只是靠了生孩子』。普羅列塔利亞是國家裡只會生孩子的階級！」

「只會生孩子的階級！」與楊絳描述的那隻狗的可能際遇是多麼相像，那些中國的土狗和野狗！

梁實秋反對文學的階級性，強調人性。魯迅曾針對梁實秋的觀點說過這樣的話：「文學不借人，也無以表示『性』，一用人，而且還在階級社會裡，即斷不能免掉所屬的階級性，無需加以『束縛』，實乃出於必然。自然，『喜怒哀樂，人之情也』，然而窮人決無開交易所折本的懊惱，煤油大王哪會知道北京撿煤渣老婆子身受的酸辛，饑區的災民，大約總不去種蘭花，像闊人的老太爺一樣，賈府上的焦大，也不愛林妹妹的。」人在社會中有沒有階級屬性？比如當今的房奴與房地產商和銀行家是什麼關係？山西黑洞洞的煤礦下的黑工與黑礦主是什麼關係？這不是這裡要探討的。說起狗，梁實秋倒是側重狗的階級性而淡化了狗性，中國土狗、野狗是吃屎的，應該待在垃圾堆中；西洋狗因為餵得飽飽的了，不要說是屎，就是牛奶，也未必要喝，應該貓在美容院裡。中國的土狗、野狗，是只配當菜狗吃的，而梁實秋這樣的高等華人因為考慮到狗吃屎問題還不吃狗肉，而那些在美容院享受他家「白貓王子」一樣待遇的上等階級的狗是不能吃的，因為吃了「煞風景」。

梁實秋和楊絳都到過西洋，學回來的就是區分狗的階級性這樣的大學問。

我是養狗的，家裡既有法國狗，也有德國狗，更有土生土長的中國狗，但狗就是狗，在我家享受了平等的待遇。土狗小黑，還最是有情有義，他的法國朋友巴吉渡努比在外泡妞，七天不歸，小黑七天不曾進食。我看不出中國狗怎麼就只配任人屠宰！此外，現在中國的洋狗也多了，我實在不知道牠們在中國是不是有被人宰了吃的？但中國殺了幾個賣毒品的洋人是有的了——也不盡然，據說是剛剛加入洋籍的國人，還是土狗！

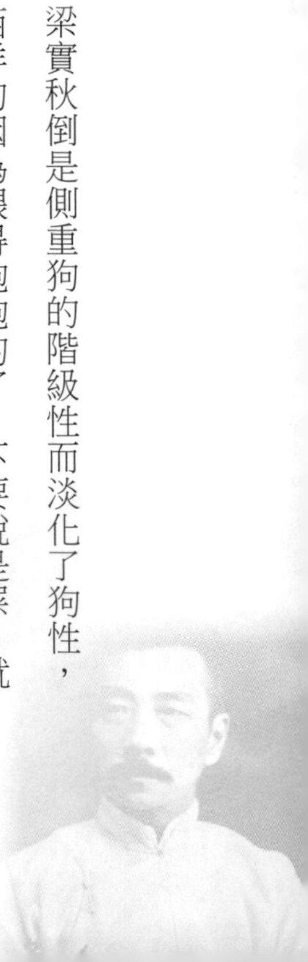

貓的階級性

梁實秋的女兒梁文薔著有《梁實秋與程季淑——我的父親母親》（百花文藝出版社二〇〇五年一月版），其中有一篇《爸爸和貓》，談了梁實秋與貓的關係。

讀過梁實秋散文的人都知道，梁實秋愛貓，一九八〇年臺灣九歌出版社還出版過他的散文集《白貓王子及其他》，就是以「白貓王子」的玉照為封面。

可是，梁實秋並不是生來就愛貓的，他曾經極為討厭貓。梁文薔寫道：

爸爸不是個天性愛貓的人。記得我在北平時，廚房裡常有野貓光顧，把晚餐的魚偷去吃掉，惹得傭人大呼小叫。爸爸主張「見頭打頭，見尾打尾」，以除貓禍。一日嚴寒，野貓走入廚房，企圖取暖，見我們並未驅逐，竟得寸進尺，一直走到爐下蜷曲而臥，享受片刻安逸。爸爸輕輕地將一隻腳伸至貓腹下，猛然一踢，將貓摜出一丈多遠，摔落牆根，狼狽而逃。我見情心痛不已，但不敢批評爸爸之殘忍，獨自回房，臥在床上哭泣，半晌才出來吃晚飯。那時爸爸四十三歲，我只有十三歲。

我印象中，梁實秋一向溫文爾雅、文質彬彬，怎麼也會有這麼粗暴的時候？如此動粗，彷彿有了水滸人物的豪氣了，倘真如此，少了「梁實秋是一朵花」（冰心語）的嫵媚，從另一個角度看，倒真讓我敬服。不過，梁實秋還是粗中有細的，你看他，「輕輕地將一隻腳伸至貓腹下」，有一點鬼子悄悄進村的心計，當貓一無知覺之時，被狠踢一腳，「擲出一丈多遠，摔落牆根」！這有點像前些日子網路上的虐貓事件了，好在此貓「狼狽而逃」，否則，還真不知道會不會發生網路上說的那些個事。見了此番景象，無怪乎梁文薔要在心裡責怪父親的殘忍。無奈，十三歲的她還不敢責怪父親，只能「臥在床上哭泣」。

野貓畢竟不是貓。你想啊，偷吃主人家的魚，像不像乞丐偷拿小販的食物？前些日子報紙上登了，有一個乞丐偷麵包之類，被商家打斷了腿，這是不是正符合「見頭打頭，見尾打尾」的戰略思想？至於貓要到爐下取暖，被狠踢一腳，對我來說，彷彿似曾相識，忘了是高玉寶還是潘冬子，或是《紅旗譜》還是《金光大道》中的什麼人物，大雪天，在財主的屋簷下取暖，財主叫人用亂棍驅之，還讓惡狗追趕……當然了，野貓不是貓，更不是人，我也只是「意識流」一下而已，而已而已。

據梁文薔說，「爸爸到了臺灣之後，大概是年紀漸長，也許是生活日趨安定，脾氣愈來愈溫和了」。這話很有道理，年輕氣盛，年老平和，用一句于丹教授生造的但卻很流行的話說，

就是「淡定」。此外，梁實秋踢貓，也許與一時的脾氣有關，比如，這幾天他吃了肯德雞或麥當勞，正好上火了，所以出腳特別狠？也未可知。我又想，那幾天，會不會他正和魯迅鬥嘴，被罵為資本家的「乏走狗」，氣沒地方出，出到了野貓身上？梁文薔說，梁實秋那年四十三歲，他是一九〇三年生，此時應是一九四六年，魯迅已經死了十年，看來，此事還真與魯迅無涉。

沒來由，踢就踢了，就像愛情，愛就愛了，還要什麼來由？

但是，研究多了「人性」和「階級性」問題，對魯迅，我是更多地用梁實秋的「人性論」看問題；對梁實秋，我則只能用魯迅的「階級論」看問題——這野貓，屬流浪貓，與乞丐屬同一階級，換言之，就是「只會生孩子的階級」。

那麼，我們再來看看梁實秋的「白貓王子」的待遇吧！

其實，梁實秋踢貓，到老了，也未對貓產生多少好感。只是後來他有了韓菁清，韓菁清愛小動物，比如，路上撿了小鳥，碰上了流浪狗，她都要為之找到好的歸宿。梁實秋家的「白貓王子」，也是韓菁清給撿回來的，梁實秋愛屋及烏，後來也愛上了韓菁清撿的貓——當然，這貓已經出落成「王子」了。梁實秋在《白貓王子》一文中有記載：「緣當日夜晚，風狂雨驟，菁清自外歸來，發現一隻很小很小的小貓局局縮縮的蹲在門外屋簷下，身上濕漉漉的，叫的聲細如游絲，她問左鄰右舍這是誰家的貓，都說不知道。於是因緣湊合，這隻小貓就成了我們家中的一員。」不過，一九七三年三月三十日的日記中，梁實秋有這樣一句話：「菁清抱回一隻小貓，家中將從此多事矣。」可證要不是韓菁清，梁實秋未必能接受阿貓阿狗之類——多事！

這「白貓王子」據說「乖得出奇，從不上桌。斯文之極。」一律是紳士做派，在氣質上與梁實秋相近。之所以能如此斯文，因為牠已經脫離了「只會生孩子的階級」。魯迅與梁實秋有一超越了「階級性」的共同「人性」，即，都討厭貓叫春。貓叫春時，魯迅是拿了裝香菸的鐵罐，向其擲出——這一點，我對魯迅是有意見的，倘若你準備做愛時，外星人來騷擾，是何滋味？怎麼好這樣不領風情呢？你做愛得，貓狗就做愛不得？無非你是一個人嘛，人又有什麼屌了，難道人中教授做愛，與我阿貓阿狗就有超「人性」或超「階級性」的區別?!而梁實秋，不是擲鐵罐了，他希望他的「白貓王子」從此成為上等貓，再也不要成為「只會生孩子的階級」，於是，行使了一回皇上的權力，對他家的貓採用了腐刑——這一計畫生育措施，從根本上保證了「白貓王子」不會淪為「只會生孩子的階級」。

「白貓王子」成了「有產階級」，成了上等貓了，從牠的伙食標準就可以看出牠優雅的生活狀態。「牠每日享盡貓福，吃的是除去刺的鮮魚丸子，有時輔以牛肉和燻雞腿」，梁文薔寫道，牠「吃的魚不是貓魚，是人吃的魚。魚資自每日二十元漲到每日六十元以至八十元。

使人咋舌！」「每天早上的一頓魚由爸爸餵。先煮好魚，除刺，放在盤中」，有這種標準的伙食，牠有必要像那隻被踢的貓那樣去偷吃魚嗎？衣食足而知禮儀，吃飽了自然就文明。好吃好喝，「白貓王子」還真像資本家了，梁實秋在給梁文薔的信中寫道：「我們的小貓……吃魚過多而缺運動，腿細而肚大」，這是外表象；「牠自己不肯上樓，等人來抱，」「有一次，爸爸家中請了一位按摩師，順便請她為『王子』按摩一番」，「六年下來，貓長得肥肥胖胖，大腹便便，走路搖搖晃晃，蹲坐的時候昂然不動，有客見之嘆曰：「簡直像是一位董事長！」這是生活狀態像。

「白貓王子」是什麼血統，是波斯貓呢，還是別的什麼貓，我不得而知。據梁文薔說，這是一隻「白色微有黃斑的野貓」。但是，從以上介紹看，一隻被猛踢，一隻被嬌寵，此「野貓」非彼「野貓」，這只有幾種可能：第一，「白貓王子」可能天生是貴族，後來發生了「文革」，流落民間，雖然成了「野貓」，但每一根毛髮都有貴族風韻，梁實秋慧眼識紳士，於是收留，不費周章，立即復原為「王子」；第二，此貓雖野，就像當年梁實秋踢貓，可能後來留學西洋，年紀也長了幾歲，海歸後雖然也擺地攤，但無論如何，已經有紳士派頭，穿上燕尾服，自然就成了正人君子；第三，貓命有十五、六歲，此野貓被梁實秋收養時，已經五六歲，相當於人類的不惑之年？馬克思說，從乞丐到暴發戶只要一夜之間，從暴發戶到貴族卻要一百年，

「白貓王子」因為癡長若干歲，似乎離貴族比較近了，不像那被梁實秋踢的貓，動輒叫春，屬於「只會生孩子的階級」，所以，梁實秋覺得改造成王子的可能性要大？

搞不懂，老漢只能瞎猜。

梁實秋與「白貓王子」還真是產生了相依相戀的感情。他沒事閒坐時，和「王子」玩乒乓球遊戲，他拋過去，「王子」銜回來，略通人意。梁實秋寫稿時，牠就跳上書桌，趴在稿紙上，他拍拍牠，牠睡著了，梁實秋只好停工，由牠在稿紙上睡。梁文薔寫道：

> 「王子」在爸爸的情感生活中比重愈來愈大。我開始擔憂。貓最長可活十五、六歲。如果貓先去，爸爸是否受得住這一擊？爸爸於一九八二年夏回臺後的第一封信中說：「白貓還認識我，對我很親熱。有一個人說過：『我見過的人愈多，我越愛我的狗。』吾於貓亦云然。」第三十六封信中說：「……白貓王子非常可愛，對我特別好，也許是因為我餵牠之故，有時候很令人感動。將來總有一天要和貓永別，我不知怎麼辦好。」第四十五封信中說：「……我想說話的時候，除了自言自語之外，就是對著我的白貓王子說話。貓不回答我，我也滿意了。我拍拍牠，摸摸牠，彼此都得到滿足。我現在不敢想，如果有一天，我不在了，貓怎麼辦，如果有一天，貓不在了，我怎麼辦？不敢想，不敢想。」爸爸和「王子」就這樣相依為命的又度過了五年。

從腳踢野貓到與貓相依為命，彼一個梁實秋，此一個梁實秋，今非昔比。

韓菁清怕「白貓王子」孤單，在牠四歲那年又抱回一隻小黑貓，取名「黑貓公主」，正好和「白貓王子」對稱。「黑貓公主」活潑可愛、體態輕盈、白鬚黃眼。本想促成美滿因緣，不料卻成了歡喜冤家。兩隻貓湊在一起就要爭鬥，你來我往，毫不相讓。不得已，主人把黑貓關在籠子裡，或是關在一間屋裡，實行黑白隔離政策。可是黑貓隔著籠子還要伸出爪子撩惹白貓，白貓也常從門縫去逗黑貓。二者相見真如不見，無情還似有情。時間長了，兩貓大概覺得這樣下去沒有勝者，不如睜一眼，閉一眼。終於並排而臥，相安無事。

「小花」則是一隻乞丐貓，渾身骯髒，寄居於梁實秋家門口。韓菁清想把牠抱回家，梁實秋認為家裡已養了兩隻，飲食起居以及醫藥衛生，已經使主人忙得團團轉，如果善門大開，貓子貓孫勢將喧賓奪主。韓菁清沒有爭辯，只是拿起一缽魚、一盂水送到門口外，以幫乞丐貓解決饑渴煎熬。

「白貓王子」偶爾聽得門外有同類呼聲，起初很興奮，偷偷跑到門口觀察，良久，發出呼呼嚕嚕的吼聲，嚇得乞丐貓連連倒退。如是者三。梁實秋感嘆：「一門之隔，幸與不幸，判如天壤。一個是食鮮眠錦，一個是踵門乞食。世間沒有平等可言！」至此，梁實秋似乎已經超越了「人性論」而有了「階級性」，思想覺悟有了極大提高。

終於有一天，梁實秋回家看見韓菁清抱著乞丐貓在房間裡踱來踱去，驚問：「牠怎麼登堂入室了？」韓菁清回答：「外面風大，冷，你不是說過貓怕冷嗎？」從此以後，乞丐貓憑著「辛辛苦苦誠誠實實的工作一生，多少必定可以得到相當的資產」，而擠進了上層社會，小花子名正言順地成了「小花」。好在，「白貓王子」和「黑貓公主」已經見怪不怪，欣然接受了牠。

據宋益喬的《梁實秋評傳》記載，梁實秋在生命垂危之際，想起家中的貓，囑咐韓菁清趕緊回家照料一下，再三的強調：「要善待我們的三隻貓，猶如善待我們的子女一樣。」

梁實秋死後，「白貓王子」還活著，梁文薔文章的結尾是這麼寫的：

> 我最後見到「王子」殿下是在爸爸去世後，一九八八年三月。在幽暗的客廳裡，我彎下身來，輕輕地摸牠的頭，牠沒躲我。牠的驕氣蕩然無存，牠抬頭望了我一眼，眼神是溫存的、無奈的、淒涼的。我索性坐在地上陪牠。我和「王子」之間無需言語，我們都是失去爸爸的孤兒，一瞬間，我和「王子」感到無比的接近。
>
> 我感激「白貓王子」，牠做到了我沒做到的。

「白貓王子」淒涼、無奈的眼神，讓人揪心！梁實秋肯定知道牠對他的牽掛，他早有預感，

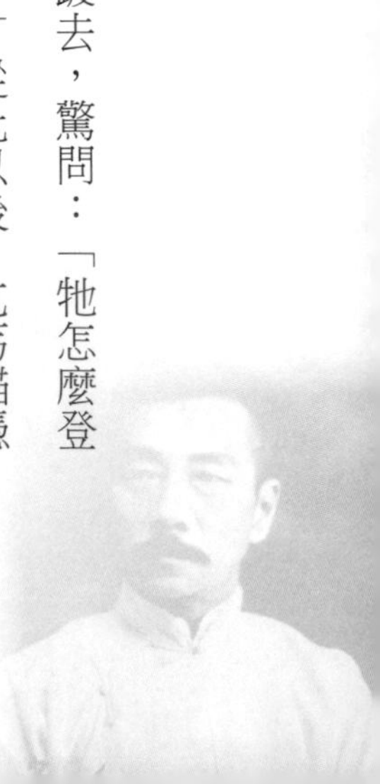

「如果有一天，我不在了，貓怎麼辦？」不知道梁實秋是否知道，不僅「白貓王子」有此眼神，便是那隻被他狠踢的野貓，也一樣會有如此眼神；不知道他將死之時，有沒有超越貓的階級性而有了普遍的永恆的貓性？

梁實秋有了三隻貓，其他兩隻貓的情況我不瞭解。有了貓，曾經踢貓的他生命有了昇華，他翻譯過英國詩人斯瑪特的詩《大衛之歌》，其中有這麼一句：「沒有貓，每個家庭不完備，幸福有缺憾。」梁實秋的幸福應該沒有缺憾了。

梁實秋愛貓，由「白貓王子」而有了三隻貓，這是梁實秋的「人性論」的勝利。但是，我不知道，他有了「白貓王子」以後，是不是由此及彼，也愛當年被他踢過的野貓？愛一切的貓？我翻遍梁實秋的傳記，歷史沒有記載，所以我也不得而知。但是，他對一切屬於「只會生孩子的階級」的野狗並無好感，卻是確定無疑的，這一點，我在《狗的階級性》一文中已有介紹，此不一一。

「只會生孩子的階級」

梁實秋在嘲諷「無產階級文學」時，捎帶挖苦（甚至可以說是誣衊）無產階級本身，換言之，他誣衊了廣大的勞苦大眾。他故作驚異地說：「『普羅列塔利亞的文學』！多麼嶄新的一個名詞。」旋即他又否定道：「『普羅列塔利亞』這個名詞並不新。」他故作優越地說：「其實翻翻字典（按：指《韋白斯特大字典》），這個字的涵意並不見得體面。」「一個屬於『普羅列塔利亞』的人就是『國家裡最下階級的國民，他是沒有資產的，他向國家服務只是靠了生孩子』。普羅列塔利亞是國家裡只會生孩子的階級！」（《文學是有階級性的嗎？》，《文學運動史料選》第三冊，上海教育出版社一九七九年六月版）梁實秋雖然反對文學的階級性，但他眼裡有「國家裡最下階級的國民」，既然有「最下階級」，自然就有不是最下的和最上的階級，還是有階級的區別。文學是生活的反映，既然生活是這樣的，文學又如何變成「那樣」呢？

「只會生孩子的階級！」一句話道盡了梁實秋的自以為是，他對勞苦大眾的蔑視已經達到了極致。

事實上，這是「階級論」，而不是「人性論」。用他的觀點推論，無產階級是「只會生孩子的階級」，那資產階級似乎是不會生孩子的階級？顯然，沒有哪一個階級是只會生孩子的。我不好說梁實秋是資產階級，但從他開口閉口對勞苦大眾的蔑視看，是所謂高貴的上等人卻是無疑，但是，梁實秋卻也像他所說的「只會生孩子的階級」一樣，生了不多不少的孩子。不僅是無產階級會生孩子，一切階級都會生孩子。如果孩子都是無產階級生的，那還會有梁實秋這樣的非無產階級的存在嗎？

可能有人要拿出「只會」二字來為梁實秋辯白，梁實秋的意思是，無產階級只會生孩子，他並沒有說資產階級或別的什麼階級不會生孩子，他們與無產階級的區別是，在生孩子之外還會翻譯《莎士比亞全集》，而無產階級除了生孩子以外，別的什麼都不會了。好吧，就當作會翻譯《莎士比亞全集》吧！可是，無產階級在生孩子之外還會砌磚頭啊！梁實秋那山坡上的雅舍，應該不是他自己砌的吧？如果不是，那大約是無產階級在生孩子之餘工作的結果。即便是《莎士比亞全集》，沒有無產階級在生孩子之餘的排字並印刷，大約也不會擺到梁雅人的雅舍中了。梁實秋的無知——歷史觀的無知，因政治偏見而帶來的無知。這裡，我實在沒有必要進一步闡釋一番人民創造歷史的原理，這不是常識嗎？我不禁要問的是，以錢生錢的不人道的資產者，倘若離開了大眾的勞動，所謂錢，不就是幾張臭紙嗎？沒有「只會生孩子的階級」的點點滴滴的創造，安有人類的進步與文明？

這裡，我不想用所謂無產階級的觀點來評價梁實秋，因為梁實秋被時人稱為是資產階級知識份子，還是所謂獨立知識份子，那麼，我就用美國的觀點來看問題吧！在維繫美國國本的基本價值觀中，天賦人權，人人生而平等等等，這些梁實秋應該不陌生吧？如果一個美國的政治家敢於聲稱「無產階級是只會生孩子的階級」，那他是絕對得不到佔人口絕大多數的無產階級的選票的，這結果是不言而喻的。我不知道梁實秋在美國折騰了一些什麼，到美國留學，他學到了些什麼？我也理解了梁實秋為什麼一味地反對盧梭的深層次原因為，這不會與盧梭寫了《論人類不平等的起源》等偉大著作一無關係吧？梁實秋有一點「資產階級」或獨立知識份子的氣味嗎？說他是資產階級知識份子，那是高看了他。我倒覺得他只是穿洋服（與他相反，魯迅從來不穿西裝）的封建貴族的餘孽。郭沫若罵魯迅的話，送給他倒是非常合適的：

> 他是資本主義以前的一個封建餘孽。
> 資本主義對於社會主義是反革命，封建餘孽對於社會主義是二重的反革命。

韓石山有偉大理論，認為留學美國的比留學日本的進步，留美必美。梁實秋蔑視大眾的

根源在哪裡呢？我以為在於他的天生的貴族化的思想。他表面上一身洋服，實際上一肚子的孔孟之道。他雖然到美國逛了一陣子，但他的價值觀完全是中國的，甚至是中國封建士大夫的。所以，我認為梁實秋在思想意義上、在價值觀上是二重性的反動的人物——這裡的「反動」，絕對不是「文革」期間的一頂政治帽子，反動就是反動，比如，反對「動一動」一黨獨裁的國民黨政府，使之變成選票裡出政權的現代民選政府，於是，他與反動的一黨獨裁的國民黨政府一樣「反動」了。

「拿貨色來看」

在《關於「文藝政策」》一文中，梁實秋挖苦普羅文學運動只有運動，沒有貨色。叫人們「拿貨色來看」，他說：

普羅文學運動鬧得起勁的時候，我對他們說「拿貨色來看！」凡是文藝運動，不能單有運動而無文藝。如果那樣，豈不成了魯迅先生所譏誚的「空頭文學」？但是當我要看貨色的時候，普羅文學家愕然之後徐徐的辯道：「你這個要求是惡意的！普羅文學方在生長中，在這時候不該有這樣無理的要求！」又有人說「聽聽你這口吻，『看貨色！』真不脫離商人資本家的氣息！」我沒有再理會。普羅文學隨後奉命歇業，始終也沒有拿出貨色給我們看。我提這一段舊事，只要說明一點，凡屬文藝運動這一類的事，不能預先從理論入手，必須先有具體的在藝術上成功的作品來奠定基礎，才不致落空。（載一九四二年十月二十日《文化先鋒》第一卷第八期，另見《文學運動史料選》第四冊，上海教育出版社一九七九年十一月版）

所謂「普羅文學」，乃英語 prole-tariate 音譯「普羅利塔利亞」的簡稱，意為無產階級文學，也可以說是站在勞苦大眾立場的平民文學。

一個「鬧」字，寫盡了梁實秋對無產階級文學的蔑視。我們不能說梁實秋說的全無道理，他的見解有的地方與魯迅是相似的。鼓吹「普羅文學」的許多人，如「革命文學論戰」時期的成仿吾、馮乃超、李初梨，「左聯」時期的周揚、狄克（張春橋）等人，就是只會炮製所謂理論、高喊口號，拿不出「貨色」，被魯迅稱為「左而不作」的「呆鳥」；當「四條漢子」盛氣凌人的時候，魯迅對他們是深為不滿的，斥之為「手執皮鞭」，「亂打苦工」，「取了工頭的立場」的「奴隸總管」，魯迅當然「深惡之」。他們「左」而不作，並無創作實績，搞文藝是手段，搞政治才是目的，而他們的政治，又有不少是「無聊的糾紛」，是「破落戶的飄零子弟」，「將敗落家族的婦姑勃谿、叔嫂鬥法的手段，移到文壇上。嘁嘁嚓嚓，招是生非，搬弄口舌，絕不在大處著眼」。（《答徐懋庸並關於抗日統一戰線問題》）「唯以嗡嗡營營為能事。」（一九三六年九月十五日致王冶秋信）總之，「實做的少，監督的太多，個個想做『工頭』……」（一九三六年四月五日致王冶秋信）魯迅是很瞧不起他們的，說「嘩啦嘩啦大寫口號理論的作家，我卻覺得他大抵是呆鳥」。

梁實秋的「鬧」字與魯迅的「呆鳥」說，真是相映成趣，讓我生生看清了「呆鳥」的「胡鬧」。

在梁實秋那裡，彷彿左翼文壇對他的「拿貨色來看」無以回應，只好用「有人」之口說普羅文學方在生長中。請注意，梁實秋這裡用的是籠統的無處可查的「有人」。「有人」是誰呢？他並沒有言明。因此，我只能將其看作是梁實秋的自問自答了，是一位「莫須有先生」。在梁實秋眼裡，普羅文學還真是沒有「貨色」了。

雖然魯迅也反對「左而不作」的「呆鳥」，但魯迅與梁實秋不同的是，他並不認為普羅文學沒有「貨色」。在我看來，「普羅文學」就是具有深刻人道主義情懷的平民文學。其實，從某種意義上說，魯迅的創作就是「普羅文學」的實績之一，雖然它們絕對不是「普羅」理論家提倡的結果。魯迅對勞苦大眾「哀其不幸，痛其不爭」，為我們描繪了生活在中國社會最下層的阿Q、祥林嫂們的被欺凌與受侮辱的群體形象，難道這不是「貨色」嗎？此外，魯迅高度肯定《子夜》取得的成就，《子夜》和「農村三部曲」應該算是「貨色」吧？葉紫的《豐收》、柔石的《為奴隸的母親》、葉聖陶的《多收了三五斗》、艾青的《大堰河》、老舍的《駱駝祥子》，蕭紅的《生死場》、蕭軍的《八月的鄉村》等等，這些如梁實秋所說「具有普遍的同情心」的作品，這些對勞苦大眾深切關愛的作品，雖然有的發表在梁實秋有以上高論之前，有的發表在之後，但它們有的就是「普羅文學」，有的是與「普羅文學」有一樣的價值

取向和終極關懷，它們算不算一種「貨色」呢？

我清楚記得，《魯迅研究月刊》上曾登一則小品，乃身邊人記述宋美齡的一次談話，大意是，宋美齡看了不少左翼文學作品，她曾感嘆「我們就沒有這樣的好作家」。具有人文情懷的反映民間疾苦的平民文學，是五四新文學運動以來的文學主潮。固然有平民文學之外的文學，比如周作人的小品文、梁實秋的《雅舍小品》、徐志摩的那些詩、張愛玲的那些小說、錢鍾書的《圍城》……但與形成主潮的平民文學對比，確實是好作家、好作品不多的。即便那些資產階級作家或是有貴族習氣的作家，也往往在某一時期某些作品中，具有平民情懷，胡適的《人力車夫》其感情取向與魯迅的《一件小事》近，林語堂早期的雜文與魯迅雜文一樣具有戰鬥性。

其實，屬梁實秋說的「文藝運動」這類事，也不只是「普羅文學」。一黨獨裁的國民黨的宣傳部導演的「文藝運動」也不在少數，與「普羅文學」運動幾乎並行的還有用宣傳部力量推動的「民族主義文藝」運動，要說拿貨色，「民族主義文藝」就更拿不出「貨色」了，他們只出版一些除了國民黨宣傳部官員要看以外「誰都不要看的刊物」，屬於「殘酷的白色恐怖」之外的「無恥的麻醉欺騙」之類（石萌：《「民族主義文藝」的現形》，載一九三一年九月十三日《前哨》（《文學導報》）第一卷第四期），被魯迅譏為是「一向在盡『寵犬』的職分的」「寵犬派文學」（《「民族主義文學」的任務和運命》），就是說，是向一黨獨裁的國民黨政權搖尾乞憐或獻媚的文學。而且，「民族主義文藝」是國民黨宣傳部針對「普羅文學」的一次有針對性的策劃，甚至是一場戰役。然而，對此，梁實秋一言不發，也不叫他們拿「貨色」。我不會像梁實秋暗示魯迅等左翼作家暗地拿盧布一樣，說梁實秋受雇於一黨獨裁的國民黨宣傳部，這怎麼可能呢？他是沐浴過歐風美雨的「獨立知識份子」，怎麼可能成為極權政權的幫兇呢？連幫閒都不是。我一向以為，正人君子們總是公正持平的，但是，我小有不滿的是，當梁實秋在「宣傳部文學」與「普羅文學」之間，怎麼就選擇了指責「普羅文學」呢？正人君子的公正應該是兩邊都不指責，因為那似乎都不是文學；或者，兩邊都指責，所謂各打五十大板。只打一邊，只叫「普羅文學」「拿貨色來看」，第一，我知道了梁實秋要的是什麼貨色；第二，我看出了天生有貴族氣的梁實秋骨子裡的軟弱；第三，我懷疑他「資產階級知識份子」或「獨立知識份子」的身分，因為獨立知識份子是不會自覺成為一黨獨裁的極權統治者的「幫閒」的，是不會不向「宣傳部文學」要「貨色」，而只向平民的「普羅文學」要「貨色」的——正是從這個意義上我理解了魯迅「乏走狗」的「乏」字的深刻內涵——什麼「貨色」！

其實，有沒有「貨色」對梁實秋來說是無所謂的，即便有「貨色」吧，梁實秋對這些「貨色」

也是視而不見的。好不容易讀了與他同屬「新月派」也是「英美派」的胡大哥的《人力車夫》，本來，胡適是他的「自家人」吧！他最好應該閉嘴。可是，自家人怎麼會說這樣不高貴的話呢？怎麼會和人力車夫攪在一起呢？他還要對事不對人地提出批評。他的神情依然是充滿了輕視甚至是蔑視，「張口人力車夫，閉口人力車夫」，然而，人力車夫就是人力車夫，「既沒有什麼可憐恤的，更沒有什麼可讚美的」（《現代中國文學之浪漫的趨勢》，《浪漫的與古典的・文學的紀律》，人民文學出版社一九八八年四月版）。不說他的「雅舍」裡的東東，我們從梁實秋的讀書札記中，基本上看不到他對反映中國勞苦大眾生活的作品的正視，有的也只是對「純文學」的把玩，關注的是「莎翁夫人」，還有貓啊、熊掌啊、酒壺啊、金縷衣啊，諸如此類。

梁實秋的這種情趣，是他留學西方的結果嗎？不是的。西方文學固然有被貴族化了的莎士比亞之類，但更有平民文學，勞苦大眾的文學。梁實秋是熟悉英國文學的，他寫過《英國文學史》。梁實秋的眼睛盯著已經被貴族化了的莎士比亞，可是，我們不知道他是不是同時也看到英國文學史上的反映勞苦大眾苦難生活的平民文學？伊莉莎白・巴雷特・布郎寧寫的《孩子們的哭聲》，直接取材於現實生活，真實生動地再現了童工勞動的悲慘場面，具有很強的感染力，令人不忍卒讀。狄更斯的作品具有強烈的人民性色彩，反映了勞動群眾對自身苦難處境和社會現實的不滿，表現出對工人階級和其他勞動人民的深切同情。他以手中犀利的筆揭露統治階級。他對資產階級與無產階級之間的衝突的理解逐步加深。他堅信未來是屬於勞動者的。狄更斯最初的現實主義小說是一八三七年開始在報上連載的《匹克威克外傳》，作品揭露當時英國社會的黑暗。一八三八年發表的《霧都孤兒》，一八三九年發表的《尼古拉斯・尼克爾貝》和一八四一年發表的《老古玩店》都是社會小說，反映重大社會內容，展現社會底層痛苦不堪的生活狀況，揭露資產階級披著慈善外衣乾淨傷天害理的勾當，無情地嘲弄他們的貪婪和虛偽。此外，還有薩克雷，還有蕭伯納等等，所有這些，是高貴的集英國紳士與中國士大夫於一身的正人君子、「白貓王子」梁實秋所看不到，也不願意看到的。

梁實秋一生的趣味，與西方世界的價值取向和終極關懷有相當的距離，與「普羅文學」那是天上地下，終其一生，他是以貴族的趣味經營著他的貴族文學，如果要勉強取一個標識的話，那麼，我們不妨先叫「雅舍文學」吧！梁實秋糞土「普羅文學」，那麼，他們的「雅舍文學」有什麼「貨色」呢？能不能也拿出一些「貨色」來瞻仰一下？說起來，「雅舍文學」有梁實秋的《雅舍小品》作代表作以外，以非無產階級文學為寬泛的標準，似乎也難舉例一二。徐志摩的趣味是與梁實秋相投的，此外，便是陳西瀅吧！也沒有梁實秋那樣的「貴族化」，《西瀅閒話》中有的憂憤，比如那篇《參戰》，其情懷與魯迅近，也是要讓雅舍中人瞠目結舌的。

至於胡適，上面說了，他的《人力車夫》就已經讓梁實秋多有微詞了，好在他們同是「英美派」，要是從魯迅口中說出胡適的話「中國不亡，天理難容」，梁實秋不口誅筆伐，那才叫活見鬼了！

我要表達的意思是，如果從世界文學的高度看問題，中國的「普羅文學」的「貨色」除魯迅之外，可能大多屬於一般性的成就；可是，「普羅文學」之外的「雅舍文學」，就更沒有什麼大不了的「貨色」了，就更寒磣了。

表現勞苦大眾狀況、有著「普羅」情懷的文學，如果以魯迅的《吶喊》、《徬徨》為代表，或是為象徵的話，那麼，代表了高等華人情懷的「雅舍文學」的《雅舍小品》，到底偉大到什麼程度呢？我認真拜讀了《雅舍小品》中的三十四篇作品，應該承認，語言是有特色的，就像錢鍾書的文章不時夾一點「豆芽菜」（外文）一樣，梁實秋的大白話中不時插進一些文言名句，彷彿當代的公寓房中有一兩件真假難辨的古董擺設在那裡，很像當下的高考狀元作文。然而，梁實秋比高考狀元們聰明，沒有硬塞進去的感覺，而相對顯得自然，因而也多了一些古趣。至於篇章結構，多是東拉西扯，有時還讓人覺得不知所云，所闡述的道理，多與少婦們的見解不差上下，所以，我認為基本上屬於「小女子文學」。由此，我也理解了冰心所言「梁實秋是一朵花」的精確與深刻含意。如果有人不信，如果有人要批駁我，我可以拿幾篇《雅舍小品》中的文章做具體分析，來印證我以上的觀點。此時此刻，我還暫時不想做這樣無聊的文章。至於《雅舍小品》之後的文章，「續集」、「三集」、「四集」之類，就更不值一提了，我隨手翻出一兩篇吧，比如那篇《華盛頓首府》，主體的內容，不就是抄了一遍《現代「雙城記」》的導遊詞嗎？他還有不少文章，翻譯一首英詩，介紹幾句作者情況，再加幾句對這首詩的內容提要式的評價，就是一篇大作了。諸如此類的文章還不在少數哩！從前，我對王蒙被稱為「大師」還有一點不以為然，現在看了「大師」梁實秋的「貨色」，我對王蒙大師是徹底信服了。在出版界，有一級編審、二級編審，套過來，我看，王蒙如果是一級大師的話，我親愛的「白貓王子」梁實秋先生還只能是三級大師——好歹也是一個大師。

與上面說的魯迅反對左而不作一樣，魯迅認為，之所以叫「文人」，是要以文立世的（也就是梁實秋所說的以「貨色」行世）。他對「文人無文」的現象，多有批評：

> 拾些瑣事，做本隨筆的是有的；改首古文，算是自作是有的。進一通昏話，稱為評論；編幾張期刊，暗捧自己的是有的。收羅猥談，寫成下作；聚集舊文，印作評傳的是有的。甚至於翻些外國文壇消息，就成為世界文學史家；湊一本文學家辭典，連自己也塞在裡面，就成為世界的文人的也有。然而，現在到底也都是中國的金字招牌的「文人」。（《偽自由書・文人無文》）

魯迅這些話，絕對不是針對梁實秋的，但魯迅說的「拾些瑣事，做本隨筆的是有的」，倒容易讓梁實秋對號入座。梁實秋算是「有文」的，但諸如此類的文，在魯迅看來是不算什麼的，倒更接近於「無文」。

我還要順便一說的是，梁實秋的寫作屬於「私人化寫作」，極具自敘傳色彩。在現代作家中，有此文學追求的不在少數，比如，寫小說的有郁達夫，寫散文的有豐子愷等等。梁實秋的小品文章與豐子愷更具有可比性，他們都是「私人化寫作」，但我以為，雖然他的名聲可能比豐子愷大，但成就遠在豐子愷之下，別的不說，豐子愷作品中的護生情懷、悲憫情懷，是梁實秋所少有的，梁實秋有的只是細瓷般的生冷，除了供有錢人、閒人和貴婦人把玩外，是否具有活的靈魂和熱的血性，我懷疑。

還是用梁實秋的話做結吧：「拿貨色來看」——可是，看來看去，梁雅人也沒有什麼大不了的「貨色」。

「後死者的苦痛」

在一般讀者心目中，梁實秋是一個很重感情、對愛情忠誠專一的人。「願得一心人，白頭不相離」，他在《槐園夢憶》一文中，以感人肺腑的筆觸，細細敘說了他與前妻程季淑從相識、相戀、結婚、患難，直到老妻死於非命那漫長的半個多世紀的親情（雖然有愛情的成份，但我以為他們更多的是親情）。

《槐園夢憶》被有的人稱為「血書」，也就是泣血而作之書吧！它因情文並茂，打動了無數讀者的心，催落無數讀者的眼淚。雖然，我覺得此文很多地方平鋪直敘，拘泥於瑣碎，也沒有傳說的那麼驚天動地地好，但實在地說，還確實有不少感人之處，特別是他們老夫老妻客居美國的最後歲月。

書中有一個細節是讓人難忘的。有一天，程季淑撫摸著梁實秋的頭髮，說：「你的頭髮現在又細又軟，你可記得從前有一陣你不願進理髮館，我給你理髮，你的頭髮又多又粗。硬的像是板刷，一剪下去，頭髮渣迸得滿處都是。」歲月不饒人，少年夫妻已垂老！妻子的這幾句話讓梁實秋想起英國詩人朋士的詩《約翰・安德森我的心肝》：

約翰・安德森我的心肝，約翰，
想當初我們倆剛剛相識的時候，
你的頭髮黑的像是烏鴉一般，
你的美麗的前額光光溜溜；
但是如今你的頭禿了，約翰，
你的頭髮白得像雪一般，
但願上天降福在你的白頭上面，
約翰・安德森我的心肝！

約翰・安德森我的心肝，約翰，
我們倆一同爬上山去，
很多快樂的日子，約翰，
我們是在一起過的；
如今我們必須蹣跚的下去，約翰，
我們要手拉著手的走下山去，

在山腳下長眠在一起，
約翰‧安德森我的心肝！

梁實秋說，「我們兩個很愛這首詩，因為我們深深理會其中深摯的情感與哀傷的意味。我們就是正在『手拉著手的走下山』。我們一起低吟這首詩不知有多少遍！」

有一次，他們老夫老妻在一起探討死亡問題。程季淑說，「我們已經偕老，沒有遺憾，但願有一天我們能夠口裡喊著『一、二、三』，然後一起同時死去。」有這樣的情懷，可見梁實秋的老妻還有不易察覺的不能同年同月同日生，但願同年同月同日死的浪漫。梁實秋卻相對理性，他認為「這是太大的奢望，恐怕總要有個先後」，此話固然不錯，是不是有一點用理性澆滅夢想的冷漠？梁實秋認為，「先死者幸福，後死者苦痛」。為什麼呢？因為逝者失矣，留給生者的是無盡的懷念，所以「苦痛」？老夫老妻還有一個誰先死誰後死的小爭論。程季淑說她願意先死，梁實秋說他也願意先死。老妻如同老母，稱自己願意先死，自然是為了把生留給自己愛的人。梁實秋也爭著先死，大約是怕自己承受不了對風雨愛妻思念的痛苦吧？然而，梁實秋立即男子漢起來，改變了主張，他願意擔當了，說：「那後死者的苦痛還是讓我來承擔吧！」似乎還真有點大男人的義無反顧。女人終究是傻的，哪怕是一個風燭殘年的老女人。程季淑彷彿也以為自己將要先死了，可以把「後死者的痛苦」讓那個偉大丈夫

去承擔了。她諄諄叮囑梁實秋，工作的時間不要太長，補充的藥物不要間斷，散步必須持之以恆，甜食不可貪戀——沒有一項瑣節她不曾想到。

一切皆是命定。一九七四年四月三十日，客居美國西雅圖的梁實秋夫婦正手挽著手到附近市場買午餐食物，突然市場前一個梯子倒下，不偏不倚擊中程季淑頭部，從此，「後死者的苦痛」實實在在地降臨梁實秋的頭上。梁實秋悲嘆道：「我像一棵樹，突然一聲霹靂，電火殛毀了半劈的樹幹，還剩下半株，有枝有葉，還活著，但是生意盡矣。」兩個手拉著手下山的老人，一個突然倒下了，看梁實秋踉踉蹌蹌狀，還真是有生不如死的「苦痛」。

《槐園夢憶》中，梁實秋寫道：

我現在煢然一鰥，其心情並不同於當初未娶時。多少朋友勸我節哀順變，變故之來，無可奈何，只能順承，而哀從中來，如何能節？我希望人死之後尚有鬼魂，夜眠聞聲驚醒，以為亡魂歸來，而竟無靈異。白晝縈想，不能去懷，希望夢寐之中或可相見，而竟不來入夢！環顧室中，其物猶故，其人不存。元微之悼亡詩有句：「唯將終夜常開眼，報答平生未展眉！」我固不僅是終夜常開眼也。

相依相伴了近五十年的妻子猝然別世了，梁實秋悲不自勝，終日以淚洗面。在想念妻子到達極點、實在難以忍耐的時候，他就一個人跑到槐園的妻子墓前。在那裡，他先在一個「半埋在土裡的金屬瓶裡」插好鮮花，然後徐徐灌進清水。他淚眼模糊，「低聲的呼喚她幾聲」。他非常小心，不敢高聲喊叫，「怕驚了她」。他細聲細語地絮絮而談，「把一兩個星期以來所發生的比較重大的事報告給她」。要做的事都做完之後，他說：「我默默的立在她的墓旁，我的心靈不受時空的限制，飛躍出去和她的心靈密切吻合在一起……」

在程季淑墓前，他取出一張紙，那上面寫著他獻給妻子的誄詞。站在深秋的涼風中，他滿懷虔誠地一字一句地唸誦道：

績溪程氏，名門顯著，紅閨季女，洵美且淑，雍容俯仰，豐約合度，洗盡鉛華，適容膏沐，自嫁黔婁，為賢內助，畢生勤儉，窮家富路，從不多言，才不外露，不屑時髦，我行我素，教導子女，正直是務，善視親友，寬待僕婦，受人之託，竭誠以赴，蜜月遲來，晚營小築，燕婉之求，朝朝暮暮，如願以償，魂兮瞑目。

關於《槐園夢憶》，我以為，確實有感人肺腑之處，比如，上面提到的細節，但像這樣的誄詞，做得如此工整，還有書中不時引用古人名句，似乎不經意間透出訊息，很多時候和地方，梁實秋僅僅覺得有文章可做了，是在做文章。這是敗筆。不是敗在文筆，而是敗

在寫文章時太過注重如何把文章寫好，感情退居其次，因而顯得不夠專一。韓愈的《祭十二郎文》、郁達夫的《一個人在途中》，都是祭悼亡人之文，堪稱千古絕唱。他們是文隨情走，絕對不在這樣的時刻也摻和進好詞好句，以顯大師學養的深厚。正人君子就是正人君子，任何時候都不會忘記頑強地表現自己。這是題外話了，點到為止吧！

梁實秋的眼淚灑在槐園，他把靈魂也留在了槐園。他說：「如果可能，我願每日在這墓園盤桓，回憶既往，沒有一個地方比槐園更使我時時刻刻的懷念。」

愛妻的猝死，給梁實秋留下了似乎終生難以平復的心靈創痛。程季淑的遺體安葬完畢之日，也是梁實秋含著熱淚寫他的「夢憶」之時。他沒有捶胸頓足、哭天搶地，他對人生命運的透徹理解使他把對故妻深沉的愛與無盡思念，完全溶入了以心血凝成的文學。

這是一部長達六萬五千多字的長篇散文。「季淑於一九七四年四月三十日逝世，五月四日葬於美國西雅圖之槐園……暮旁有一小噴水池，雖只噴湧數尺之高，但汩汩之泉其聲嗚咽，逝者如斯，發人深省。往遠處看。俯視近處則公路蜿蜒，車如流水。季淑就是在這樣的一個地方長眠千古。」作品是在這樣一種以平靜、自然掩蓋著的憂傷、淒涼氛圍中開場的。數語寥寥，卻令讀者再也難以驅掉心頭那沉重的哀傷。

「『聖人忘情，最下不及情，情之所鍾，正在我輩。』這是很平實的話。雖不必如荀粲之惑溺，或蒙莊之鼓歌，但夫妻版合，一旦永訣，則不能不心中慘怛。」這裡的每一句話都是極其平易的，但每一句話又都彷彿包含了相當的感情份量，如沉重的槌子般，一記記地敲在讀者心上，永不能忘。

在惆悵心酸的氣氛中，作者拉開了他精神上的帷幕，進入了漫長的回憶世界。從故妻的出身家世，到熱戀、分離、結婚，而後幾十年同甘共苦、相濡以沫的伴侶生活，作者一件件一樁樁地娓娓道來，翔實而鮮明。在經歷了漫長的精神跋涉歷程後，《槐園夢憶》最後以十六字作結：「緬懷既往，聊當一哭！衷心傷悲，擲筆三嘆！」這樣的結尾，也不免讓讀者三嘆！

《槐園夢憶》很快問世了。作品文采清麗，款款深情，立即征服了無數讀者的心，暢銷一時。此書給人的印象是，梁實秋對愛情是忠貞不渝的。讀者欽敬梁實秋的用情專一，「紛紛讚嘆梁實秋對愛情的忠貞、對亡妻的深情。在讀者的心目中，梁實秋的形象變得十分高大：不僅博學中西，而且人品高尚。因為愛情的玫瑰園裡最美的花朵，只有心靈純潔的人才能摘取」。

長期以來，梁實秋在臺灣一直被捧成「現代孔夫子」。在他的朋友、學生心目中，他不僅學貫中西，著作等身，是資深的學者，「國寶級」的作家，而且為人處世，也是大家的楷模。

可是，在程季淑去世後不到七個月，一九七四年十一月二十七日這一天，梁實秋就掀開

了「歷史性的一頁」——與歌星韓菁清萍水相逢，一見鍾情，跌入愛河！葉永烈在《梁實秋•韓菁清情書選》一書的序中說，「梁實秋第二回成了『情書作家』。不過，此時今非昔比，他已七十一歲，年逾古稀。他所追求的歌星，比他小三十歲。令人驚訝的是，他有一顆火熱、年輕的心。他的情書中所躍動的熱忱，恐怕十七歲的小夥子也未必能比得上！」此時的梁實秋寫的不是「兩地書」，而是「一地書」，令人驚訝的是，在天天見面的情況下，兩個月裡，他給她寫了三十多封情書！韓菁清過慣夜生活，凌晨入眠，中午才起床。她剛剛拉開七樓的窗簾，梁實秋已經在樓下「仰望」。見到窗簾啟開，他便上樓，「晤談於一室」，一談就是四五個鐘頭，並面呈情書——正因為這樣，他的情書信封上既沒有地址，也沒有郵票、郵戳。面呈情書，這在現當代文化人中，或屬僅見？

與梁菁清認識不久，為了料理程季淑之死引起的賠償訴訟，梁實秋飛回西雅圖。此時，他應該是得到了一筆不菲的賠償金吧？此時，離程季淑之死也就是幾個月的事，去了又回，他有沒有繼續天天到槐園與前妻絮絮叨叨呢？《槐園夢憶》沒有後話，我不得而知。但是，卻有《梁實秋•韓菁清情書選》一書在，他和韓的暫別，魚雁頻傳，他去郵局買郵票，一買就是一百張。甚至早上一信，中午一信，晚間又一信。梁實秋在小別臺北兩個多月中，竟然給韓菁清寫了二十多萬字情書。此時的槐園，大約是冷冷清清了吧！梁實秋憋了多少年的「情」，竟如此一發而不可收拾了呢?!

我不是說老人不能再婚，不是的。我只是覺得，梁實秋移情別戀的時間也忒快了一些；如果程季淑屬於江冬秀或朱安這樣的女人倒也還罷了，她卻被梁實秋描寫成那種有刻骨銘心的愛的風雨同行的有知識的傳統女性。五十年患難與共的妻子屍骨未寒，《槐園夢憶》油墨尚香，這邊，另一場轟轟烈烈的「傾城之戀」立即發動起來了。梁實秋簡直是一部播情機，是一部發動機，他可以立即播灑愛情的種子，立即發動愛情機器並立即達到峰巔。有人說，七十一歲的他感情之熱烈，大大超過了十七歲的少年——真正是「老夫聊發少年狂」了。

一九七五年五月九日，距《槐園夢憶》出版還不到兩個月，梁實秋就跟年輕時代風靡過上海灘的美女韓菁清宣告結婚。有的讀者說，《槐園夢憶》給人的淚水猶且溫熱不絕之際，忽然聽到這種消息，其驚愕茫然之狀，恰似讀完《出師表》之後，就聽說諸葛亮不出師了；讀完《正氣歌》之後，又傳出文天祥投降的消息。他們覺得自己上了當，受了騙，感情上久久轉不過彎來。

一九八七年十一月三日梁實秋因心臟病病逝於臺北，享年八十六歲。

梁實秋的葬禮是韓菁清安排的。正巧有人從西非象牙海岸進口了一批紅木。韓菁清斥資二十三萬七千元臺幣，為梁實秋製作了一口紅木棺材，據說可以保存三十年以上。她還為他

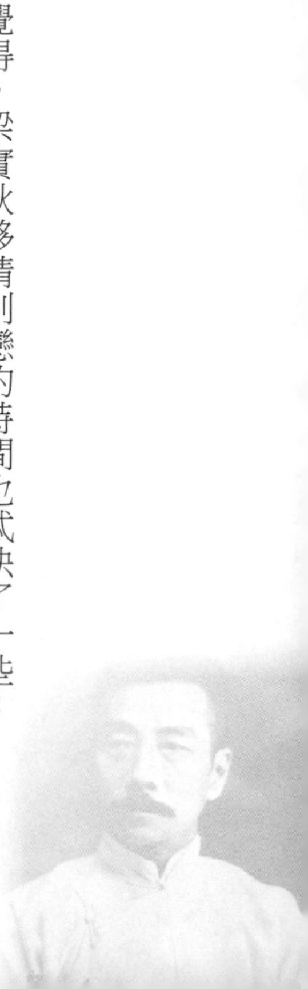

訂做了春、夏、秋、冬四套真絲壽衣，分別為黃、黑、灰和咖啡色。他身穿四季壽衣，枕著繡花枕頭，蓋著繡花被，身旁放著文房四寶和《雅舍小品》、《白貓王子》、《槐園夢憶》等著作，靜靜地躺在紅木棺材中。

十一月十八日上午，在臺北市第一殯儀館福壽廳舉行了梁實秋遺體告別儀式，一切如儀。完畢後，在濛濛細雨中起靈、出殯，安葬於臺灣淡水北新莊北海公園墓地。整個過程，拍攝成了一部錄影片，由韓菁清親唱的淒婉歌聲配樂。

墓前石碑上的字為韓菁清親筆書寫：梁實秋教授之墓。這都是梁實秋生前一再要求，在《遺書》中曾再三叮嚀的。

程季淑死時，梁實秋將愛妻葬在西雅圖近郊槐園樺木區 16-C-33 墓地，他們要「在山腳下長眠在一起」的，梁實秋為自己預訂了旁邊的 15-C-33 墓地，預備做為日後自己的長眠之地。如今，梁實秋被安葬在了臺灣，而五十年來「形影不離」的程季淑卻獨自留在八千里外的槐園。她邊上那梁實秋的蝸居，只能是永遠的「空置房」了。

回想當初，關於「後死者的苦痛」的爭論，如果程季淑知道「後死者」是這樣一場轟轟烈烈、傾城傾國的愛情，她大約也不會爭先恐後地求先死了；至少，她不會傻傻地與梁實秋爭論這樣一個話題了，這不無聊嗎?當然了，先死後死皆由命定，還是《紅樓夢》說得好，「君生日日說恩情，君死又隨人去了」；還是魯迅達觀，他既不會一把鼻涕一把眼淚地在槐園亂哭，也不會在寫祭悼亡人的文章時還東抄一段古文西抄一段古文以顯文章的古色古香，魯迅知道自己的先死，所以給許廣平留下遺言：「忘記我，管自己生活。——倘不，那就真是糊塗蟲」。絕對沒有因自己的先死而把「後死者的苦痛」留給生者的不知道是不是假惺惺的不安。魯迅一生，絕對沒有任何矯情的勾當。

說起來，女人要比男人實誠多了，雖然魯迅留下遺言，雖然許廣平還年輕，但她沒有再嫁。想來也是，八十二歲的老男人可以娶二十八歲的小女人，還號稱是愛情；可是，八十二歲的老女人如果找二十八歲的帥小子，這肯定與人咬狗一樣讓人莫名驚詫了，也絕對不會有一絲愛的色彩——只會被解讀成這老妖精太有錢了！這就是男權社會。

細瓷與地火

梁實秋也許是天才，但他這一生做了很多匠人的工作，比如編教材、編字典、翻譯莎士比亞全集等。

所有這些，不能說不重要，但這都是他人——聰明人——都可以替代的工作。編教材，在我看來，他不一定比資深教師編得好，這些教師可能更會統籌考慮，讓學生吸收的「營養」更加均衡、全面，而絕不會以自己的喜好定取捨。從「與抗戰無關論」可以看出，梁實秋至少是一個跟著自己的感覺走的人，自己喜歡「雅舍小品」之類的東西，他主持的副刊就往這方面去強調，也不論抗日戰爭這一中華民族所處的特殊時期和特殊環境，換言之，他基本上不考慮客觀的社會效果和公眾感受，他只做自以為是的事。如此從自己喜好出發的人，充其量，就是一個同仁刊物主編的料，召集冰心、徐志摩之類的同道中人，在自家的雜誌上大談人類的大愛和自家與陸小曼的小愛，還有「梁實秋是一朵花」（冰心語）的雄性的「花」，與塑膠的花及自然的花……此外，一切視而不見，視而不見的東西也就不存在了。哪怕在美國時形影不離、一生友誼甚篤的聞一多，他的那一灘「死水」，梁實秋也是自然而然地看不見。倒是他和徐志摩的耳朵，能聽到國人聽不到的「音」，他們的耳朵是經過西洋的點化，能過濾隆隆的炮火聲和人世間的嘆息聲，留下的一律是如我一樣「愚蠢的大眾」聽不到的絕妙之「音」了。編教材，需要兼顧方方面面，各種寫作門類，各種寫作風格，梁實秋編的教材，如果真是體現了他的意志的話，充滿陰柔之氣是肯定的，他會把李逵也變成「一朵花」的。那會好到哪裡去呢？我持十分懷疑的態度。

至於字典，那是知識含量和技術含量很大的事，也需要各個學科的通力合作，才能臻於科學。我有聽說寫作應該具有個人風格，沒有聽說哪一部辭典或字典是需要個人風格的。我要說的是，如果帶有梁氏標記的辭典或字典，不會是好的貨色。我要進一步表達的是，梁實秋去折騰這些需要各學科一群人通力合作才能做得相對好的事，是對他個人才華的一種極大浪費——如果他在寫那些風格類如小女子散文的「雅舍小品」之外，真有什麼才華的話。

至於梁實秋翻譯了《莎士比亞全集》，折騰了三、四十年，完工以後又是祝賀，又是慶祝，在我看來，有點太過煞有介事。後人也翻譯過莎士比亞，朱生豪翻譯的《莎士比亞全集》、方平翻譯的《莎士比亞悲劇五種》和《莎士比亞喜劇五種》，與梁實秋的譯本對比，也不見得就相差十萬八千里，據譯界方家稱，方平的譯本甚至要比梁實秋的好。我把梁譯與方譯對比著讀，方譯肯定要比梁譯順暢。可是，我也不見朱生豪和方平用了三、四十年的時間，也不見又是祝賀又是酒會，也沒聽說是什麼偉大的工程。我要說的是，梁實秋做的這些事，是

有一定意義的，但沒有什麼大不了的。換一句話說，這是梁實秋能做別人也能做的事。人不能太勢利，彷佛他的名氣大了，他翻譯的什麼東東，便就格外的有成就，有意義，甚而至於是什麼「偉大」了。之所以三、四十年才做完，這只能證明這個被冰心稱為是「一朵花」的男人，太有士大夫的慢條斯理，用大白話說，就是此人效率太低，太會享受生活。

梁實秋、徐志摩這類「英美派」，從整體上看，他們一生相對比較追求完美生活和詩化生活，喝茶啊、聽戲啊，還要組織如胡適說的像老鼠和狐狸一樣成群結隊泡在一起你吹捧我、我恭維你的什麼沙龍，有的甚至還要泡妞，生活的品味彷佛很高。比如梁實秋，每天晚上八、九點就得上床，早上起來就要散步。如此高品味的健康生活，一部莎士比亞，不折騰三、四十年，那也奇了怪了。他們、尤其梁實秋，和魯迅完全不是同一派人物，魯迅是吃草擠奶，把別人喝咖啡的時間都用到了工作上；魯迅是「慣於長夜過春時」，在子夜，在最黑暗的時刻，他在聆聽人類的心跳，當梁實秋們在晨曦中優雅地散步時，魯迅才帶著夜的黑暗，沉沉入睡。梁實秋的文字，是他對外在生活把玩的精緻紀錄。你想知道什麼是所謂的梁實秋散文嗎？你就看那景德鎮出產的細瓷，你就看細瓷上面藝人（注意，我這裡說的是藝人，不是藝術家）畫的工筆畫，這些作品是有看頭的，或許還耐品味，在有錢人那裡也可以賣一個大價錢，也相當於所謂淑女閨房的小擺設，和法國香水擺在一起是一種小點染。但是，它們絕無生的靈氣，更不要說靈魂了，好像當代高科技生產的塑膠花，上面甚至含著露水，真到了和偽幣一樣真的程度，但終究不是真的。這就是梁實秋的散文。我的話還算客氣的了，有的人說，梁實秋的筆實在是相當的禿，擅長描寫些蒼蠅在老婆鼻子上飛舞的情趣。魯迅呢，魯迅所有的文字是血寫的文字，是用他的壽命折成的墨跡，是青翠的活的野草，如果有花，也是曠野中帶刺的野玫瑰。魯迅死了，但他的血脈在他的字裡行間搏動，這種搏動被無限地擴大著，讓每一個藏書者的書櫃震動、破裂、傾倒……這種搏動連接著大地，引發了王蒙大師說的地震，於是，「吃人」的世界變成了一片廢墟，魯迅在廢墟上狂笑，魯迅的笑又聚成了一股呼嘯的風，就像《呼嘯山莊》中那蔑視一切的風，舊世界的一切污濁都被席捲而去了，於是，胡適帶了一班人馬，在這片魯迅造成的白茫茫的大地上，計畫著新中國的未來。啊，魯迅，當他醒來時，他怎麼可能為了一點壽數，像梁實秋一樣優雅地散步呢？他說：「趕快做！」也如胡適所說，獅子和老虎都是獨來獨往的，這個獨自來到人間又獨自辭別這個可憎惡的世界的瘦小的老頭——他是奔向荒塚的匆匆過客。「趕快做」！他點燃了一根菸，又開始了燃燒自己生命的過程。菸頭上那鬼火在一閃一閃的，那是這個墳場一般的人世間對魯迅唯有的溫情的笑；那也是地獄的召喚，天天、時時在召喚著他：朋友，來吧！我們不要去他們的天堂，來我們自己的地獄吧！來與暗夜的鬼們一起過我們自己的日子吧！是的，魯迅是不去他們的天堂的，

所以，他蔑視著蔑視者的蔑視，連眼珠也不轉過去，冷冷地，冷冷地說：一個也不寬恕！他像希刺克厲夫一樣，咬牙切齒地咆哮著，恨恨地，恨恨地說：那是你們的天堂，我寧可下我的地獄。是的，那是士大夫和正人君子的天堂！魯迅牽掛的是，已經捫了門檻的祥林嫂是不是還徬徨在地獄的門前，阿Q那畫得不夠圓的東東，能不能成為通往地獄的通行證？

朋友，這就是我們可以在魯迅的墨跡感受生命脈動的原因，這就是可以用《魯迅全集》預測社會地震級數的原因——從這個意義上說，王蒙是有先見之明、真懂魯迅的當代偉人啊！

是的，魯迅可以引發地震，當然同時可以震碎梁實秋這樣士大夫或正人君子的那冷冷的細白細白的像薛寶釵和襲人脖子上那一圈冷白的嫩肉一樣的種種細瓷。

細瓷，還有那高大的冰山，上接冰天，天上凍雲瀰漫，片片如魚鱗模樣。山麓有冰樹，枝葉都如松杉。一切冰冷，一切青白。

地火在地下運行，奔突，熔岩一旦噴出，將燒盡一切衰朽。

上下四旁無不冰冷、青白，一如梁實秋的臉。而一切青白冰上，卻有紅影無數，糾結如珊瑚，這是死火，這是地火，這是那在地獄中魯迅的靈魂探出了冰谷，一縷鬼樣的黑煙彷彿從那細瓷的魔瓶中、又彷彿從那山麓的冷白的冰面，升起，娲娲的，升起——

沉默啊沉默，不是在沉默中爆發，便是在沉默中死亡……

關於魯迅與錢鍾書及其他

老宋：

你的文章我看了兩遍，回去後還將我家有的劉玉凱先生的《魯迅錢鍾書平行論》找出來翻了一遍，我有以下感想，供你參考。

雖然錢鍾書說過魯迅的好話——他曾經給陳渝漱寫過一封信，《魯迅研究月刊》有登，是肯定魯迅的話，但我一時找不到；一九八六年十月十九日，在北京召開的「魯迅與中外文化國際學術研討會」上，錢鍾書說：「魯迅是個偉人，人物愈偉大，可供觀察的方面就愈多……」——但錢鍾書和魯迅是不好的，錢處處要表現他的智慧的優越感，屬於魯迅討厭的聰明人一類，他們不是同一種類型的人。從本質上講，錢鍾書、楊絳具有貴族氣質，也有貴族式的自私，屬於韓石山所說的「英美派」。賈府上的薛寶釵怎麼可能愛焦大呢？雖然這是一個蹩腳的類比，錢鍾書怎麼可能愛魯迅呢？錢鍾書自視甚高，他對三〇年代的作家幾乎沒有什麼評論，他的書中所採用、所堆砌的不是死人的就是洋人的，而活人的東西他不要，在他眼裡，似乎評論了他同一時代的人，就降低了他的身份，這所謂的「傲骨」，也透著他的自

以為是的精神貴族的清高。事實上，他也沒有太多自己的東西，憑著好記性，堆砌了太多別人的東東，這些，在電腦時代是輕而易舉就能解決的。我的《「素心人」記》，把他和楊絳貶得很低。此文先是在《中國現代文學研究》刊出，有五、六家刊物轉載，也說明有平民情懷的人們對錢鍾書之類的高等華人的討厭。

當下魯迅與他生前一樣，走華蓋運，錢鍾書則是場面上的紅人。劉玉凱用錢解魯，意在將錢魯「打通」，似乎錢魯還是知音一樣，我是不以為然的，犯不著把魯迅和錢鍾書捆綁在一起。

我覺得，你的文章前半部分是精彩的。題目似乎可以叫《捆綁的藝術》或《捆綁的模糊藝術》，「魯迅之於錢鍾書」題目太大，可以考慮做為副題，主要起提示作用，告訴人們，這篇文章是與魯迅和錢鍾書有關的，以引起讀者閱讀的興趣。

謝泳關於魯迅有不少陰陽怪氣的言論，他的關於魯迅「被利用論」，也是大可商榷的。他與韓石山基本上是同一路人，我遲早要清算他的，看來朋友又將做不成了。吾愛朋友，然更愛魯迅，這是毫不含糊的。謝泳的弦外之音是，凡大學問家都是排斥魯迅的，可見魯迅也不是什麼好東西。這種委婉的傷害，如果要傷害熱鬧中人，比如胡適之類的，還是可能讓熱鬧中人感到痛的，謝泳、丁東他們成群結隊，所以領會得了「我的朋友胡適之」，然而，他們沒有孤獨的情懷，沒有用心靈解讀魯迅，是理解不了魯迅的。一切生活好的人，都理解不了魯迅。他們或已犬儒化？已經過上白領以上的生活，所以，他們只會喜歡胡適。魯迅本來就是兩間餘一卒之荒原野狼、孤島過客、國民公敵，謝泳津津樂道的錢鍾書不屑談魯，所有的像錢鍾書這樣的人都不喜歡魯，除了表現他和他的錢鍾書的高雅之外，又能說明什麼呢？魯迅在精神上從來都是獨來獨往的，哪怕錢鍾書罵魯迅、錢鍾書捧魯迅，魯迅不會為此失色，也不會為此增光。

把錢鍾書說成魯迅的知音，會不會給那些不明事理的人一個錯覺，似乎魯迅還要靠錢鍾書來肯定。事實上，錢鍾書不可能是魯迅的知音的。如果說，錢鍾書某些觀點與魯迅是相通的話，錢鍾書的這些觀點只是一種知識，魯迅是生命的感悟，前者是墨寫的，後者是血寫的。至多是，錢鍾書讀的書成了魯迅感悟的旁注。胡適也有很多與魯迅相似的觀點，陳西瀅有更多與魯迅相似的觀點，但如果把他們看成同一戰壕的戰友，局部看是可以找到論據的，從總體上看，我是不認同的，就像水和油，它們永遠不會交融。你的文章中轉引錢鍾書傳記中的那些錢魯互通的東西，我覺得就有一點想讓魯迅錢鍾書化，錢鍾書魯迅化，從而，想以錢魯本也一致，來否定謝泳的觀點。這不能說言之無理，讀之，實感不是滋味，就像宋美齡和劉胡蘭一起照相並互稱姐妹一樣不和諧——這又是一個蹩腳的類比。

對謝泳的觀點太過溫和，只講事實，似乎應該有一些批判的鋒芒。如你所指出的，把周氏兄弟捆綁和將錢家父子捆綁，這不是嚴肅的治學態度。其實，做為一個學者，做為一個什麼生的導師之類，他應該知道這樣做學問是不嚴謹的，是非理性的，他也不會看不出思辨的漏洞，但他還是這麼做了。他之所以要這樣一鍋煮，要模糊化，目的是什麼？

「周氏兄弟」有兩個內涵，像馮雪峰，他認為中國現代文學，如果沒有「周氏兄弟」就要降一個檔次（大意），他肯定周作人在五四新文化運動中的成就，是善意的；在現在所謂自由主義知識份子那裡的「周氏兄弟」，他們潛意識中，是讓魯迅陪綁在漢奸身上，目的是告訴人們，魯迅也不是什麼好東西，他們還藉魯迅與日本友人的往來，魯迅對居滬日本人的親善，暗示魯迅也可能是或者將要是漢奸。他們採取的是模糊暗示法，目的還是貶損魯迅。我以為，此文批謝泳的捆綁法、模糊法、一鍋煮之類就可以了，既要指出其非理性的一面，更要指出他們藉此詆毀魯迅的一面，至於錢魯互通之類，是不是可以另成一文？這還因為，你從錢傳中引出的這些，在《魯迅錢鍾書平行論》中都有，也不知道是誰歸納的結果。

關於錢鍾書周邊人的問題，他們到底有沒有影響錢鍾書呢？我感覺這只是推論，不好認定。從吳宓日記看，吳是相當敬服魯迅的，他不像顧頡剛，對往事耿耿於懷。至於葉公超，他是「英美派」中對魯迅評價最高的人，認為「罵他的人和被他罵的人實在沒有一個在任何方面是與他同等的」，還認為魯迅在新文學運動中是成就最高的，以致胡適都對葉不滿了。

我以為，楊絳是有影響錢鍾書的，他們夫婦通常是穿一條褲子，經常互相肉麻吹捧。楊蔭榆是楊絳的姑母，不論是不是楊絳的姑母，楊絳如果願意為楊蔭榆說幾句「公道話」之類，有什麼不可以呢？我們今天，只要持之有據，沒有什麼話是不能說的。關於魯迅與楊蔭榆的公案，也不是說不得的。假設魯迅在對待她姑姑的問題上錯了，魯迅錯在哪裡，哪些話是不能接受的，楊絳可以指出來，用事實和公理來為楊蔭榆討回公道。然而，她不是這樣，她只淡淡冷冷地對魯迅說了一兩句很「藝術」的話，這些話雖然讓人不好多說什麼，但其中的潛臺詞卻是相當豐富的。楊絳在《回憶我的姑母》一文中是這麼說的：「一九二四年，她做了北京師範大學的校長，從此打落下水，成了一條『落水狗』。」這話既表明了她的傾向，又讓人抓不著把柄，話能說到這種水準，一般是外交部的新聞發言人才辦得到的。魯迅從沒有把楊蔭榆當作「落水狗」，「落水狗」是針對梁實秋的。魯迅只說在「女師大風潮」中，她的言行有「寡婦主義」的味道。如果魯迅指明楊蔭榆是「落水狗」，那魯迅是錯的了。為了證明魯迅的錯，楊絳不惜讓她的姑母成了「落水狗」。說來巧了，楊蔭榆正是被日本人推入河中並槍擊死去的。從錢楊夫妻的恩愛程度以及高度的臭氣相投看，楊絳對魯迅的惡感，不可能不影響錢鍾書。

有鑑於吳、葉、楊三人與魯迅關係的複雜性，謝泳可以隨意，你似乎需要再梳理一下。彷彿吳和葉也不排斥魯迅。

有點文不對題，想到的就是這些，供你參考。欠妥之處，還請批評。

房向東

二〇一〇年一月二十九日

從狩獵到播種

當我為本書畫上最後一個句號時，真的，我有一種解脫了的感覺。

——《魯迅與他「罵」過的人》後記

我是一個典型的雜家。這之前的十來年，我在省內外發表的文章，有大幾十萬字，有雜文，有散文，有小說，有報告文學，有文學評論，有出版學術論文等等。那寫作的過程，多是自我感覺良好的經歷，有的甚至可以說是愉快的享受。就像不吸鴉片的人不知道吸鴉片的妙處一樣，不寫作的人也不知道寫作的妙處。往事追思的溫馨，思想發現的衝動，總之，可供作文的靈感來潮的震顫，那足以讓人雲裡霧中，忘乎所以，非一吐為快，不足以清心靜氣。寫作是一種高尚的精神活動，寫作的過程是幸福的——我常常覺得抄稿比寫作要苦，抄時雖然也要動腦筋，但近乎一種簡單寡味的勞動——我搞不懂了，一些門外人瞧不上幾塊錢的稿費也就罷了，一些文人常常抱怨稿費低等等，把創作貶得不值一錢了。我們為什麼而寫作呢？比如去卡拉OK是一種享受，但那是要花錢的享受；而寫作這種精神的享受卻是不花錢的，比起工人、農民的勞動收入，也還有頗為可觀的報酬。那麼，我們為什麼要厭倦呢？寫作不是為了賺錢，要賺錢為什麼要去寫作呢？我不懂。一切沒有把寫作當作精神享受而是當作謀生手段

的文人，終究是一個匠人，終究是可憐的；甚至比木匠、鞋匠還要可憐，因為木匠、鞋匠決沒有文人那樣多愁善感，死要面子。發了這麼多的雜感，我是想說，我先前的寫作經歷總的來說是愉快的。我把自己比做獵人，遊蕩在人生的大森林，捉到野豬吃野豬，打到山羊吃山羊。我絕不強求自己寫什麼，我愛寫什麼，就寫什麼，我是自由的，因為自由，所以寫作之於我，是一種快活。

而這回寫這本《魯迅與他「罵」過的人》，我感到少有快活，卻有著失去自由的不自在。考證的繁瑣，整理讀書筆記的單調等等，這些具體而實在的工作是如此之多！它佔去了我三年左右幾乎所有的業餘時間——這當然不包括過去相當長一段時間對魯迅的興趣——想拜訪朋友嗎？魯迅冷冷地看著我；想去玩耍玩耍嗎？魯迅冷冷地看著我；想早一點睡覺嗎？魯迅冷冷地看著我……魯迅是冷峻的，他的冷眼，讓我不敢稍有懈怠。而這三年，外界又有多大的變化呀！海地政變，索馬里的難民潮，波黑戰亂，還有什麼下海下海，以及七炒八炒的這個那個，在我的眼際都成了過眼雲煙，不太瞭解其所以然。雖不能說與世隔絕，但說我業餘時間主要是生活在魯迅的世界裡，卻不過分。如果說過去那種守株待兔似的等待靈感的自由寫作是一種「狩獵文明」的話，這回的這三十萬言，則是「農耕文明」了。我感覺自己由獵人變成了農民，我被捆到魯迅這塊土地上了，有計畫，有播種，還有種種牽掛，許多壓力。其中，有天災人禍，有田地以外世界的種種誘惑。當然，也有對豐收的憧憬，也多了實現美好計畫的自我約束力，也還要考慮收成以後，把果實「賣」給誰……背朝青天面朝土，我面朝的「土」就是魯迅的世界和筆下這打好方格的「秧田」。

動了寫作這本書的心事，現在想來，大約有這樣幾條原因：我不只一回，聽到名牌和非名牌大學的大學生們在我面前談到魯迅，他們在輕鬆地刻意表現自己瀟灑的同時——他們不願與沉重的沒有「可讀性」的魯迅為伍——用不屑的口吻說：「魯迅，無非就是罵人。」說得輕飄飄的。這類無聊的妄語，讓我激憤！當時，年長我十來歲的「老」朋友宋志堅寫了一本《魯迅與紹興歷代名賢》，他的選題啟發了我。於是，我就開始了現在這本書的「設計」與「備料」了。這就是這部書的緣起。

我還應該談一談這一本書的書名。雖然，魯迅在反駁他的論客的時候，也常用「罵」字。然而，將這個「罵」字放進書名，來描述當時種種文明的批評和社會的批評，少了一點嚴肅，多了一點廣告誘惑的色彩。我幾次和朋友談到，我想把這本書名改為《魯迅與他批評過的人》。但，較之於批判，「批評」顯然是言輕了，而魯迅又確實以批判的態度抨擊過不少正人君子者流。倘若改成《魯迅與他批判過的人》呢？較之於批評，自然是言重了，而魯迅又確實以批評的態度批評過同一陣營中的種種人。出於這樣的兩難，我最後還是選擇了「罵」字，它

在模糊的同時有特定的兩重性：對正人君子，它是抨擊批判；對同一陣營中人，是規勸批評。

寫作這本書，一個重要的工作是查找、核實、選擇資料。不少歷史問題，有種種說法，我當然要有自己的判斷。我每天晚上九點左右開始工作，深夜一兩點睡覺。順利時，一個晚上可得一兩千字；不順利時，僅得兩三百字。此中甘苦，如魚飲水，冷暖自知。現在的社會環境和學術環境都是比較好的，對魯迅「罵」人這一現象可以進行相對從容的研究。我在總體上是維護魯迅的，但在一些具體問題上，本著魯迅提倡的「好處說好，壞處說壞」的原則，不為尊者諱。這本書所表達的，只是我和我所傾向的觀點，不可能都是對的。因此，我在闡述我的觀點時，用的都是「我以為……」這樣的字眼，而不是「我們認為……」

現在，這30萬言終於畫上了句號了。我深深地吁了一口氣，總算完了。面對這一大堆的原稿，我甚至要表揚自己了，多不容易呀，我這樣自我稱讚。現在的愉悅，老實說，比起先前狩獵所獲，要深刻得多，我沒有了先前寫了一篇好文章那樣的得意忘形，而只是對自己淡淡地一笑，淡淡的。

我還要談一談這本書的序言。我與何滿子先生素昧平生，未謀一面。平時，我愛讀他的文章，認為他是當今文壇真知魯迅、真心維護魯迅的人之一，說他是魯迅的「信徒」也不為過。書稿完成後，我複印一份給何滿子先生，希望他能為拙作作序。何滿老回信說，他很忙，不可能看完全部書稿，只能抽看其中一部分，他想結合平時對魯迅研究問題的看法，談一些見解。因為與何先生並無交往，我不好言明我希望什麼樣的序。於今，先生的長文，與我的「意中文」正相契合。我覺得，序應該與書稿的內容相關，或者至少有間接相關的內容。現在場面上的一些序，言不及義，有的甚至與原著無涉，說的無非是「今天天氣哈哈哈……」之類的廢話。求序者是借名，作序者是賣名，無非是一則稍有個性的廣告而已。何先生的序，非應付之作，傾向鮮明，筆調生情，且在章士釗後人的奇談、胡風冤案、周氏兄弟的衝突等問題上，多有直言與新見。我誠惶誠恐，拙作與大序似難匹配，有掠美之憂。客氣話也難說，我向何滿子先生再表謝忱。

錢理群先生也是我不相識的，但我喜歡讀他的書，他和何滿子先生的作品，都是我「跟蹤」的對象，在書店，在報刊上，凡有見到我是必買必讀的。錢先生出差方回，於百忙中為我作了這一頗有見地的序，我亦十分感激。尤其讓我感動的是，錢先生還寫了一封不短的信，對拙著的宏觀把握和某些具體章節，都提了至為寶貴的意見。在此，我也向錢先生再表謝忱！

我還要感謝上海書店出版社和陸堅心同志，在當前出書難的情況下，他們沒有任何附加條件地接納了這本書，這讓我尤為感動！客氣話還是難說，也只能深表謝忱了。（一九九五年七月十八日夜）

《魯迅與他「罵」過的人》新版自序

這一兩年，生活和心態都有了不小的變化，不知不覺中，我竟有了感嘆滄桑的資本。怎麼說呢？不再有人叫我「小房」，而叫我「老房」的人卻一天天地多了。「老房」，這可不是一個好的稱呼，房子老了，就成了危房；危房，這裡要修補，那裡要修補，如果來了「龍王」，哪一天突然倒塌了，也未可知。我還真是「老房」了，頭髮稀疏，只剩下 8888 根；肚皮突出，先進了，總讓人看了不爽；血脂也高，尿酸也高，中藥也要吃，西藥也要吃……前些日子，卡斯楚生病，他說了一句有趣的話，大意是，他這部機器運轉了八十二年，現在要大修了。套過來，我這間「老房」風吹日曬近半個世紀，是不是也要翻修了？一天，一個朋友問我多大了，我說：「四十七歲了。」朋友不無訝異道：「沒想到，向東也是奔五的人了。」這「奔五」二字，讓我心驚肉跳。黃大銑有詩云「五十上壽自來稱，死去不算短命人」。電腦有奔二奔三、奔四，我卻成了「奔五」的老傢伙了。

說來也巧，也就是那天，南平的朋友許友明、鄒際平、邱江平等輪番用手機與我對話，邀我回去，我問何事，他們說，今年六月是我們插隊三十週年的紀念日！真叫「彈指一揮間」，如何不有「逝者如斯夫」之嘆！「朝如青絲暮成雪」，當年，十六、七歲，怒髮衝冠，每一根頭髮都直刺雲天。於今，我伸手撫摸，雖然無雪，卻也光光滑滑，簡直就是一個肉球！我還有再一個三十年嗎？我自問。接下來的日子我應該做些什麼呢？

於是，靜靜心，為自己訂了一個「奔五計畫」，就是在五十歲到來之前，我要做五、六件有意義的事，以獻給這座經常面對颱風的「老房子」，以示對得起自己。其中重要的一件，就是修訂《魯迅與他「罵」過的人》和《魯迅：最受誣衊的人》這兩本書。

如有神助，就在我實施「奔五計畫」的時候，出版社方面說了，這本書合約期十年已到，希望我能修訂。

經過一段時間的玩命，這項工程終於告罄。這次修訂，應該說是一本新書了：新寫了近三十萬字，新增加近二十篇。這些新增加的部分，大多是舊版「下編」提到的，現在進行了大規模的擴寫，也有個別甚至舊版「下編」也沒有提到的人物，比如，鄒韜奮等。對舊版的文字，可以說每一篇都進行了修改，或增加，或刪減，或對不準確的判斷進行相對科學的規範。

工程完工，要有一份總結，以下所言，算是對讀者的一份坦白。

關於書名。一九九六年本書初版時，書名是《魯迅與他「罵」過的人》，之所以叫這個書名，是出於在魯迅「批評過」與「批判過」的兩種類型的人之間猶豫，取《魯迅批評過的人》，

相對於魯迅對某些人的切實批判，顯然是言輕了；取《魯迅批判過的人》，魯迅又確實持批評的態度誠懇地批評過某些人。於是，我選擇了模糊，用了「罵」字。在出書的當年，為本書作序的何滿子先生就在來信中說過大意如此的話：用了「罵」字，似乎淡化了魯迅論戰的嚴肅性，多少有取寵於市場的考慮？《魯迅與他「罵」過的人》多次重印，印數不少，應該說為讀者所接受，儘管這樣，十年之後，在增加了一倍字數的情況下，我還是決計將其更名為：《魯迅與他的論敵》，雖然書中仍然有不切題的文章，有的人並未與魯迅形成真正的論戰，只是一方面的批評或抨擊，有的甚至只是私下通信時的隨意而談，但從總體上看，這樣一個書名，是要比舊書名多了莊重，也多了超越具體的形而上的意義。

關於標題。有的標題舊版不夠準確，我把它改得相對準確一些；有的增加了一些內容，舊標題難以含蘊，自然要改過了……導言的標題原來是《魯迅「罵人」現象面面觀》，現在想來這個標題很不好，客觀上給人的感覺只是魯迅在那裡罵人，其實，更多的情況下是別人在罵魯迅。而且，這許多論戰，豈是一個「罵」字了得！於是，改成了《多維視野中「魯迅與他的論敵」的再審視》。關於魯迅與葉靈鳳那篇，原標題是《「滿嘴黃牙」與「齒白唇紅」》，現在改成《「陰陽臉」與「流氓畫家」》，雖然有人挖苦魯迅「滿嘴黃牙」，但確實不是葉靈鳳說的，魯迅回敬「齒白唇紅」，也只是統而論之，並非只是針對葉靈鳳。況且，這兩句對罵，與他們之間的衝突並沒有直接聯繫，換句話說，不反映他們論戰的本質內容，還真是不改不行。此外，有關梅蘭芳、胡秋原等等人的，標題都改過了，有興趣的讀者，如果對新版和舊版的標題做一下對比，應能體味其中的種種變化。

關於內容的變化。舊版，有的人物論述得很不充分，比如成仿吾等，我進行了較大範圍的補充。可以說，舊版的每一篇，多多少少都增加了新內容、新見解。舊版，有的判斷不準確，這比較典型的要算邵洵美這篇了。在舊版中，我取題目《「盛家贅婿」》，這是魯迅的話，文中，對邵洵美多有同情，對魯迅小有責怪，在文末，對魯迅不厭其煩地反覆提到富家女婿事也不以為然，認為憤怒使魯迅的理性沉睡，認為魯迅沒有如他自己所要求的「止於嘲笑，止於熱罵」。這幾年，為邵洵美「抱不平」的人多起來了，邵洵美大約又要熱起來了，我十年前為邵洵美說的幾句好話，還正合目下時宜。然而，這次修訂，我重寫後的標題是《「盛家贅婿」的「這般東西」與「軍事裁判」》，對邵洵美是大加撻伐。新版的結論與舊版不說完全相反，至少也是大相徑庭。有什麼辦法呢？事實如此，我只能如此。我為自己十年前的「研究」，感到羞愧！還有的，整篇文章無大問題，但局部的判斷帶有隨意性。比如，關於梅蘭芳那篇，舊版我曾有這樣一個判斷：「從目前的史料看，我們看不到魯迅與梅蘭芳有什麼個人恩怨。魯迅『罵』梅，有沒有引起梅的抗議呢？至少我沒有看到這方面的文字，我這樣推測，梅蘭

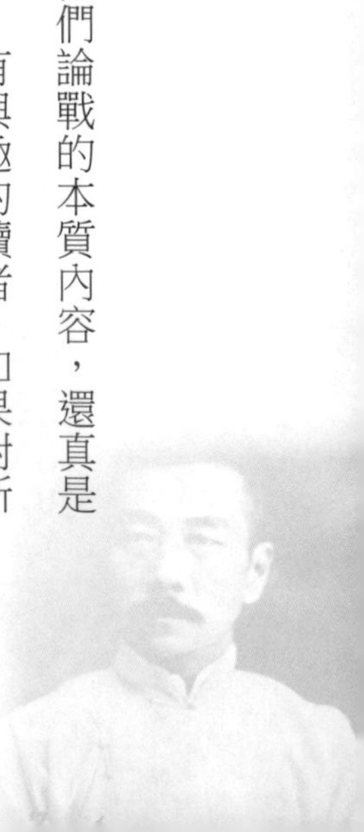

芳生前甚至可能還不知道魯迅罵過他哩。」不久前，一個電視節目中也說，梅蘭芳根本沒有看過魯迅罵他的文章，他很忙，沒有時間看。現在看來，這個判斷大成問題。袁良駿先生在《再談魯迅與梅蘭芳》一文的結尾「附帶」說了這樣一件「據王瑤先生生前提供」的事：「解放後梅蘭芳先生身為全國文聯副主席，但所有紀念魯迅生辰、忌辰之會他一概缺席或提前退席。」如此看來，梅蘭芳不僅知道魯迅對他的批評，並且是耿耿於懷的。此外，關於葉靈鳳一篇，舊版給人的感覺是魯迅先找葉靈鳳的碴，而這次重寫，事實卻不是這樣。總之，內容的調整是全面的，俯拾即是的。經過十年的積累，我認為，現在的版本更接近客觀，雖然其中肯定還有諸多問題。如果有心的讀者，將新舊版本對比著讀，我相信，可以讀出我十年前的膚淺和浮躁。當然，這是自責，不會有人有耐心去做這樣的對比的，也沒有這個必要。

關於兩本書部分內容的合併。《魯迅與他「罵」過的人》與《魯迅：最受誣衊的人》，屬「姐妹篇」，前者，是關於魯迅生前論戰的；後者，是魯迅死後他人對其誣衊的。有幾個人物兩本書都有涉及，他們是：周作人、徐懋庸、施蟄存、吳組緗、夏衍等。情況各不相同，但都在魯迅去世後，他們也加入了鞭屍者的行列，為了讀者閱讀方便，也為了文章的完整，我就做了一些技術處理，使之合二為一。這樣，《魯迅：最受誣衊的人》內容要相對少了，這沒關係，下一步我修訂時，一樣會增加許多新的內容的。

關於「下編」人物。舊版分上下編，「下編」人物一律沒有展開來寫，只是簡單介紹，以做備忘。上面說了，「下編」人物我抽了十幾人，擴寫成現在這個樣子。本來，我想把其他的刪了，宋志堅也是持這樣的觀點。我與魯研界的幾個朋友談了，大多認為大可不必，文字雖少，像是小品，畢竟留下一鱗半爪，也有可讀性；當然了，以我而言，收集起來，也算費勁，扔了可惜。這樣，「下編」的結局有三：一是擴寫，比如陳仲山，我竟寫了一萬三千字；二是刪了，比如，康有為、梁啟超，他們不是時人，魯迅對他們有議論，就像魯迅對孔子有議論一樣，屬於「歷史人物論」，與論戰無關；三是能保留的就保留了，做為附錄，我取了一個名字：《魯迅論及的若干時人》，每篇提取一個小標題，以方便讀者閱讀。

關於人名的改動。在舊版中，陳源，我用了他的本名，魯迅與他論戰時，多用「陳西瀅」，也用陳源。考慮到他的「閒話」的影響（後來出書，就叫《西瀅閒話》），我把相關文章的副題改為「魯迅與陳西瀅」。林琴南，也由於差不多的理由，改為「魯迅與林紓」。

關於注釋。舊版注釋採取句後注的辦法，似也不夠規範；新版全部改成篇後注（文後注）。應該說，這注釋是極煩人的事，花去了我不少時間！我是盡量將其做好，少留遺憾。但是，我得坦白，還是留下了不少的欠缺，由於時間過了近十年，有的舊資料已在歷次搬家過程中散失，實在找不出引文的出處了；有的只能標明作者和文章名，文章出自何書，卻怎麼也找

不到；有的有標出書名和出版社名，但因為手頭沒有書，所以沒有標明是哪一年版的……好在這樣的情況為數不多，責編在編輯過程中如能為我補救，那我將感激涕零。我估計，有的只能留下遺憾了，我要向讀者致歉。

關於硬傷。雖然重印幾次，也還有硬傷在。比如，「惋惜」寫作「婉惜」；「直面慘澹的人生」，寫作「滲淡」等等，進入眼簾的，自然順手一一改過。有的地方，勉強也通，比如，「導言」中有一句「只要理智健全的人，也不會因此而否認魯迅的偉大存在」，我把「理智」改成了「理性」，應該會更準確一些？在關於周作人的一文中，有這樣一句：「『大家都是可憐的人間』，大家是人間，句子顯然是不通的，這是否因為情急？」後來，學過日文的王彬彬先生告訴我，這不算問題，周氏兄弟都留學日本，他們往來書信中有不少日文句式的表述。王說得有理，我就把它刪了。凡此種種，不一一列舉了。

回想起來，我是一九九三年開始寫這本書的，寫了三年，一九九六年底出版。時間一閃就過了十年。十年前，三十來歲，年輕，精力充沛，敢想敢說，不少論點不免失之於草率。那時候，思想沒有現在這樣成熟，史料也沒有現在這樣充實。於今，應該說人是相對沉穩了，學問也相對紮實，現在關於魯迅的史料也是最齊全的時期，當事人該說的話都說了。我要說的是，十年以後的修訂，雖然沒有像上世紀九〇年代那樣花那麼多時間，但這也確實是我十年斷斷續續積累的結果——《魯迅與他「罵」過的人》出版以後，我就一直關注著相關研究、相關史實，並不斷地收集、思考。這裡，我要做一個廣告：二代產品，比一代產品要好多了！

何滿子先生年事已高，身體稍不如從前，但應我所求，欣然為新書名題署，這是讓我感動並要深致謝意的：十年前他為本書作序，十年後還給本書以新的支持！一次，出差滬上，何滿老賞飯，說了他的「三不一要」：不戒菸，不戒酒，不鍛鍊，要罵人。據我所知，何滿老每晚要喝一兩二兩的白酒，長期如此，前年病後，在醫生的勸導下，酒是不再喝了，菸彷彿也不再吸了。可是，看他最近新書比如《遠年的薔薇》，我讀了其中關於魯迅的一組文字，依然滿是酒性。願何滿老健康，在於今這奶氣很足、肉香很濃的文壇，為我們多寫作一些有酒氣、有血性的文章。

本書曾經的責編陸兄堅心，現在是我的老朋友了。新書由他終審，看他新添許多白髮，讓我更多了幾分安心。由他把關，我沒有理由不放心。完顏紹元應是我的學長，他為此書的再版做了很多工作。我到上海出差，多去拜訪陸兄，一般的情況是，另加完顏兄，我們「親切交談」，讓我的旅行包中除了衣物之外，還擠進二位先生的智慧，太過沉重，還好，可以託運。陸堅心的布鞋和完顏紹元的藍色中山裝，把我拽回了歷史，在這花花綠綠的世界，還有這樣的古董，與他們對話，我有了把玩往事的愁緒。當然了，他們未必總是這麼「落拓」，

有時，也像所有的上海人一樣洋氣哩，不過是洋氣的他們並沒有給我留下特別的印象而已。再次向二位老兄表示感謝。至於責編，尚不認識，我也要向她表示感謝，這樣一本五、六十萬字的書做下來，足夠她勞心費神的，「為伊消得人憔悴」，做為出版從業人員，我可以想見，許許多多的編輯在為他人做嫁衣裳的同時，自己卻苗條許多。當然，還要感謝上海書店出版社，他們為現代文學、為魯迅，做了很多有益的工作，我和魯研界的很多朋友一樣，對他們懷有敬意。

這幾天，痛風再次發作，腳痛如割、似絞，節日裡，處處笙歌，觥籌交錯，我在書房一字一字地敲出這篇後記，小狗豆豆窩在我椅子邊上，她兒子小寶則趴在我腳下。有朋友邀飲，因為這自序，也因為這灼心的疼痛，我婉拒了。此時，看自己甚至花白了的鬍子，又想起那兩句杜詩「艱難苦恨繁霜鬢，潦倒新停濁酒杯」，此後我的文章不會也多了奶氣和肉味吧？真要別酒，了無生趣，讓人神傷！

唉，老了。

作　者

二〇〇六年十月一日於桂山釣雪齋

關於《魯迅：最受誣衊的人》的一封信

陸堅心先生：您好！

我們從農曆二十八，也就是新曆二月十三日就不怎麼上班了。我立即著手研究倪墨炎先生的審讀意見，對書稿進行補寫、修改，整個春節基本上沒有外出，現在就要上班了，也終於脫稿了，還望兄多關照、多費神，使其能早日面世。

倪墨炎先生是我敬重的當代學者之一。我在請他作序的信中說：「……先生的文章我是常讀的。先生做學問態度之嚴謹，考證之精細，都是我望塵莫及的。先生與一些學院派的先生們也還有區別，他們多是有學術而少思想，有史而少識……」你們社請他審讀書稿，他提了許多寶貴的意見，對我來說，真是獲益匪淺。

遵照倪先生的意見，我在一些地方做了修改。比如，最近新出版了徐鑄成的《報人六十年》一書，根據這本書提供的資料，我增加了不少新內容。關於千家駒一節，也增加了一兩段話。補充兩篇，一是關於董橋的，一是關於朱健國的。董橋一篇，是倪先生在給我的信中提示的，藉此修改的機會，正好補上。

這些我就不贅述了。但有一些問題，我與倪先生有不同見解，在這裡我想做一些說明。

一、關於李長之的「魯迅不是思想家」問題：一方面，確實不好說是一種「誣衊」，這我在《導論》中已說得很明白：「一些人對魯迅的批評，似乎不好說是『誣衊』，比如，李長之的關於魯迅不是思想家的觀點，曹聚仁的關於魯迅的成就與陳西瀅們也不差上下的觀點，還有柯靈、徐鑄成等人對魯迅的見解，應該說，不失為是對魯迅的一種批評，不是誣衊和謾罵。這只是一種批評，但這種批評在我看來未必正確，因而我有話要說，如此而已。……這裡，我把這種情況突出出來，我想特別說明的是，他們不是如書名所示，是誣衊魯迅的人，不是的。」另一方面，正如倪先生所說，這種觀點比較有代表性，就是到了今天，也還有人持這樣的看法。這就客觀上要求我們弄清魯迅研究上這一大是大非問題。是的，李長之持的是一種學術觀點，學術觀點可以自由存在，但不等於說對學術觀點不能進行正常的學術批評。

「魯迅不是思想家」，這是明顯的站不住腳的觀點。倪先生的意思要對魯迅是思想家進行理論上的論述，如此才會深刻。在我看來，在今天，「魯迅是思想家」的命題，就像「毛澤東是政治家」一樣，不僅為學界所熟知，甚至可以說是家喻戶曉的了。這不是問題。關於「魯迅是思想家」的理論著作可以說是汗牛充棟。我若是再從理論上闡述「魯迅是思想家」，一很難出新，二這不是這樣一篇文章就能解決得了的問題。儘管如此，為了尊重倪先生的意見，我還是簡明扼要地補充了一段關於魯迅是思想家的議論。

二、關於鄭學稼所言「魯迅不是革命家」問題：我以為，倪先生的見解是不錯的，他說：「如果『革命的作家都必然是革命家』，或『他的作品具有革命的意義因而是革命家』，實際上也等於只承認『魯迅是革命作家』，而不存在『魯迅是偉大的革命家』的命題。」他的意思是，革命的作家或作品具有革命意義的作家與革命家是有區別的。沒錯，我不否認這種區別。問題是，我的文章本身並不違背倪先生的見解。我認為，我文章的層次還是十分明瞭的：魯迅不僅有具有革命意義的作品和思想，還有革命的切實行動。他不僅是革命的作家，也是切實投身革命活動的革命家。若是詳細讀了文章本身，大約不會說我只把魯迅看成「革命的作家」。

至於對鄭學稼的批判，我認為，他最為要害的觀點，或者說，他與眾不同的觀點，就在於他否認魯迅做為革命家的存在。倪先生認為這不是鄭學稼問題的要害，那也只能說是見仁見智了。

我已經在文章中解決了魯迅是革命家的問題，還怎麼進行「理論上的分析」呢？魯迅是不是革命家，這是歷史事實問題而不是所謂的理論問題。魯迅在思想上對革命有哪些貢獻等

等，這才是理論問題。

三、關於「大批判的味道」問題：我以為，一、這是個人行文的特色問題，有的文章溫柔敦厚，有的文章怒髮衝冠，我們不能要求天下文章一樣規範；二、比起鄭學稼之流對魯迅的謾罵，我在文章中用了幾句不夠客氣的話，這也算不得什麼大過。他們罵魯迅可以，我「大批判」他們幾句就不行？何況，我的文章也不是不講理。倪先生若是指出我不講理的地方，我是要改的，至於「味道」問題，是不是不必強求一律呢？林黛玉身上的「味道」與魯智深身上的味道肯定是不一樣的，有什麼辦法呢？三、同樣是我的文章，何滿子先生卻有不同的見解，他倒認為，我太過於客氣，罵得還不夠淋漓盡致。他在一九九七年十一月四日給我的信中說：「至於鄭學稼，曾被當年《文摘》（復旦教授們所辦的進步刊物）主編孫寒冰斥為『文痞』，本是宵小之徒，對此類人的討伐還可嚴厲些。……這類人其實都是不值一嗤的。……以不屑之態對之，等於議論一隻蟑螂之態就可以了。」何先生又說：「兄主張『不以罵對罵』甚是，但對象不同，如對流氓惡棍，怎麼能說理呢？魯迅也有『五講三噓』，『噓』法是可用的，不能自礙手腳。總之，要有對象。氣甚於理固不好，但理直則氣壯，也不能太君子之風。」您通讀稿件，從中不難看到罵魯迅的人是怎樣對魯迅實行「大批判」的，比起他們，我的文章應該算是客氣得很了，不知您以為然否？

四、關於「對罵魯迅的人物要有區別」的問題：這觀點無疑是對的。每一個人都是一個「個案」，我在每一篇的行文中根據各個不同的情況，就已經有所區別。但是，如果硬要把他們「區別」為幾種類型的人，是不是有讓人為難之處呢？有一萬個人就有一萬個哈姆雷特，一樣的，有一萬個人就有一萬個魯迅。我只能針對每一個人的觀點進行批駁，似乎沒有必要把某幾個人歸於一種類型，把另幾個人歸於另一種類型。

五、關於書名：目前的書名，唯一的問題就是怕得罪某些不是誣衊魯迅而又被列入本書的人。這一點，我前面已強調過，我在《導言》中已對這個問題做過區別，想必不會有大問題。何滿子先生認為《魯迅：最受誣衊的人》要比《不能還嘴的魯迅》好，去年六月四日，他在給我的信中說：「新書名好得多。老實說，原名略見傖俗，口語化有時用得恰當是可取的，但多數情況下，以用魯迅所說的『煉話』為好。實不相瞞，我至今乃覺得《魯迅與他『罵』過的人》這一書名也不能令人滿意。」當然，你們若是認為《不能還嘴的魯迅》要好，要省事，那麼，就用這個書名，也是可以的。

六、關於時間「下限」問題：有必要訂個「下限」嗎？我是針對我所見到的一切罵魯迅的觀點進行批駁，而不管他在什麼時候罵。上面說了，這回我又補充了一篇抨擊朱健國的。朱的文章發在去年十月份的《文學自由談》，這可能是最新的了。倪先生一方面認為沒有把

王元化、王曉明比較新的內容寫進書中，一方面又建議把時限定在新中國成立前，這是不是反映了他對某些問題的矛盾呢？

七、關於王元化和王曉明問題：王元化對魯迅研究是有貢獻的。他認為魯迅在《二心集》以後，除少數作品外，已不再保持他原有的文風、風格。這是學術問題。我覺得，魯迅前後期的「文風、風格」，確實有不一樣之處，以小說而言，《故事新編》的風格就與《吶喊》等不一樣；《華蓋集》與《熱風》也不一樣。不僅風格不一樣，有的甚至是思想觀點不一樣。王元化不是像某些人那樣，肯定魯迅的前期，否定魯迅的後期，如果是這樣，那就值得書上一筆了。他只是說魯迅前後的「文風、風格」不一樣。「不一樣」未必就是否定，也可以是肯定。也可能既不肯定也不否定，只是道出了一個事實。

一個作家的風格為什麼都要前後一樣呢？為什麼要始終如一呢？丁玲「文風、風格」也是前後不一的，但時人寫的文學史多是肯定她的後期。何其芳的前後期也是判若兩人的。因此，我目前還不打算把王元化也當作我的抨擊對象。

王曉明的《魯迅傳》，我也粗粗地翻了一遍，我似乎不見有關於魯迅沒有得到性慾的滿足，所以罵人的議論。關於魯迅晚年多病，所以煩躁、愛發脾氣的議論是有的。這幾天，我又翻了王曉明的《魯迅傳》，我的印象是，書中王曉明本人的感受多於客觀的研究，作者注重魯迅內心世界的探索，對魯迅並無惡意。說魯迅晚年多病也是一個事實，病中的人容易發脾氣，這也是常見的事。

關於魯迅性慾沒有得到滿足所以罵人，這是梁實秋說過的話；關於魯迅身體不好所以愛罵人，這是林語堂對他女兒林太乙說過的話。本來，我是要把這些內容寫進《魯迅與他「罵」過的人》一書中去的，當時考慮這些從生理和性格的角度談問題，一是不能說是全無道理；二是對這些問題的議論，可能會沖淡了主要問題的闡述，所以略去了。以後若有機會修訂，我將採納倪先生的意見，把這些內容補進《魯迅與他「罵」過的人》一書中。

八、關於《導言》的寫法問題：不少同類書有類似寫法的，比如，《現代文學三十年》等。導言是總結，各章節是展開。自然，文字應盡可能簡約。我已做刪改，似乎刪去了兩萬字左右。

寫書確實是一件遺憾的事。《魯迅與他「罵」過的人》出來後，我不斷接觸到新資料，很多地方需要做補充。但是，一本書不能到了盡善盡美以後再出版，何況現在也確實有一個誰先佔領圖書市場的問題。倪先生也認為，此書沒有政治問題，做了一些修改後，還是可以出版。讓我欣慰的是，這一點，你們似乎也是持一樣的看法。

我有一個打算，《魯迅：最受誣衊的人》出來後，過一兩年，我將根據新收集到的資料，

做一次修訂，同時，把《魯迅與他「罵」過的人》也再做一次修訂，然後將兩本書合為一本，用《魯迅：最受誣衊的人》做書名。這樣，兩本書的一些內容可以合併，如關於周作人的，關於施蟄存的等等。《魯迅與他「罵」過的人》下篇的某些人物還可以擴大為獨立的一篇。如果你們能接受，同時又有讀者的話，我希望修訂本也在貴社出版。這是後話了，只能以後再說。

九、關於附錄問題：我非常希望能將其留下。在《導論》中，我已把這個問題交代清楚：「我選了幾篇文章做為附錄。選聶紺弩的文章，是因為我認為他對沈從文、向培良的批駁，已經把道理說透，我再去說，也不可能比他說得更完整、更深刻。王朔對魯迅的攻擊，其主要的觀點，比如魯迅與內山完造的關係等，我在關於鄭學稼等的文章中都已提及。我覺得他的談話，除了表明了他和王蒙一樣也加入了『罵魯』陣營外，所罵內容都是陳詞濫調。我沒有必要再去重複理睬這些無聊的惡意的誹謗。此外，陳漱渝先生已經寫了一篇十分有力的文章，有了它，就足以讓讀者明白王朔是怎麼自作聰明的了。至於杜浙的文章，我要說的是，與以上所選各篇一樣，它們所表達的，都是我所認同的觀點。我的書稿交給出版社時，我選出其中幾篇或某篇的某段給一些讀書類報刊發表。其中，從有關王蒙的那篇選出一段，取名為《嵇康為何而死》，發表在《中華讀書報》一九九八年六月十七日。同年九月十六日，《中華讀書報》發表了蔡仲德先生的《關於嵇康的死因及其他》和張峰屹先生的《也談嵇康為何而死》兩篇爭鳴文章，對此，我又寫了一篇《再談嵇康為何而死》，蔡、張文章與我的《再談》，有關書中內容，我也將它們附錄其後。我還選了我的另外一篇關於郭沫若的文章，郭沫若與魯迅在人格上有大不一樣之處，但我之所以也將其擺在書中，是要說明，罵魯迅的人和罵郭沫若的人，其秉性，是有很多相同之處的。」總之，「附錄」是為了讓讀者對「罵魯迅」這一現象有更為完整、全面的瞭解。

另外，附上倪先生的兩封信的影本，只要你看看就行。以上意見，肯定有不妥之處，請陸兄多多指教。過幾天，我會電話與您聯繫。祝

新春快樂！

房向東

一九九九年二月二十二日

魯迅門下走狗

回想起來，早時候我並不是很喜歡魯迅，更沒有打算研究魯迅。我覺得魯迅的作品太難懂，有一股苦味，還有一股澀味，讀起來累人。魯迅就像一顆我當時並不愛吃的青橄欖。讀書應該是愉快的，誰願意自找苦吃呢？

後來，讓我下決心研究起魯迅並對魯迅產生了深深情愫的，是因為一些無知妄人的妄語。一些場面上的人輕飄飄地說：魯迅，無非就是罵人。而且，在文壇上，輕薄魯迅，幾乎成了帶週期性的感冒。這讓我生氣！於是，我帶著問題開始研究魯迅，我要搞清楚魯迅的所謂「罵人」問題。從一九九二年到一九九五年，經過三年的努力，我寫成了三十多萬字的《魯迅與他「罵」過的人》（上海書店出版社出版）一書。這是一本「宣戰書」，我要向一切罵魯迅和輕薄魯迅的人宣戰。在寫作這本書的過程中，我讀了很多有關魯迅的文章，當然，也讀了很多魯迅作品，我原來對魯迅的粗淺的片面的認識深刻化、全面化了。我從《魯迅全集》的苦澀中讀出甘味，這種清甜的甘味，不絕於舌，不絕於心，魂牽夢繞，似乎已經融入了生命。或者這麼說吧，對我而言，這時的魯迅已不是什麼青橄欖，而是精神鴉片——我離不開它了！

寫《魯迅與他「罵」過的人》，我覺得自己還是比較理性的。我像一個戰士，與魯迅的「怨敵」戰鬥。既是戰士，當然還是人。我有點像魯迅墳前的守墓人。誰來冒犯魯迅了，我與他說理、與他爭論，甚而至於，我把他趕走。同時，我又覺得自己像個審判長，我要對歷史舊案逐個審理，讓現在的人看清事實真相。不過，應該說我是一個非法律意義上的審判長，我當然是有感情傾向的，我當然是要維護魯迅而抨擊魯迅的論敵的。

寫完《魯迅與他「罵」過的人》——這本是針對魯迅生前論敵的——覺得意猶未盡，魯迅死後，還有很多作家、學者以誣衊魯迅為勳業。這些人誣衊起魯迅來，比魯迅生前的論敵更有過之而無不及。在某些人眼裡魯迅是洪水猛獸，將引發地震。當時我想，魯迅已經死了，我是在與鞭屍者戰鬥。面對著那些蠻橫不講理的人，比如蘇雪林，她罵魯迅「褊狹陰險，多疑善妒」，「是一個刻毒殘酷的刀筆吏，陰險無比，人格卑污又無恥的小人」，誣衊魯迅是「玷辱士林之衣冠敗類，二十四史儒林傳所無之奸惡小人」。（《胡適來往書信選》中冊）對於蘇雪林這樣的人，又有什麼道理可講呢？就好像一隻狗在狂吠，你卻對牠逐層分析、批駁，這不是對狗彈琴嗎？對於這些狂吠者，我覺得我的文章比他們更兇猛。於是，我又花了兩年多時間寫了另一本三十萬字的書：《魯迅：最受誣衊的人》（上海書店出版社出版）——這本書是針對魯迅死後對魯迅的種種誣衊的——在寫批駁蘇雪林們的文章時，我常感到青筋爆出，

血流加快，心中充滿了憤怒的激情。我想像著他們是狂吠著的狗，寫著寫著，彷彿自己也變成了狗，我衝上去了，我咬他們了。這時，我感覺我真成了魯迅墳前的一隻狗，一隻守墓的狗。

齊白石刻了一枚私章，謂：「青藤門下走狗」，以示對明朝徐渭的尊崇。最近，又有《王小波門下走狗》一書行世。在一次學術研討會上，我說了以上由人而成為狗的感受，與會的不少魯迅研究專家大為感動，說我與一些學院派學者的不同，就在於我有憤怒的激情，是戰士。還有的學者對我說，由人而成為非人，這是一種宗教感情。是的，我對魯迅是懷有神聖的宗教感情。其實，何止是我呢，我覺得，很多魯迅研究者，很多魯迅的喜愛者，對魯迅都是懷有一種神聖的宗教感情的。前年的一天，我再次到上海魯迅紀念館參觀，紀念館館長王錫榮先生請我吃飯。那天，下著大雨，虹口公園內幾乎空無一人。飯前，王錫榮說，我們到魯迅墓前走一走吧！於是，他和我，還有李浩和趙敬立先生，我們打著傘，站在魯迅墳前，大家不說一句話，就這麼瓷立了三五分鐘。魯迅墓，我來過多少次了？而紀念館的王錫榮們更是天天與先生相伴，我為風雨中的我們感動了！我們這樣的舉動，完全出乎自然，甚至是出乎本能，我們是不是成了「魯教」的信徒？不過，不論信徒不信徒，有一點是肯定的，我們全非非理性的動物，我們對於魯迅的愛，完全出於我們的火熱而又冰冷的理性。

我願做魯迅墳前的一隻狗。這是一隻孤獨的狗。哪怕下著大雨，哪怕烈日曝曬，哪怕魯迅墳前竟無一人光顧，我都要日日夜夜守著我心中的魯迅，守著我心靈的家園。如果有誰對魯迅狂吠，我當然還要衝上去與之撕咬！一座孤墳，一隻野狗，餐風又宿露，荷戟獨徬徨！

我又想起魯迅曾說過的話，他說，他是一隻受傷的野狼，獨自跑到荒野，用舌頭舔乾自己身上的血跡，然後又繼續戰鬥。狼是孤獨的，在電影中，我們可以看見雪地裡孤獨的野狼，在對著長天嚎叫，那就是魯迅。由人而成為狼，也正是因為他懷有憤怒的激情和神聖的感情吧！

哦，非人，與其說非人，不如說是「忘我」。我丟失了，丟失在魯迅的荒野裡，我成了魯迅墳前的一隻狗。

宏觀反思 微觀透視

——介紹張夢陽的《中國魯迅學通史》

張夢陽先生是屬於那種寫文章而文章不太多的人。他是中國社科院專業的研究者，按照現在的行情看，他也應該躋身「著作等身」者的行列，然而，市面上看到他的書，彷彿就是那本《靜齋夢錄》（也許還有些影響不太大的研究性論著）。書有含金量，我一聽說某個作者一年當中就出了兩三本書，這樣的書我是要打問號的。如果說有金子一樣的書的話，那麼，匆忙急就的書就只是「銅書」（因為是「銅書」，不可避免地帶有銅臭）。寫作是創造性勞動，而不是流水作業。成就一本書是要花費寫作者巨大的心血的。先前，有「一本書主義」的說法，這既說明一本書可以給作者帶來名聲，也說明一本書的誕生是多麼艱難！我不知道張夢陽的這本一百二十多萬字的《中國魯迅學通史》（以下簡稱《通史》）寫了多少時間，黃樹森先生說他是「抽血敲髓，化精吐哺，幾乎耗盡一生打造『魯學』這一品牌」，這話我是相信的，我認為，這是一本含金量頗高的書。

我知道，為寫這本書，張夢陽做了極大量的基礎工作。我有一套他用了九年時間主編的

《魯迅研究學術論著資料彙編》（16開、五大本又一分冊，共一千萬字），這套書惠及所有的魯迅研究者。他做過如此實在的資料工作，由他來寫《通史》是最合適不過的了，可以想見，他的《通史》是厚積而厚發。林非先生說：「他在自己深深摯愛的魯迅研究這項工程中間，竟前後擲下了二十餘年的工夫，不住地摩挲玩味，沉思冥想，真是達到了如癡如醉的境界……」人生有涯，他竟與魯迅這樣的孤老頭相守二十餘年！這二十餘年是改革開放的二十餘年，外界有多少的誘惑啊！這二十餘年，文壇、學界出了多少立竿見影的成就啊！可是人們幾乎不知道有一個張夢陽——比起時髦學人的喧囂，他真是寂寞又孤獨。這並不是太多的人所能做到的。

這部書分上下兩卷，上卷是宏觀反思，主要界定魯迅學和魯迅學史的概念和內涵，闡明研究魯迅學史的意義以及該書的框架與要義；從宏觀上描述做為二十世紀中國一種精神文化現象的魯迅學的發展史。下卷是微觀透視，對《野草》學史、阿Q學史、狂人學史、《故事新編》學史、雜文學史等主要專題學史進行學術梳理；對魯迅學中魯迅本體與魯迅映象的關係、學術哲學問題，以及魯迅與二十世紀中國精神解放、思維變革的雙向互動進行理性反思。

魯迅研究是一條曲曲折折但沒有盡頭的路，我們可能在路的這一頭或那一頭、這一段或那一段看過這樣那樣的風景，我們可能喜歡路邊的野草，從而用更多的時間駐足；我們也許

不喜歡那朵新開的花兒，便就匆匆而過，忽略不計，彷彿這一路上並沒有這朵花兒的存在……張夢陽卻不同了，他、他帶著我們，一路上逶迤而來，讓我們看盡了將近一百年來魯迅研究的風光，他的《通史》真是像一幅歷史長卷，逐頁翻檢，他將中國魯迅研究的歷史向我們款款展示，展示的同時，他向我們論述著。看完這部書，我的感覺是，我穿越了歷史隧道，在魯迅研究的歷史長廊進行精神的、思想的旅遊，張夢陽的展示是這次旅遊的各種風景，張夢陽的論述，卻似一份絕佳的導遊詞，是他對各種魯迅研究景點的個性化理解與詮釋。

可以說，幾乎所有魯迅研究的著作都進入了他的眼簾，但他的宏觀描述，也不是流水帳，他有所突出，就像中國現代史有鴉片戰爭到五四運動等幾個點和幾個代表人物一樣，他在描述的過程中也抓住了幾個關鍵人物的關鍵著作。比如，他認為，張定璜的《魯迅先生》是中國魯迅學史上最早對魯迅進行科學闡釋的論文，雖然有其偏頗，但卻把魯迅初登文壇後中國精神文化界所產生的煥然一新的感覺真切地表現出來了。他又認為，茅盾的《魯迅論》，則是把已經取得權威地位的一九二七年以前的魯迅及其作品給以中國人的總體感受全面勾勒、概括盡了。再有，瞿秋白的《〈魯迅雜感選集〉序言》，至今在中國魯迅學史上仍然保持著里程碑式的歷史地位，對魯迅在二十世紀在中國政治思想史和文藝鬥爭史上的價值做了高度的理論總結。此外，他還點出了毛澤東三、四〇年代之交的魯迅論，以及王瑤、王得後、王富仁、錢理群、汪暉、王乾坤等人在魯迅研究史上某個特定方面所取得的特殊成就和產生的特有的影響。他突出了這些特定人物的特別貢獻，也就在宏觀的描述當中有了座標，有了具有代表性的標誌物。

以上只是從宏觀的結構上看，到了具體的內容，書中處處有真知灼見在閃爍，從中我們不難看出張夢陽的學術勇氣。

關於反對神化魯迅，這已經有很多文章面世。其實，所謂神化魯迅，從根本上說是利用魯迅，就像魯迅寫的《在現代中國的孔夫子》中所指出的那樣，中國某些人的尊孔，是把孔子當作敲門磚；某些人的神化魯迅，是透過魯迅達到自己或某一利益集團的目的。然而，反對神化魯迅的直接後果，可能會不可避免地造成俗化魯迅的現象發生。張夢陽的可貴之處在於他提出了反對「俗化」魯迅的問題。他認為，「這實際上是以小市民的庸俗心理揣度魯迅，把魯迅拉入庸俗化境地的一種惡劣傾向。」張夢陽舉了三〇年代《我來勸勸魯迅這老頭子》等文章俗化魯迅的例子。這說明，俗化魯迅由來已久。

我要說的是，粉碎「四人幫」後，對神化魯迅的矯枉過正，便是有意無意地俗化魯迅。俗化魯迅的人打著把魯迅「還原為人」的旗號，把魯迅世俗化甚至庸俗化。他們要把魯迅變成什麼樣的人呢?如果是一個真實的人倒也還罷了，他們要把魯迅還原為一個有著低級趣味

的人。我所見到的當代的某些例子，可以做為張夢陽觀點的注釋。我曾在福建的一張小報上看到據說是廈門大學老工友的某老人對記者的談話。他說，魯迅住在廈大時，晚上起來撒尿，是從二樓直接往土牆上尿下來的，這位老人說，你不能這樣做，魯迅說沒關係的，這土牆很快就會把尿吸收並蒸發了。還說，魯迅不衛生，衣領是黑黑的等等。這位老人當時是不是學校的工友，他與魯迅有沒有交往，總之，他所說是不是真實的，這都是問題。我們現在的某些人挖掘魯迅的這一類「史料」，是什麼意思呢？退一百步說，即使是真實的，可是，這又有什麼意義呢？這又有什麼了不起呢？如果這一類「史實」也有意義，那魯迅怎麼屙尿，大約也可以做一篇洋洋灑灑的大文章了。「老工友」的這類「史實」不是個別的現象，我在報刊上就見到好幾回了。

正如張夢陽所言，以小市民之「心」度魯迅先生之「腹」，用世俗庸碌的淺薄心理揣摩一位深刻思想家的終極關懷，以貪圖財色的陰暗慾望和苟且偷安的自私之心嘲笑一位「精神界之戰士」的拔俗之舉和獻身精神，結果只能是荒謬之極。

對於「文革」中出現的「石一歌」的半部《魯迅傳》，張夢陽採取了實事求是的態度，指出了它違背歷史事實的地方，指出了它為「四人幫」所利用、無根據地突出了所謂階級鬥爭的內容……同時，張夢陽認為，對此書不能簡單否定，要肯定它的可肯定之處。他認為這半部《魯迅傳》皆出於專業人員之手，還是有可取之處的。「突出之點是文筆通暢、圓潤、簡潔、易讀，較少隱晦、臃腫、含混之態，這正是它在當時產生廣泛影響的原因之一，也是今後新版魯迅傳可資借鑑的地方。其次，從大體上看，該書對魯迅生平、著作的敘述基本屬實，可見作者有相當素養。」不能說張夢陽所言完全正確，但應該說相對接近客觀，也表現了他直面事實的勇氣。

張夢陽在「理性反思」部分，充滿著深刻的憂患。他擔心在目前的文化環境下，可能會出現「顛覆」。他說：「就在這種『沉湎於構造一種世俗的、物質的安全感』當中，人們會不知不覺地忘記魯迅，甚至於對魯迅的世界感到迷惑不解，感到牴牾，討厭他對中國人的種種哀其不幸、怒其不爭的尖銳批評，群起而攻之，隨著為什麼活著這類終極性的精神問題被擱置起來，魯迅和魯迅學最終會被消解掉，化為烏有。」他帶著無可奈何的聲調說：「要不了多少年，連熟讀《魯迅全集》的人都會變得異常稀少了，哪裡還會有什麼魯迅學家，會有什麼魯迅學的新發展，會有什麼新世紀的前景可以展望？」我以為，張夢陽的擔心是多餘的，有黃河、長江在，有李白、杜甫在，就會有魯迅在。不過，從現時代而言，他做如此「盛世危言」應有實際的意義，他希望人們從偏執的物慾追求中覺醒，希望人們更多地關注精神世界，關注內心，關注靈魂，總之，關注自己是不是一個健全的人——也就是魯迅的「立人」問題。

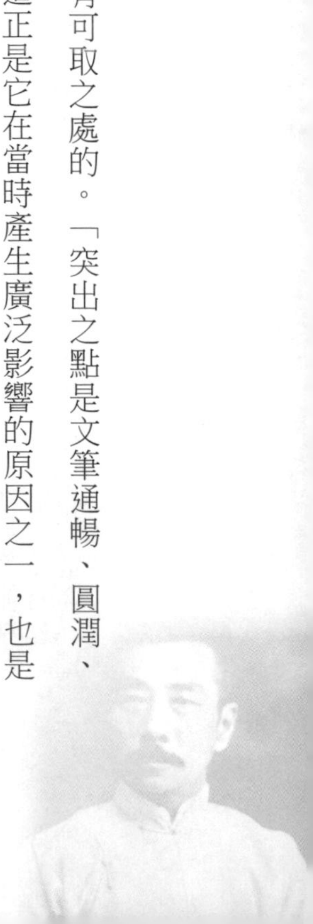

還值得一提的是，張夢陽在表述時，也偶爾忘記了自己還是一個教授、研究員，丟開了學者的煞有介事，說出了若干十分隨意的話，比如，他說：「我寧聽偉江的一句考證，也不願聽有些『才子』唾沫橫飛的連篇大話和空話。」書中這種帶有個人色彩、吐露個人喜好的言論比比皆是。諸如此類的話肯定得罪了某些「才子」，但卻可見他的赤子之心，有了雜文的爽快，在精神氣質上更接近魯迅。他不愧是一個一生陪著魯迅的人。

這部書也還有一些不夠完善的地方，作者對《野草》學史等主要專題學史進行學術梳理，但魯迅的其他小說等作品被忽略了，《祝福》、《孔乙己》、《孤獨者》等的研究情況幾乎沒有被提及；對魯迅的《中國小說史略》等學術研究的研究也少有介紹；也還有一些應該享有一定歷史地位的著作沒有進入作者的視野——這大約是難以避免的；另外，有幾本對魯迅研究做出重大貢獻的期刊，也應該在魯迅研究史上佔有一席之地，比如《魯迅研究月刊》等，我以為要有專門一節介紹；再有，北京、上海、廣州、紹興等地，在魯迅研究上形成了特殊的群體，有過特殊的貢獻，是不是也應該有所提及？

關於《精讀魯迅》

朋友送我一套「大師書齋」，我把其中劉琅主編的《精讀魯迅》翻了翻，有這樣幾個問題：勒口的作者簡介稱「一九二六年八月，南下到廈門大學任中文系主任」，沒有史料說明魯迅當過「主任」。

此書把《中國小說史略》全書收了進來，似乎是學術選本。倘是學術選本，卻不知為何沒有收《漢文學史綱要》等？

把《為了忘卻的紀念》、《紀念劉和珍君》、《我們現在怎樣做父親》當作「文論」，似可再酌。

事實上又不好說這是純粹的學術選本，因為它有收散文和小說。而散文也是把一本《野草》盡收，不管其他。《朝花夕拾》和魯迅其他集子中是有不少好散文的。小說只收《故事新編》中的《非攻》、《鑄劍》、《出關》、《起死》，不知這是出於什麼考量。收魯迅小說而可以沒有《狂人日記》、《阿Q正傳》、《祝福》、《孔乙己》、《孤獨者》，有點不可思議。

諸如此類的選本，應該有選者的前言或後記，寫明選者選取的標準和理由，對讀者起導讀作用。

一本關於魯迅的選本，扔進《中國小說史略》、《野草》二書，再加幾篇文章，未免太過草率。

末了，我看了選本前面陳平原寫的《魯迅先生學行小傳》，其中提到《摩羅詩力詩》、《〈中國新文學大系〉小說二集序》等，都是魯迅重要的學術文章，這個選本卻沒有收入。陳平原還認為《漢文學史綱要》是「現代學術史上的經典之作」，既然前言都提到了，選本的內容卻不予以配合，有點匪夷所思。

如此選本，如何「精讀」？

魯迅與「閩客」

一九九九年八月，中國魯迅研究會在昆明主持召開了「中國魯迅研究五十年學術研討會」。會上，日本的魯迅研究專家、東洋大學文學部教授阿部兼也先生向我提了一個比較「生冷」的問題。他說：「你是來自福建的，我想問魯迅研究中一個與福建有關的問題。魯迅離開南京的水師學堂到陸師學堂學習，其中有一個原因，是因為同住的福建人讓他反感，是這樣的嗎？」當時，我是這樣回答他的：對這一史實，我並不瞭解。但魯迅之所以離開水師學堂，主要原因是因為學堂的腐敗。魯迅大約不會因為討厭福建人就離開水師學堂的吧。至於說到魯迅反感福建人，那是有的，但不是在水師學堂，而是在北京的紹興會館了。

阿部兼也先生讓我回閩後再查查資料。我對他的較真精神懷有敬意。現在，學界像他這樣認真地對待一件事的學者，大約不會太多吧！於是，我找了一堆書，為了這「無關緊要」的事，折騰了三五天。

魯迅是於一八九八年五月十八日的時候到南京報考江南水師學堂的，同年十一月就離開水師學堂，一八九九年一月下旬改入江南陸師學堂附設的礦務鐵路學堂。

魯迅為什麼要離開江南水師學堂呢？這有主客觀兩方面的原因。

主觀的原因是，魯迅對所分的班不滿。周啟明在《魯迅的青年時代》一書中說，魯迅因對江南水師學堂不滿，並且覺得「分在管輪班」，「那就上不了艙面了」，故從該校退學。魯迅在《集外集・俄文譯本〈阿Q正傳〉序及著者自敘傳略》一文中，也有相同的說法。

此外，魯迅對學校的功課也有看法，認為過於簡單，一星期中有四天讀英文，一天讀《左傳》，一天作漢文，題目陳腐。

客觀的原因是什麼呢？那就是水師學堂的腐敗風氣，用魯迅的話說，這是一所「烏煙瘴氣」的學校。魯迅在《朝花夕拾・瑣記》中提到，校中原有一個給學生學游泳的池子，因曾淹死過兩個學生，早被填平，在上面造成了一座關帝廟「鎮壓」著那兩個「淹死鬼」，每年農曆七月十五還要請一群和尚來「放焰口」。水師學堂而無學游泳的「池子」，那水師都成了旱鴨子了，這樣的水師能做什麼呢？大家便可想而知了。這樣的學校有什麼好待的呢？大家一樣可想而知了。

魯迅還提到過一件該校腐敗的事：有一次，「一個新的職員到校了，勢派非常之大，學者似的，很傲然」，但他卻把一個同學「沈釗」叫做「沈鈞」，表明他並不識字。「於是我們一見面就譏笑他，……並且由譏笑而至於相罵。」為此，「兩天之內，我和十多個同學就迭記了兩小過、兩大過，再記一小過，就要開除了。但開除在我們那個學校裡並不算什麼大事，大堂上還有軍令，可以將學生殺頭的。」如此「洋務學堂」，魯迅「總覺得不大合適」，認為它辦得「烏煙瘴氣」。

不僅學校當局和有的教員「烏煙瘴氣」，而且，有的學生也「烏煙瘴氣」。周啟明在《魯迅的青年時代》中說：「水師學堂係用英文教授，所以全部正式需要九年，才得畢業，前後分作三段，初步稱曰三班，每三年升一級，由二班以至頭班。到了頭班，便是老學生老資格，架子很大，對於後輩便是螃蟹式的走路，擋住去路，絕不客氣了。學生如此封建，總辦和監督自然更甚……」高低班學生，不但待遇優劣不同，而且高班學生還要欺侮低班學生。

魯迅在江南水師學堂時，是不是與福建人同住？從我掌握的史料中，找不到根據。周作人在《學堂生活‧宿舍的格式》一文中說到江南水師學堂的宿舍：「新生入堂，……不但人情不免要欺生，而且性情習慣全不瞭解，……雖然在待遇上要吃些虧。日久有朋友，再來請求移居別號，或者與居停主人意氣相合，也會協議移動床位。」這段話說明，如果與魯迅同住的果真是福建人，而這福建人又真的讓魯迅反感的話，也犯不著因為反感同住的人而離開學堂，完全可以「請求移居別號」，或是「協議移動床位」。

不過，魯迅日記中還是有討厭「閩客」——福建人——的紀錄，但那不是在南京，而是在

北京的紹興會館。一九一二年八月十二日，魯迅在日記中記道：「半夜後鄰客以閩音高談，狺狺如犬相齧，不得安睡。」同年九月十八日，日記記道：「夜鄰室有閩客大嘩。」過了兩天，九月二十日的日記記道：「夜雨不已。鄰室又來閩客，至夜半猶大嗥如野犬，出而叱之，少戢。」從這三則日記看，是住在魯迅隔壁的福建人吵得魯迅不得安睡，魯迅心底有氣，但還是一再忍耐，到了第三回，才「出而叱之」。至於其中「罵人」的話，也僅僅是記在日記中而已。我覺得，從這幾則日記看，彷佛並不足以證明魯迅討厭福建人，假設住在魯迅邊上的不是福建人而是別的什麼人，半夜三更，如此吵鬧，魯迅不也一樣討厭嗎？討厭一種不文明的行為，不等於討厭有這種行為的所有這一地域的人。

說「鳥」

魯迅和胡適還是有很多共同點的，魯迅寫了《中國小說史略》，胡適則有《中國章回小說考證》。我估計，他倆和洒家一樣，古典小說中可能更加愛讀《水滸》，為什麼這麼說呢？《水滸》中李逵的名言是：「招安招安，招個鳥安！」、「殺到東京，奪了鳥位！」我有一個發現，兩位新文化運動的大師，都愛用李逵們常用的這個「鳥」字。

魯迅是比較粗野的，他的書房即取名為「綠林書屋」，絕對沒有士大夫那麼雅致，雖然手無縛雞之力，與「水滸」中人，似是同道。魯迅的血液中，帶有很強的野性。在廈門時，深更半夜，將尿的尿從樓上往下潑等等，這些「劣跡」是正人君子所沒有的。所以，當瞿秋白說他是喝狼奶的人時，當瞿秋白發現了他的狼性時，他甚至感到心靈被照亮了，寫下了「人生得一知己足矣，斯世當以同懷視之」這樣的條幅相贈。這是兩個一樣有著野性的正統社會的叛逆者和掘墓者的心靈契合。所以，魯迅「鳥」隨口出，猶如天成。在《范愛農》中，留學生抵橫濱，被關吏翻出一雙繡花的弓鞋來，魯迅「心裡想，這些鳥男人，怎麼帶這東西來呢」，很是不滿。好一個「鳥」字，既可讀出魯迅心態的年輕，還能看出他的野性。

胡適留學西洋，不是長衫馬褂，就是西裝領帶，衣冠楚楚，正人君子，屬魯迅說的「有身分的上等人」一類。可是，或許《水滸》看多了，耳濡目染，竟也出口成「鳥」了。

一九一五年夏，一向溫文爾雅、寬容大度的胡適，已確定轉學哥倫比亞大學攻讀哲學博士學位，一時心血來潮，做了一件事後心中「甚為懊悔」的輕率之事——當時駐華盛頓清華學生監督處的主辦書記鍾文鼇，熱心於中國社會的改革，在每月給學生寄支票的同時，信封裡總要插入一張小傳單，印有：

不滿二十五歲，不娶親。

廢除漢字，取用字母！

多種樹，種樹有益。

平時，胡適熟視無睹，總是把它丟進紙簍了事。而此時，他卻在鍾文鼇的小傳單背面寫上：「像你這樣的人，既不懂漢字，又不能寫漢字，而偏要胡說什麼廢除漢字，你最好閉起鳥嘴！」好一個「鳥嘴」，一向太過陰柔的胡適，驟然有了一股陽剛之氣！

有人說，這是文質彬彬的胡適一生中唯一一「鳥」（似乎是唐德剛說的），其實不然，我後來又發現了胡適甚至比魯迅還多了一「鳥」。二十世紀二〇年代初的一個「雙十節」的前夕，上海的幾家報館約胡適做紀念文章，他因為時間緊，便做了一首詩，題為《雙十節的鬼歌》，最後一節寫道：

別討厭了，可以換個法子紀念了！
大家合起來，趕掉這群狼。
推翻這鳥政府，起一個新革命，造一個好政府：
那才是雙十節的紀念了！

那時的胡適，忙著推銷他的「好政府主義」，滿腦子都是「好政府」。我想，之所以滿腦子「好政府」，是因為見多了「鳥政府」，並且太過地厭惡、憎恨「鳥政府」的結果，事實上是滿腦子的「鳥政府」。一不小心，溫和的一向主張改良的胡適當了一回「革命黨」——他居然要「推翻這鳥政府」了！

偉哉，胡適！

臺灣作家吳錦發寫了中篇小說《消失的男性》，一個愛鳥者，把自己變成了鳥，身上長滿羽毛，飛了——成了標準的「鳥人」。在現實生活中，我們罵「鳥人」時，多是唸做飛鳥的「鳥」，電視連續劇《水滸》也是這麼唸的。這是錯罵了，讀錯音了。查《現代漢語詞典》，

所謂「鳥」，同「屌」，音 diao，上聲，「男性生殖器的俗稱」，「舊小說中用作罵人的話」。只要知道了「鳥」即「屌」，那就知道這個「鳥」字是實實在在的罵人話了，出自魯嘴，不足為奇；出自胡嘴，真是胡說！

「鳥」就「鳥」了，其奈我何？不亦快哉？「不須放屁，試看天地翻覆」！滿嘴髒話雖粗俗，一生不「鳥」非丈夫，老舍說，「粗野是一種力量，而精巧往往是種毛病」，胡適終於克服了「毛病」，從而獲得了陽剛的力量，終於像了一條漢子！

魯迅有其本質的東西，這個本質的東西是客觀的存在，不因為研究者的不同，就得出不同的結論。

一個民族可以無神，但不能一天沒有靈魂。魯迅就是我們民族的靈魂。

王國維政治上極端保守，學術上極端激進；章太炎政治上極端激進，學術上極端保守。魯迅居中。

魯迅痛恨故鄉，但寫得最多的是故鄉，寫得最動人的也是故鄉，他魂牽夢繞的還是故鄉。魯迅是生命意識最複雜也最現代化的一個作家。

從魯迅出生寫道魯迅死去，不能算是好的魯迅傳記。重要的是要寫出魯迅的性格、魯迅的精神。《羅曼・羅蘭傳》、《貝多芬傳》，只兩萬多字，但寫出了他們的精神素質，就應該算是成功的。

現在是教授、學者、博士在吃魯迅飯。魯迅研究的學院化是一種趨勢，這種研究太靜了，靜而生冷。不能讓魯迅靜下去靜下去，冷下來冷下來，不能讓魯迅研究冷靜到冷漠的程度。魯迅是一個戰士。假如我們說「學者魯迅」、「教授魯迅」，我們本身都會感到滑稽。

與其他作家、學者對比，魯迅是熱的，他們是冷的；魯迅是戰鬥的充滿激情的，他們是溫和的冷淡的乃至冷漠的……魯迅的激情表現為神聖的憤怒，對黑暗中國的憤怒，對虛偽人生的憤怒；還表現在對勞苦大眾的深刻同情。在魯迅那裡，有著深刻的絕望和熱烈的愛心。

魯迅與茨威格、羅曼•羅蘭、凡高等有相通的地方，魯迅和他們一樣充滿了激情。

魯迅的作品是詩，雖然它們有的沒有詩的形式。

魯迅是孤獨的。不能用世俗的眼光看魯迅，老虎和獅子都是獨來獨往的，世俗的卻是成群結隊的。

頑皮的小老頭

在魯迅的世界徜徉，看來看去，我竟看到了魯迅的頑皮，有時甚至是搗亂，或者說是惡作劇。

一九二六年十月二十八日，魯迅在廈門給許廣平寫信，這是一封特別有趣味的信，充分表現了老夫子的「頑皮」習性。信中說，「樓下的後面有一片花圃，用有刺的鐵絲攔著，我因為要看它有怎樣的攔阻力，前幾天跳了一回試試。跳出了，但那刺果然有效，給了我兩個小傷，一股上，一膝旁，可是並不深，至多不過一分」。鐵絲攔著，要跳躍，要搗亂，這分明是孩子的行為，魯迅卻一時興起，試著衝擊，結果自然不妙。他也怕「害馬」怪罪，接著說，「這是下午的事，晚上就全癒了，一點沒有什麼。恐怕這事會招到誥誡，但這是因為知道沒有什麼危險，所以試試的……」對此，許廣平在十一月七日的回信中也幽了一默：「對於跳鐵絲欄，亦擬不加誥誡，因為我所學的是教育，而抑制好動的天性，是和教育原理根本刺謬的。」魯迅在許廣平面前，有時像一個孩子，有孩子一樣的頑皮。魯迅的孫子周令飛說了這樣一段軼聞：魯迅五十多歲仍然童心未泯。一次，夜靜更深，外面的貓不停地叫春，屢屢打

斷他寫作的思路，魯迅隨即拿起手邊的五十根裝鐵皮的香菸罐，對著可惡的貓發射。還有一次，他以橡皮筋發射紙子彈打亂尿尿的路人屁股……

這種頑皮的搗亂的習性，在魯迅的作品中，也能找到蛛絲馬跡。我們先來看看《我的失戀》：

我的所愛在山腰；
想去尋她山太高，
低頭無法淚沾袍。
愛人贈我百蝶巾；
回她什麼：貓頭鷹。
從此翻臉不理我，
不知何故兮使我心驚。
我的所愛在鬧市；
想去尋她人擁擠，
仰頭無法淚沾耳。

愛人贈我雙燕圖；
回她什麼：冰糖壺盧。
從此翻臉不理我，
不知何故兮使我糊塗。

我的所愛在河濱；
想去尋她河水深，
歪頭無法淚沾襟。
愛人贈我金表索；
回她什麼：發汗藥。
從此翻臉不理我，
不知何故兮使我神經衰弱。

我的所愛在豪家；
想去尋她兮沒有汽車，
搖頭無語淚如麻。

愛人贈我玫瑰花；
回她什麼：赤練蛇。
從此翻臉不理我。
不知何故兮——由她去吧。

愛人送來的分別是百蝶巾、雙燕圖、金表索和玫瑰花，這些禮物頗有浪漫情趣，都有愛意在。那麼，「我」回送的是什麼呢？分別是貓頭鷹、冰糖壺盧、發汗藥和赤練蛇——這太過古怪，讓人有不可思議之感。

孫伏園是魯迅的學生，這首詩是經他的手發表的，還在魯迅在世的時候，他說過這樣的話：「他所愛好的東西，未必是人人所能瞭解。這一層魯迅先生自己同我說過，如果別人以為『回他什麼』以下的東西（貓頭鷹、赤練蛇、發汗藥、冰糖壺盧）有失『投我以木桃，報之以瓊瑤』的意義，那是完全錯誤的，因為他實在喜歡這四樣東西。」（孫伏園：《京副一週年》）魯迅的老友許壽裳後來也說過：「這首詩是挖苦當時那些『阿唷！我活不了羅，失了主宰』之類的失戀詩的盛行而作的。……閱讀者多以為信口胡謅，覺得有趣而已，殊不知貓頭鷹本是他自己鍾愛的，冰糖壺盧是愛吃的，發汗藥是常用的，赤練蛇也是愛看的。還是一本正經，沒有什麼做作。」（許壽裳：《魯迅先生的遊戲文章》）

這種與詩人親近者的考據，與作品本身有著一定的距離，創作就是創作，不是生活。但是，魯迅信手拈來，怎麼就是這四樣他生活中實有的東西呢？這裡，我們不去深究，姑且認同它們的實在性。回送愛人自己最喜愛的貓頭鷹和最愛吃的冰糖壺盧，雖然驚世駭俗，也還勉強說得過去，也還有幾分浪漫在。可是，自己經常要用的發汗藥，也送給愛人，讓她一起發汗？這不能不說有惡作劇的成份；至於送赤練蛇，無論自己是多麼喜歡看，如果生活中有誰真送了，也會嚇壞了心愛的女子，哪怕這女子是屬蛇的。這不能不說是使壞了。魯迅說：「我自己對於苦悶的辦法，是專與襲來的苦悶搗亂，將無賴手段當作勝利，硬唱凱歌，算是樂趣。」《魯迅：為愛情作證》一書的作者胡尹強認為，《我的失戀》「就是詩人……面對愛情時的焦慮、苦悶、傍徨的一次搗亂，一次硬唱凱歌，一次解嘲，一次自我調侃」。胡認為，《我的失戀》的主題是「在幽默、誇張和戲謔中，同自己在戀愛中的傍徨、苦悶、焦慮和自卑感搗亂，從而也消解了傍徨、苦悶、焦慮和自卑感」。

從藝術的角度說，把百蝶巾與貓頭鷹擺在一起，把玫瑰花與赤練蛇擺在一起……形成了強烈的反差，就好像劉姥姥進了大觀園並醉臥寶玉的花床中，就好像細嫩的冬妮婭在冰天雪地見了乞丐一樣的糙人保爾•柯察金，就好像在裝修精美的客廳掛著一件飽經歲月的蓑衣，就好像毛澤東敢於在高雅的詩詞中突兀鑲進「不須放屁」的絕唱……只有頑皮的人才會有這樣使壞

的勇氣，從而，在這種反差中，給人驟雅驟俗、驟熱驟冷的刺激，留下了不可磨滅的印象。

再有，那篇《立論》，寫一家人家生了一個男孩，全家異常高興，當孩子滿月的時候，抱出來給客人看，為的是從人們的讚頌中得到一點好兆頭。三個客人說了三句不同的話，得到了不同的回應。說「這孩子將來要發財的」，得到的是一番感謝；說「這孩子將來要做官的」，收回的是幾句恭維；說「這孩子將來是要死的」，「他於是得到一頓大家合力的痛打」。前面兩位的話，包含著世俗的世故，很大程度上是扯淡；而後者，在一個生命剛剛開始的時候，卻過早地說出它的終結，固然是大實話，雖然此文有著客觀的象徵性和寓意，我卻不得不說，這是搗亂，這有出於魯迅頑皮天性的使壞的因素在。

一個人，如果從小就有大人物的習氣，如果成人以後正襟危坐到煞有介事的程度，一臉莊容，不苟言笑，正確到從來不說錯話、不犯錯誤，像我們經常看到的我不便言明的某名人，就像那一群坐在主席臺上莊嚴肅穆的傢伙，那麼，這樣的人可能是一肚子壞水了。一個偉大人物，必定有率真、孩子氣的一面。魯迅從小到老甚至到死的不變的天性，足以證明他是一個率真的人，一個率性的人，一個終生有著孩子氣的人，雖然具備這些靈魂要素的人未必都成為偉人，但真正的偉人，一定是至死都懷著真性情、懷著孩子氣的人，就像這個頑皮的小老頭。

「狗脾氣」

有一位知名學者對我談起魯迅的兒子周海嬰，他從周海嬰的一件事，談到了魯迅，他說，從周海嬰的為人，看到了乃父的影子。我對這一話題極感興趣，立即想到了魯迅的祖父周福清和弟弟周作人。

先說魯迅的祖父。一八九二年的除夕，魯迅曾祖母戴氏病逝。在京城做官的周福清報了丁憂，奔喪回到紹興。

一八九三年秋天，魯迅的家裡發生了一場很大的變故。正逢浙江鄉試，主考官是周福清的同榜進士殷如璋，算是熟人。除了魯迅的父親周伯宜之外，還有幾家周家的親戚參加這屆考試，大家認為機會難得，便再三懇請周福清從中通關節，賄賂主考官。「親友中有人出主意，招集幾個有錢的秀才，湊成一萬兩銀子，寫了錢莊的期票，請介孚公去送給主考官，買通關節，取中舉人，對於經手人當然另有報酬。介孚公便到蘇州等候主考官到來，見過一面，隨即差遣『跟班』將信送去。那時恰巧副主考官正在主考官船上談天，主考官知趣，得信不立即拆看，那跟班乃是鄉下人，等得急了，便在外面叫喊，說銀信為什麼不給回條。這事情便戳穿了，

交給蘇州府去查辦，知府王仁甚想要含糊了事，說犯人素有神經病，照例可免罪。可是介孚公本人卻不答應，公堂上振振有詞，說他並不是神經病，歷陳某科某人，都通關節中了舉人，這並不算什麼事，他不過是照樣來一下罷了。事情弄得不可開交，只好依法辦理，由浙省主辦，呈報刑部，請旨處分。」（周啟明：《魯迅的青年時代》）這事情一直鬧到皇帝那裡，光緒諭旨判為「斬監候」（就是說等到這年的秋後處決）的重刑。這就是轟動一時的所謂「欽案」。後來雖未被斬，卻也飽受八年牢獄之苦。估計這知府是周福清的熟人，要網開一面，「含糊了事」，周福清卻不買帳，硬是給頂了回去，別人也這樣做了，我為什麼不能這樣做？別人闖紅燈，我為什麼不能闖紅燈？和尚摸得，我為什麼摸不得？死到臨頭，還要苦撐，鬥一口惡氣。

再說周作人。周作人是漢奸，這是眾所周知的。抗戰勝利後，南京高等法院對他的判決，他是不服的，振振有詞，說他當漢奸當得有理，如果他不當漢奸，有比他更壞的人當漢奸。據說，他是唯一一個當了漢奸而不懺悔的人。新中國成立後，他先後上書周恩來、毛澤東，說自己與日本方面是「虛與委蛇」，並有「明的暗的抗爭」，不是「合作」，說明自己是「敵人認為是他們鬥爭途上之障礙物，積極之妨害者，必須掃蕩摧毀之對象」，「表明不是合作得來的人」云云，找出了種種理由為自己的漢奸行為開脫，一條道走到黑，大有我不下地獄誰下地獄的雄辯。他的思維方式是：錯，自己也錯得有理。這裡，周作人的德性與周福清是不是有一點相似之處？

魯迅的論敵可謂多矣，他一生中，與舊禮教的衛道士「國粹派」之流戰，與「正人君子」陳源之輩戰，與誘勸學生進入研究室莫問國事的胡適之流戰，與御用文人如民族主義文學派戰，此外，與創造社、太陽社以及三〇年代「左」的暗流戰……正如何滿子所言，魯迅從來就為衛道的君子們所敵視，為屠伯們所痛恨，為「死的說教者」所嫉忿，為形形色色的幫兇幫閒們所疾首，為「蒙大旗作虎皮」的幫朋派友們所忌憚，也為講究「中庸之道」的「中正和平」的人們所不滿。魯迅是左右開弓，獨戰眾數，結果是「兩間餘一卒，荷戟獨徬徨」，成了孤家寡人、成了千夫所指的國民公敵。然而，將死之際，對一切怨敵依然橫眉冷對，連眼珠子也不轉過去。在《死》一文中，魯迅說：「只還記得在發熱時，又曾想到歐洲人臨死時，往往有一種儀式，是請別人寬恕，自己也寬恕了別人。我的怨敵可謂多矣，倘有新式的人問起我來，怎麼回答呢？我想了一想，決定的是：讓他們怨恨去，我也一個都不寬恕。」好一個「一個都不寬恕」，這是活生生的喝狼奶的魯迅的形象，是「硬骨頭」精神的生動寫照。

從表面上看，魯迅和周作人是對立或對應的。魯迅給人激憤、抑鬱、肅殺的景象，周作人則給人平和、散淡、沉穩的印象。孫郁說，「魯迅似乎站在地獄的門口，不斷向人間發出

慘烈的吼聲；周作人則彷彿書齋中的道人，苦苦地咀嚼著人間澀果，把無奈化為輕淡的笑意，超然地彈奏著人性之歌」。所有這一切，當然有一定的道理，但或許都只是表面上的不同，屬於淺層次的映象。家人之間，不同，是外在的；相同，才是本質的。做為有血緣關係的同一家族中人，他們必有本質的相似之處。從以上的事實看，魯迅的祖父周福清與魯迅，魯迅的弟弟周作人與魯迅，他們有一個本質的共同點，那就是，為人倔強，性格屬剛毅一類，都有「狗脾氣」。雖然這種「狗脾氣」表現在不同的地方，表現的方式也不一樣，承載的內涵更是不同，但在「強」性上是一致的。

民間有這樣兩句話，一句是「知子莫如父」，為什麼「莫如父」呢？因為父親從兒子身上看到了自己的影子，所以對兒子的瞭解也就八九不離十了；另一句是「相親先看丈母娘」，這又是什麼道理呢？因為丈母娘的今天，就是你媳婦的明天，丈母娘得糖尿病，你媳婦也有患此病的極大風險。從科學上講，這是遺傳，是基因在起作用。文章開頭提到的那位學者，從魯迅的兒子看到了魯迅的影子，反過來，我們從魯迅身上，大約也可以看到他兒孫的蛛絲馬跡吧！

魯迅當「官」

魯迅這一生，與官也沾了一點邊的。從一九一二年到一九二六年，魯迅初始在南京臨時政府，進而到北京北洋政府，為教育部部員。一九一二年八月二十一日，時任臨時大總統的袁世凱任命三十二名教育部僉事，據專家考證，相當於今天的正處長，其中就有周樹人、許壽裳。魯迅在第二天的日記裡寫道：「晨見教育部任命名氏，余為僉事。」魯迅在教育部度過了他三十二歲至四十六歲的大好時光。

到廈門大學，如果按照今天的時尚，大學處處與官場相比照，魯迅也是混了個「文科學長」的；到了中山大學，魯迅則被任命為文學系主任兼教務主任。這兩個職務，按今天的說法，是相當於正處級或副廳級。

對於當官，魯迅從來就沒有表現出有什麼特殊的興趣。在教育部那麼多年，應該說做了不少具體的也是有益的工作，比如主持設計國徽、參與京師圖書館及分館的建設工作、籌建歷史博物館、讀音統一會的「統一」、舉辦兒童藝術展覽會、協辦專門以上學校成績展覽會、參與通俗教育研究會的工作、審聽國歌、整理「大內檔案」、整理德商藏書、檢查文溯閣《四

庫全書》等等。應該說，教育部的活不是那麼忙累，也無所謂實權，更應該看成是閒差。

魯迅初入官場時，似乎是有所熱望，有所憧憬，但政府的所作所為很快讓他失望，魯迅漸次游離官場文化，重新找尋自己的精神寄託。在《不是信》中，魯迅說，官職不過是他的飯碗，衣食所在而已，「目的是在弄幾文錢，因為我祖宗沒有遺產，老婆沒有奩田，文章又不值錢，只好以此暫且糊口」。

在緩慢游離官場文化的過程中，魯迅開始漸漸看不順身邊的人在仕途上的努力。一九二四年，孫中山北上，擬開善後會議，共商南北政府議和大事，魯迅的好友楊莘耜任善後會議祕書，為此常與代祕書長許世英及安福系政客混在一起。有一天，魯迅遇見楊氏，半含譏諷地笑說：「你現在奔走權門了！」從此，兩人關係疏遠下來。此時，魯迅對積極仕進者不說有惡感，也絕無好感可言，他在一九二六年六月二十六日所作的《馬上日記》記道：

> 午後，織芳從河南來，談了幾句，匆匆忙忙地就走了，放下兩個包，說這是「方糖」，送你吃的，怕不見得好。織芳這一回有一點發胖，又這麼忙，又穿著方馬褂，我恐怕他將要做官了。

文中所說的「織芳」，就是魯迅的學生荊有麟。魯迅猜得不錯，不到一年，荊有麟為國民軍總司令馮玉祥辦起了報紙。此後又兩次央求魯迅寫舉薦信，尋求進身之路。魯迅能央求誰呢？荊有麟找錯了人，他最好去找胡適，胡適是樂此不疲的。

魯迅為「官」時，從來沒有半點官的樣子。魯迅是鄙夷官場的，甚至不願繼續為官。在廈門大學，他除了寫情書、發牢騷、上上課以外，哪點有「文科學長」的派頭？如果有，去銀行領工資，人家也不至於要先打一通電話，落實一下此人是不是周樹人了；如果有，馬路邊挑擔的理髮匠也不會問他要不要理髮了。

至於在中山大學的任職，可以說一上任就不想幹了。一九二七年二月二十五日他給章廷謙的信中說：

> 中大定於三月二日開學，裡面的情形，非常曲折，真是一言難盡，不說也吧！我是來教書的，不意套上了文學系（非科）主任兼教務主任，不但睡覺，連吃飯的工夫也沒有了。這樣下去，是不行的，我想設法脫卸這些，專門做教員，不知道將來（開學後）可能夠。但即使做教員，也不過是五日京兆，坐在革命的搖籃上，隨時可以滾出的。不過我以為教書可比辦事務經久些，近來實也跑得吃力了。

怎樣忙得「連吃飯的工夫也沒有了」，魯迅在《在鐘樓上》一文說得具體一些：

在鐘樓上的第二月，即戴了「教務主任」的紙冠的時候，是忙碌的時期。學校大事，蓋無過於補考與開課也，與別的一切學校同。於是點頭開會，排時間表，發通知書，祕藏題目，分配卷子，……於是又開會，討論，計分，放榜。工友規矩，下午五點以後是不做工的，於是一個事務員請門房幫忙，連夜貼一丈多長的榜。但到第二天的早晨，就被撕掉了，於是又寫榜。於是辯論：分數多寡的辯論；及格與否的辯論；教員有無私心的辯論；優待革命青年，優待的程度，我說已優，他說未優的辯論；補救落第，我說權不在我，他說在我，我說無法，他說有法的辯論；試題的難易，我說不難，他說太難的辯論；還有因為有族人在臺灣，自己也可算作臺灣人，取得優待「被壓迫民族」的特權與否的辯論；還有人本無名，所以無所謂冒名頂替的玄學的辯論……（《三閒集》）

魯迅的描述是充滿幽默的無奈，還有無聊。整天都是如此讓人頭疼的無聊的事情，而且沒完沒了，這樣的破官，當了有什麼意思呢？弄權者可能會從中體會到指使人的快感，而較魯迅而言，無異於一種折磨。魯迅能不去職嗎？一九二七年一月二十五日，中山大學舉行歡迎會歡迎魯迅，九月二十七日魯迅便離開了廣州，往上海去了，前後待了八個月。對官迷來講，這時問實在太短了，對魯迅而言，這真是飽受折磨、實在難熬的日子！

在做具體的行政事務這一問題上，我想，魯迅是一介書生，是以文立身的人，不是辦事的人。事實上，如果讓魯迅這樣的人去辦具體的事，很大可能是要誤事的。另外，讓不是辦事的人去辦事，也是對他們才華的極大浪費。魯迅終於做不成種種的「官」，他最渴望的生活是讀寫生活。

於是，他回到了自己。

何滿子說：「誰記得神聖羅馬皇帝？但人們永遠謳歌但丁的《神曲》；誰記得詹姆士一世或伊利莎白女王？但莎士比亞卻永遠是英國人的驕傲；誰記得魏瑪大公和維也納神聖同盟的各國帝王們？但歌德卻光輝奕世。」誠哉斯言！民國以前的事就不說了吧，民國以降，歷屆政府，從中央到地方，誕生了多少正處級或副廳級領導？我相信，今天地上有多少老鼠，歷史就有多少正處級或副廳級這東西，但是，魯迅是唯一的，哪怕地球消亡前一個小時，在這個世界上還有無以計數的人記著但丁、莎士比亞、歌德，還有魯迅。

多麼值得慶幸啊，中國少了一個相當於正處級或副廳級的官員——這就像少了一隻老鼠一樣絕對不影響歷史進程——卻在歷史的燦爛星空上多了一顆耀眼的恆星。

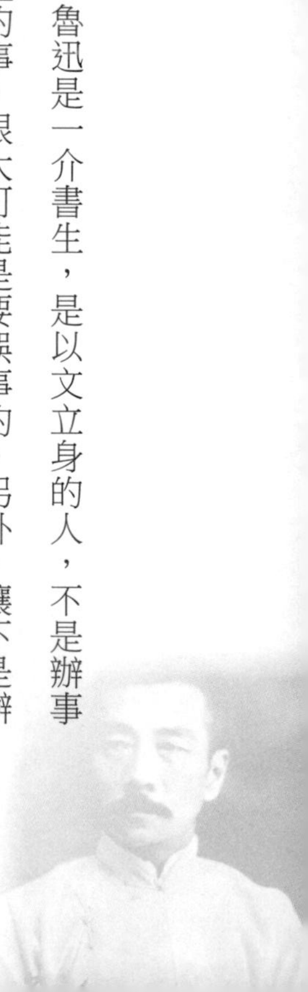

魯迅是怎樣當父親的

覺醒的父母，完全應該是義務的、利他的、犧牲的，很不易做；而在中國尤不易做，中國覺醒的人，為想隨順長者解放幼者，便需一面清結舊帳，一面開闢新路。就是開首所說的「自己背著因襲的重擔，肩住了黑暗的閘門，放他們到寬闊光明的地方去；此後幸福的度日，合理的做人。」

——魯迅《墳・我們現在怎樣做父親》

一、「偶失注意，遂有嬰兒」

魯迅和許廣平本意是不要孩子的，他們之有子嗣是出於意料的。魯迅在一九三一年四月十五日致李秉中的信中說：

生今之世，而多孩子，誠為累墜之事，然生產之費，問題尚輕，大者乃在將來之教育，國無常經，個人更無所措手，我本以絕後顧之憂為目的，而偶失注意，遂有嬰兒，念其將來，亦常惆悵，然而事已如此，亦無奈何，長吉詩云：己身須己養，荷擔出門去，只得加倍服勞，為孺子牛耳，尚何言哉。

一個人，為了不停息的工作，卻要絕後顧之憂，犧牲養育子嗣的權利，這又是怎樣的哀痛者和幸福者啊！

所謂後顧之憂，首先是撫養和教育經費的問題，也還有為此而耗費的心力和體力的問題，在致母親的信，致蕭軍、蕭紅的信，致增田涉的信和致山本初枝夫人的信中，魯迅大量地談到「孩子是個累贅，有了孩子應有許多麻煩」，妨礙寫作和學習。魯迅認為孩子看看是可愛的，養起來卻十分煩難。

所謂後顧之憂，還有就是株連了，一個病態的社會是容不得辛辣的社會批評家的。正人君子者流總是覺得他可惡，因而千方百計給以種種攻擊，這攻擊有時候又要牽連子嗣，當魯迅沒有孩子的時候，曾有人說，這是他做人不好的報應，要絕種的。這也是中國人相當普遍的傳統咒罵，「斷子絕孫的阿Q」就是精彩的一筆。可是，當魯迅有了孩子，卻又並不證明是「善報」。這時候《魯迅大開湯餅會》之類的誣蔑，此起彼伏，魯迅曾憤怒地指出，連出世不過一年的嬰兒，也和他「一同被噴滿了血污」。尤其當特務加緊迫害，欲追索魯迅的時候，魯迅則更需要「挈婦將雛」，離家避難。魯迅不要子嗣的觀念，完全是在舊中國這樣特定的

歷史條件下形成的。

二、海嬰的居室

魯迅對孩子是十分憐愛的，他說：「既已生之，必須育之，倘何言哉。」對於海嬰的居室，魯迅所做到的，「總是揀最風涼的給小孩睡。冬天，也生起火爐來，海嬰臥室一只，魯迅叨光有一隻。」（一九二九年五月二十三日致許廣平信）在給日本朋友的信中，魯迅多次談到寓所朝北，陽光照不進屋，對孩子不適宜，以致常生病。一九三三年四月十九日，魯迅寫信給內山嘉吉先生，「我們原來的房子朝北，對孩子不適宜，已在一週前遷至施高塔路」，即大陸新村九號。兩個多月後，魯迅高興地告訴山本初枝夫人：「搬家後孩子似乎很好，很活潑，膚色也變黑了。」在給母親的信裡，魯迅也說：「因為搬了房子，常在明堂裡遊戲，或到田野間去，所以身體也比先前好些。」

三、「遊戲是兒童最正當的行為」

魯迅在《風箏》中，深刻地表現了兩種兒童觀的對立：一種是傳統兒童觀，把遊戲和玩具看作「沒有出息孩子的玩意兒」；一種是西方先進的兒童觀，肯定「遊戲是兒童最正當的行為，玩具是兒童的天使。」魯迅一生中對中國傳統的要求孩子「少年老成」、「聽話」、「馴良」之類，曾一再為文進行具體分析，而讚賞符合兒童天性的教育觀和方法。在《難行和不信》中，他指出：「請援，殺敵，更加是大事情，在外國，都是三、四十歲的人們所做的。他們那裡的兒童，著重的是玩，認字，聽些極普通、極緊要的常識。」魯迅也正是這樣撫育海嬰的。他給朋友的信，特別是給增田涉和山本初枝夫人的信中，經常的內容就是謝謝他們送給海嬰的玩具，並生動地描繪過海嬰對待玩具的態度。

四、鞭打與體罰

魯迅反對小學教師鞭打兒童，但有時他也會對海嬰加以體罰，那是遇到他太執拗頑皮的時候，但直至他死，也不過寥寥可數的不多幾次，要打的時候，他總是臨時抓起幾張報紙，捲成一個圓筒，朝海嬰身上輕輕打去，但樣子是很嚴肅的，海嬰趕快就喊：

「爸爸，我下回不敢了。」

這時候做父親的看到兒子的楚楚可憐之狀，心軟下來，面紋也放寬了。這寬容，小孩子容易體察，立刻膽子大了，過來搶住那捲紙筒問：

「看看這裡面有什麼東西？」

他是要看究竟紙裡邊包藏著什麼東西用來打他。看到的是空的，這種探究的迫切心情，引得魯迅先生笑起來，緊跟著父子之間融融洽洽的聚會，海嬰也會比較小心拘謹一陣子。

有時海嬰也會發表一些「高見」，他說：

「我做爸爸的時候，不要打兒子的。」

「如果壞得很，你怎麼辦呢？」魯迅問。

「好好地教他，買一點東西給他吃。」

魯迅以為自己最愛孩子，但是他兒子的意見比他更和善，能夠買東西做感化工作，這容易辦到嗎？魯迅笑了。

五、孩子的干擾

有時魯迅正在工作，海嬰跑來玩。魯迅是板起臉孔叫他出去嗎？不是的。就是再忙，他也會放下筆來敷衍幾句，然後再叫許廣平帶他出去玩。有一回。魯迅正寫道一半，海嬰來了，看到他還未放下筆，出乎意外地在筆頭上一折，紙上立刻一大塊墨，他雖則愛惜他的文字，但並不發怒，放下筆，說：「唔，你真可惡。」海嬰飛快地逃開了。

海嬰喜歡拿起筆來亂塗亂畫。魯迅是很珍惜一切用具的，不肯拋棄小小一張紙，即便是包東西回來的紙張，也必攤開摺好積存起來。包紮的繩子也一樣，一束一束的捲好，放起，遇到需要時可以用。但對於海嬰索取紙張，就是他最喜歡的，給他亂塗，也是滿心願意的。有時許廣平可惜起來了，以為小孩無知，應該曉諭，不要讓他隨便蹧蹋。但魯迅更珍惜的是兒童時代的求知心情，對海嬰總是多方滿足。

海嬰在魯迅身邊玩得差不多的時候，許廣平會叫海嬰走開，免得誤了魯迅的工作，魯迅常常說：「不要緊的，讓他多玩一歇吧！」或者說：「他玩得正高興，不肯走的，讓他在那裡，橫豎我不做什麼。」許廣平是很矛盾的，她說：「在同小孩玩的時候他是高興的，我又不敢打斷他們的興致——再把小孩叫開，但是走後他馬上又珍惜時間的浪費，他是這樣的克制著，為了和愛子周旋都覺得太過長久了。這便使得我在徬徨無主中度著日常的生活。」（《許廣平憶魯迅•魯迅與海嬰》）

六、性教育

對於孩子的性教育，在魯迅看來這是極平凡的事，絕對沒有神祕性。赤裸的身體，在洗浴的時候，他們夫妻是不禁止海嬰走出走進。許廣平說：「實體的觀察，實物的研究，遇到疑問，隨時解答，見慣了雙親，他就對一切人體都瞭解，沒有什麼驚奇了。」魯迅平時常談

到中國留學生跑到日本的男女共浴場所，往往不敢離開水面，給日本女人見笑的故事，做為沒有習慣訓練所致的資料。這也正是以針對中國一些士大夫階級的紳士們，滿口道學，而偶爾見到異性極普遍的用物，也會遐想不已的諷刺。魯迅認為，這種變態心理的矯正，必須從孩子時代開始。

七、死與遺囑

許廣平回憶了魯迅和海嬰之間的這樣一段談話：

「爸爸，人人是那能死脫的呢？」

「是老了，生病醫不好的死了的。」

「是不是儂先死，媽媽第二，我最後呢？」

「是的。」

「那麼儂死了這些書那能辦呢？」

「送給你好嗎？要不要呢？」

「不過這許多書那能看得完呢？如果有些我不要看的怎麼辦呢？」

「那麼你隨便送給別人好嗎？」

「好的。」

「爸爸，儂如果死了，那些衣裳怎麼辦呢？」

「留給你大起來穿好嗎？」

「好的。」

魯迅在一九三四年十二月二十日致蕭軍和蕭紅的信中也談了這麼一件事：

「他去年還問：『爸爸可以吃嗎？』我的答覆是：「『吃也可以吃，不過還是不吃吧！』今年就不再問，大約決定不吃嗎。」（《魯迅與海嬰》）在中國，父為子綱，即使所謂「百無禁忌」的童言，居然議論起父親的死後，也是嚴厲禁止的，即使不以為這是「不祥」，也會看作嚴重的失禮，輕則會受到呵責，如果因此挨一頓揍，也不會認為過火的。而魯迅則是平心靜氣地交談，其實是給予認真的教育。這表明，在五倫中處於第二位的父子關係問題上，魯迅完全沒有封建禮教的觀念，完全沒有封建迷信的觀念，對於兒子，除了擔負撫養教育的義務以外，沒有絲毫的「父權」的要求，而只有真誠的「愛」。

魯迅對於子嗣的愛，出於兩個基本原則，一是以身為幼者和弱者的子嗣為本位；一是充滿了利他主義的精神，以科學的、理性的、最富有人情的態度對待未來的生命或生命的發展。

魯迅自然是希望「後來居上」的。他說過希望他兒子做父親做得比他還好。但是，對子

嗣未來謀生的手段，魯迅卻寫下了這樣的遺囑：「孩子長大，倘無才能，可尋點小事情過活，萬不可去做空頭文學家或美術家。」（《且介亭雜文末篇・死》）

王得後先生在《「兩地書」研究》中對這一條遺囑有過很深刻的評論，他說：「這條遺囑在文藝界是非常有名的。循名責實，人們相約不要做『空頭』文學家和美術家，著重在『空頭』二字。」他深入地分析道：「我相信，魯迅多半是想到了自己在文學藝術界的影響吧？這種影響是有可能給予子嗣以某種蔭庇的。這種蔭庇，不來自世襲的權勢，而來自『父榮子貴』的封建主義傳統，徹底否定這個傳統，依靠自己，像千千萬萬勞動者及其子嗣一樣，依靠自己謀生存，求發展。」依靠自己謀生存，求發展，正是魯迅這條遺囑的實質內容，很值得我們現在教育子女時學習和借鑑。

魯迅的孫子賣爆米花

一代文豪魯迅的孫子周令飛曾經在臺北賣爆米花——這是魯迅的兒子、周令飛的父親周海嬰在《魯迅與我七十年》一書中寫的。

八〇年代初，曾經發生了一件給國人帶來不小震撼的事：魯迅的孫子周令飛竟然從日本跟一個「身份可疑」的臺灣姑娘張純華到臺北結婚去了。一時間，境外媒體大肆炒作，港臺報刊稱周令飛是「海峽兩岸第一個闖關者」。周令飛的出走，讓周海嬰夫婦傷透了腦筋。周海嬰說：「最讓我們擔心的，還是兒子在那邊的言行舉止，即政治表現。我們估計國民黨當局很可能要利用他，各種政治色彩的媒體，也不會輕易將他放過，臺灣社會又是如此複雜，因此我們無時無刻都在心中默禱著：要頭腦清醒，千萬不能做出什麼出格的事，成為人家的反共工具啊！」

周令飛在「那邊」的言行舉止怎樣呢？

在從日本飛往臺灣前，周令飛向媒體發表了三點聲明，其中第一條是：此舉純粹為了愛情，而沒有任何別的企圖。時過境遷，現在回頭看，周令飛確實如他所說，「純粹是為了愛

情」。周海嬰在書中寫道，周令飛剛到臺北那陣子，有人企圖利用他。媒體一片喧嘩，有的將他赴臺的行動乾脆名之為「投奔自由」。加之「美國之音」一類外電競相渲染，他似乎真的成了個「叛逃者」。面對如此複雜的情勢，他雖然孑然一身，仍能從容自如地應對各種誘惑和「圍攻」。面對記者別有用心的誘導，他絕不授予任何他們想要得到的片言隻語。有的媒體企圖邀他去為其工作，他立即警惕地意識到有可能被利用而予以婉拒。他一向熱衷於攝影藝術，寧願改行學習經營之道，當起他岳父開辦的百貨公司的協理，也不做「出格」的事。

我們試想，當年，卓長仁這樣一個劫機犯，都可以成為「投奔自由」的「戰士」，都可以成為一個關於大陸的什麼研究所的研究員，魯迅的孫子要想謀個體面的工作，應是絕無問題的，不是還有「媒體企圖邀他去為其工作」嗎?可是，周令飛毅然放棄了。

周令飛在他岳父開的百貨公司做事。後來，因為修地鐵，百貨門口臨時搭起了圍欄，交通受到妨礙，顧客隨之大減，生意每況愈下，資金滯擱，只好關門了事。周令飛的岳父為了躲債逃去日本，只能靠周令飛這個外來的女婿料理一切後事。

周令飛與張純華夫婦一下子變得上無片瓦、下無立錐之地。便是在這樣艱難的日子裡，周令飛也沒有做「出格」的事。他們買了一臺爆米花機，將爆好的米花批發給攤販，以此度日。魯迅的孫子竟然落到了賣爆米花的地步，這當然是一大新聞！周海嬰寫道：「這事給那些無聊記者獲悉，寫文章拿我兒子當笑話，說什麼想不到魯迅的孫子竟落到在臺北賣爆米花過日子的地步。但我兒子不以為然，心想我本分做生意，靠勞動吃飯，這給祖父丟什麼臉？照樣他幹他的。」

其實，周令飛賣爆米花，不僅沒有給魯迅丟臉，實際上正是遵從了魯迅的遺願，是照魯迅的遺囑辦事。

我們知道，魯迅臨去世前，留下了一個著名的遺言，這就是收在《且介亭雜文末篇》中叫《死》的那篇文章。對於孩子的未來，魯迅自然是希望「後來居上」的。他說過希望他兒子做父親做得比他還好。但是，對子嗣未來謀生的手段，魯迅卻寫下了這樣的遺囑：「孩子長大，倘無才能，可尋點小事情過活，萬不可去做空頭文學家或美術家。」魯迅的意思很明白，寧可做一個能自食其力的勞動者，也不要做那種徒有虛名、華而不實之徒。周令飛的賣爆米花，不正是魯迅說的「尋點小事情過活」嗎？僅憑這點，我認為，周令飛是不愧為魯迅的後人的，如果他「出格」，在臺灣當個空頭文學家或美術家，應是一件輕而易舉的事。這裡，不僅是有無才能的問題，更是有無操守的問題。

王得後先生在《「兩地書」研究》中對這一條遺囑有過很深刻的評論，他說：「這條遺囑在文藝界是非常有名的。循名責實，人們相約不要做『空頭』文學家和美術家，著重在『空

頭』二字。」他深入地分析道：「我相信，魯迅多半是想到了自己在文學藝術界的影響吧？這種影響是有可能給予子嗣以某種蔭庇的。這種蔭庇，不來自世襲的權勢，而來自『父榮子貴』的封建主義傳統，徹底否定這個傳統，依靠自己，像千千萬萬勞動者及其子嗣一樣，依靠自己謀生存，求發展。」

依靠自己謀生存，求發展，正是魯迅這條遺囑的實質內容。周令飛客觀上實踐了魯迅的遺囑。後來，他夫婦倆完全靠自己的雙手，「終於創造了這樣一個雖不算富裕、卻也舒適安逸的家」！周令飛對舞臺藝術情有獨鍾，攝影又是他的專長，經過幾年努力，一本沉甸甸的長達五十萬字的著作《夢幻狂想奏鳴曲——大陸舞臺四十年》問世，並在臺北《中國時報》連載。周令飛有一個願望，他不願意被人加上「魯迅的孫子」這種定語。他不願靠祖上「庇蔭」生活。他要創造自己的事業，走自己的路，體現自己的人生價值。對此，周海嬰不無欣慰地說：「我想，這也是父親所願意看到的。」是的，這確實是魯迅所願意看到的。

寧可賣爆米花，也不願做「出格」的事，這有魯迅的遺風在，這有魯迅的硬骨頭精神在，有如此風骨，我相信周令飛會有更美好的未來。不過，話說回來，哪怕他永遠賣爆米花吧，哪怕他永遠生活在人間的底層吧，他在人格上也比那些空頭文學家和美術家來得更健全，他的生活也比病態者更接近真實和自然。

嵇康為何而死？

曹聚仁說過，魯迅「是千百年後嵇康、阮籍的知己。」（《中國學術思想史隨筆》第179頁，讀書・生活・新知三聯書店一九八六年六月版）魯迅與王蒙都對魏晉時代的嵇康產生過興趣——雖然他們對嵇康研究的深淺不可同日而語。魯迅花了極大的心血校過《嵇康集》，王蒙只是讀了一本書（羅宗強《玄學與魏晉士人心態》），書中的某些史料某些觀點讓他產生了興趣而已——對比一下他們對嵇康的不同評價，也可以看出他們在價值取向上的歧異。

王蒙在《名士風流以後》一文中說：

> 嵇康的故事膾炙人口。尤其是他的受戮前觀日影而奏廣陵散，這種浪漫主義的無與倫比的風格才調真神仙中人也。看來還得感謝司馬昭，他雖然殺了嵇康，畢竟還給他留下了表現與完成自己的浪漫主義結束曲的機會。殺人者亦有自己的「寬容」，嵇康不幸之中有大幸焉。

嵇康之所以還能奏《廣陵散》，就在於司馬昭這樣懂得知識份子的領導給了他一個「完

成自己浪漫主義結束曲的機會」，否則，嵇康想浪漫也浪漫不得。嵇康之所以名垂千古，還不是因為司馬昭的「寬容」！這就是王蒙的「寬容」！也許，有人會說，這樣理解，可能冤枉了這位管文化的前部長。可是，我們只要看一看他對所謂「權力中心」的膜拜與對嵇康一類「精英」的蔑視，就不難理解了。他在《我們這裡會不會有歐姆真理教？》一文中說：「即使少數精英中有一點跡近極端偏執的調調，他們離權力中心還有十萬八千里，因而其文化批判的積極作用最大最大，而變成排他的權力實踐的可能性最小最小最小。」王蒙雖然把這腔調摹擬成了他人的「調調」，但仍然可以看出他潛意識中的思想活動。他的言外之意是，精英們盡可以像嵇康一樣喋喋不休，可是，他們除了喋喋不休以外還有什麼用處呢？宰人的刀還不是操在司馬昭的手裡？王蒙曾經離「權力中心」只有一百八十米，他的長進就像林彪一樣，只是學會了「最最最……」這樣「幽默」的表述方式。由此觀之，他說的司馬昭的「寬容」僅僅是一句反話、或僅僅是一句調侃的話嗎？此外，王蒙是不是還有這樣的意思，你們反對我的寬容，可是，連殺人者都要講寬容，我也講寬容，難道講錯了嗎？似有以此為自己開脫或是辯護的意思，若是這樣，這也是一個絕對蹩腳的佐證。

王蒙說：「嵇康為什麼被殺？羅氏認為是由於『他太認真』、『性烈』、『在思想感情上把自己和世俗對立起來』，羅氏最精彩的論述是：『以自己為高潔是可以的，以世俗為污濁則不可。』以致，他認為這是嵇康的『性格弱點』。由於『認真』、『性烈』、『與世俗對立』就要掉腦袋，這很可怕也很不好。另一方面，從嵇康本人方面探討一下經驗教訓，並非沒有話可說。」王蒙接著用他刻意裝出來的而不是秉性使然的「幽默」語言說：「山濤向朝廷推薦嵇康代己為官，看不出有什麼惡劣的用心，辭謝是可以的，寫『公開信』與之絕交，就有點不合分寸。」「辭謝」是那麼容易的嗎？與嵇康同時的劉毅，也是頗有聲望的人。司馬昭請他做「相國掾」，他借病推辭，不肯就職。後來司馬昭就要對他下手，劉毅害怕，只好答應上任。陳四益說：「對於司馬昭這樣的梟雄，傑出的人才如果不能為我所用，也絕不能留給自己的對手。便捷的辦法就是殺掉，就像曹操殺掉孔融一樣。」（《亂翻書・嵇康之死》，學林出版社一九九七年十二月版）再接著，王蒙談了一大堆如阮籍、陶淵明、孟浩然等也不是不想做官之類的話，也不知他是不是為了證明嵇康的辭官是假清高，也不知是不是為了證明他的當了文化部長也不是不清高。

嵇康的掉腦袋是因為「太認真」、「性烈」、「和世俗對立起來」、「以世俗為污濁」嗎？至少不完全是。咸熙二年（二六五年）司馬昭死，司馬炎廢曹奐建立晉朝。從正始元年（二四〇年）開始，二十多年間，司馬氏集團與曹氏集團展開了激烈的鬥爭，最後司馬氏得勝，曹氏集團中人幾乎被殺絕。嵇康是曹家女婿，自然在被疑忌之列。嵇康的斥責山濤，僅僅是斥

責山濤嗎？顯然不是。我們只要讀過《與山巨源絕交書》並對其稍有研究，就知道《絕交書》不只是針對山濤個人，而是「欲標不屈之節，以杜舉者之口」，是一篇不與司馬氏合作的聲明，一篇反禮教的宣言。所以，魯迅說：

古之嵇康，在柳樹下打鐵，鍾會來看他，他不客氣，問道：「何所聞而來，何所見而去？」於是得罪了鐘文人，後來被他在司馬懿面前搬是非，送命了。所以你無論遇見誰，應該趕緊打拱作揖，讓坐獻茶，連稱「久仰久仰」才是。這自然也許未必全無好處，但做文人做到這地步，不是很有些近乎婊子了嗎？況且這位恐嚇家的舉例，其實也是不對的，嵇康的送命，並非為了他是傲慢的文人，大半倒因為他是曹家的女婿，即使鍾會不去搬是非，也總有人去搬是非的，所謂「重賞之下，必有勇夫」者是也。（《且介亭雜文二集•再論「文人相輕」》）

魯迅的話說得很明白，嵇康得罪了鍾會只是外因，嵇康獨立於司馬集團之外、又是曹家女婿，這才是內因，才是致死的根本原因。沒有鍾會搬弄是非，也會有別人搬弄是非，總之，嵇康必死無疑，不管他認真與否，性烈與否，與世俗對立與否。

嵇康一案是鍾會審理的，他認為嵇康該死的理由是：「今皇道開明，四海風靡。邊鄙無詭隨之民，街巷無異口之議。而康上不臣天子，下不事王侯，輕時傲物，不為物用。無益於今，有敗於俗。昔太公誅華士，孔子戮少正卯，以其負才亂群惑眾也。今不誅康，無以清潔王道。」「不事王侯」、「不為物用」這才是要害所在。

嵇康被逮入獄時，三千多太學生上書，「請以為師」，許多人甚至願意隨他入獄。陳四益說，這些救援嵇康的行動，實則加速了嵇康的死亡。這樣一個拒不合作而又廣有影響的人物，不殺，司馬昭睡得著嗎？

退一步說，如果嵇康真的如王蒙所認同的那樣，是由於「太認真」、「性烈」、「和世俗對立起來」、「以世俗為污濁」而掉腦袋，那麼，王蒙不去譴責統治者的殘暴，卻在怪罪嵇康自己找死，這不是太不近情理了嗎？在中國人的心目中，像嵇康以及屈原這樣「世人皆醉我獨醒」的憂國憂民者的形象，向來是崇高的。王蒙所「躲避」的崇高就是這樣的崇高嗎？王蒙對司馬昭的兇殘不置一詞，卻在那裡對嵇康之死缺乏歷史常識的胡扯，這不得不讓人想起「三・一八」慘案以後，教授和學者不去指責、聲討軍閥的殘暴，卻在那裡煞有介事地責怪學生怎麼去蹈「死地」呢？王蒙的思維方式、價值觀念，怎麼與「正人君子」們如出一轍呢？

王彬彬在與王蒙論戰時，寫過《再談過於聰明的中國作家及其他》，其中一段話可謂痛快淋漓：

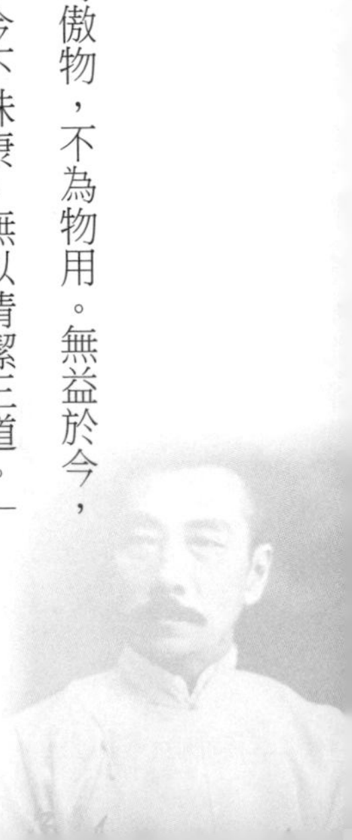

在做人之道的意義上，這的確表現了嵇康的「性格弱點」，表現了立身處世上的「不聰明」。但也正是這種「性格弱點」，這種「不聰明」，成就了嵇康一種堪稱偉大的人格，使得中國文學史上有了著名的《與山巨源絕交書》。倘若嵇康做人世故一點，聰明一點，懂得一點「分寸」，中國文學史上不是便少了一篇名作嗎？而任何一個民族的文化史上，如果沒有一群嵇康這樣的人，不是便如頭頂上沒有星辰嗎？要真正做到嵇康這樣，當然不易。但要對這種人格表示敬仰，總還可以，後人對這種人格「雖不能至」，但總應該「心嚮往之」的。（《死在路上》，上海人民出版社一九九六年三月版）

緊接著，王彬彬也把王蒙對嵇康之信口開河與魯迅聯繫起來，他說：「嵇康是魯迅所喜愛者。魯迅在思想、性格、文風上都頗受嵇康影響，也曾在二十年間十次校勘《嵇康集》。後人妄自『冀土』嵇康，也正用得著『不廢江河萬古流』這句詩。」（引文同上）

再談嵇康之死

我一九九八年六月十七日在《中華讀書報》發表文史隨筆《嵇康為何而死》。同年九月十六日《中華讀書報》為此發表了兩篇不算短的爭鳴文章，一篇是蔡仲德的《關於嵇康的死因及其他》，一篇是張峰屹的《也談嵇康為何而死》。應該說，蔡、張的文章對我多有啟發，也確實指出了我的文章中的不準確之處，比如，蔡先生說：「『正始』（西元二四〇－二四八年）是魏齊王曹芳的年號，司馬炎廢魏元帝曹奐建立晉朝則是在二六五年，房文卻有『司馬炎廢曹奐建立晉朝後，從正始元年（二四〇年）開始，二十多年間，司馬氏集團與曹氏集團展開了激烈的鬥爭，最後司馬氏得勝，曹氏集團中人幾乎被殺絕』的說法，這是前後顛倒，把魏末的事當成晉初的事了。」我查了我所引用的史料，應是這樣表達的：「咸熙二年（二六五年）司馬昭死，司馬炎廢曹奐建立晉朝。從正始元年（二四〇年）開始，二十多年間，司馬氏集團與曹氏集團展開了激烈的鬥爭，最後司馬氏得勝，曹氏集團中人幾乎被殺絕。」這段話表達了兩層意思，一是二六五年司馬炎建立晉朝；二是認為司馬氏與曹氏的鬥爭是從正始元年開始的。由於我的粗心，沒有表達準確，特別是在「建立晉朝」後面加了一個「後」字，

使意思大不一樣了。這讓我慚愧。

然而，有一些問題，我卻是需要說明的，蔡、張二位先生，特別是張先生有的見解，我也有一些不同看法。

我以為，我的這篇文章也可以說是文史類的雜文。這一類文章，只能回答其所針對的具體問題，而不可能做詳盡的考證工作。比如，關於嵇康的死，歷史上有種種說法，我的文章不可能談多種死因，只能選擇一種我自以為是的結論。這是顯而易見的。那麼，我針對的具體問題是什麼呢？那便是王蒙的這樣一段話：「嵇康為什麼被殺？羅氏認為是由於『他太認真』、『性烈』、『在思想感情上把自己和世俗對立起來』，羅氏最精彩的論述是：『以自己為高潔是可以的，以世俗為污濁則不可。』以致，他認為這是嵇康的『性格弱點』。由於『認真』、『性烈』、『與世俗對立』就要掉腦袋，這很可怕也很不好。另一方面，從嵇康本人方面探討一下經驗教訓，並非沒有話可說。」

「與世俗對立」同「向黑暗勢力抗爭」，這大約不是一回事吧？嵇康是同「世俗對立」還是不滿於司馬氏集團、以致於以自己的方式向他們抗爭？這是一個問題。換一個角度說，司馬氏集團的黑暗統治是一種「世俗」嗎？如果司馬氏集團的統治代表的是「世俗」，而這「世俗」又是那麼殘暴！那麼，以為這種「世俗」是「污濁」的，又有什麼不可以呢？

王蒙常常是這樣的，他不去抨擊「世俗」的污濁，而老是喋喋不休地要人們遠離「以世俗為污濁」的「崇高」者，他要人們「躲避崇高」。如此「躲避」，是不是要和「污濁」者同流合污呢？

我要回答的問題是：嵇康不是由於王蒙所說的「性格弱點」而掉「腦袋」，根本的，是由於他獨立於司馬氏集團之外，他應用他特有的方式表達了對司馬氏集團的不滿，所以掉腦袋。《文選》李善注引《魏氏春秋》說：「山濤為選曹郎，舉康自代，康答書拒絕，因自說不堪流俗，而非薄湯武，大將軍（司馬昭）聞而惡焉。」這說明，這件事是嵇康後來招致殺身之禍的重要原因之一。嵇康對自己為什麼招殺身之禍當然是明白的，他明明白白地知道「非湯武而薄周孔」實際上就是站在與司馬氏集團對立的立場。

關於嵇康的被殺，有人說他恃才傲物，有人說是鍾會挾嫌構害……這些都有一定的道理，但最根本的原因還是嵇康不肯站到司馬氏這邊來。如錢穆在《國史大綱》中說，他「不願為黑暗政權有所盡力」。蔡先生引用的魯迅的話，我是贊同的，魯迅在《魏晉風度及文章與藥及酒之關係》一文中說：

> 但最引起許多人的注意，而且於生命有危險的，是《與山巨源絕交書》中的「非湯武而薄周孔」。司馬懿因這篇文章，就將嵇康殺了。非薄了湯武周孔，在現時代是不要緊的，但

在當時卻關係非小。湯武是以武定天下的；周公是輔成王的；孔子是祖述堯舜，而堯舜是禪讓天下的。嵇康都說不好，那麼，教司馬懿篡位的時候，怎麼辦才是好呢？沒有辦法。在這一點上，嵇康於司馬氏的辦事上有了直接的影響，因此就非死不可了。嵇康的見殺，是因為他的朋友呂安不孝，連及嵇康，罪案和曹操的殺孔融差不多。魏晉，是以孝治天下的，不孝，故不能不殺。為什麼要以孝治天下呢？因為天位從禪讓，即巧取豪奪而來，若主張以忠治天下，他們的立腳點便不穩，辦事便棘手，立論也難了，所以一定要以孝治天下。

魯迅在不同的文章中多次談及嵇康的死，也談了多條原因。《中國大百科全書》在關於嵇康的詞條中，對於嵇康的死因，也一樣談了幾條。一是「司馬昭曾想拉攏嵇康，但嵇康在當時的政爭中傾向皇室一邊，對於司馬氏採取不合作態度，因此頗招忌恨。」二是「司馬昭的心腹鍾會想結交嵇康，受到冷遇，從此結下仇隙。」三是「嵇康的友人呂安被其兄誣以不孝，嵇康出面為呂安辯護，鍾會即勸司馬昭趁機除掉呂、嵇。」

蔡文指出，我文章中關於嵇康的死，是由於他獨立於司馬氏集團之外，又引用了鍾會的話「不事王侯，不為物用」，這有混亂之處。蔡文認為，嵇康的「越名教而任自然」、「非湯武而薄周孔」等，才是嵇康被殺的「根本原因」和「要害所在」。在我看來，這些都沒有矛盾，至少沒有大的矛盾。獨立於司馬氏集團之外，這是總的，是「綱」，其他是具體的。嵇康在司馬氏集團眼裡是一個罪人，其致死之罪就在於獨立於司馬氏集團之外，甚至反對司馬氏集團，而他的「罪行」的表現是多方面的：「非湯武而薄周孔」，魯迅說得很明白，是有礙於他們的篡位；「不事王侯，不為物用」，這似乎也可說成是另一方面的表現；至於孝不孝的，固然有魯迅所說，晉朝是要以孝治天下，所以呂安的不孝牽及了嵇康，但也還有另一方面的因素，即：你獨立於我之外，你反對我，但我卻不以這些「政治」上的理由公開「擺平」了你，我要找一條「世俗」更容易接受的理由，這就是「孝」。這一類的政治遊戲，是政治家們常用的伎倆，非洲的某些獨裁者和東南亞的個別統治者們要排除異己時，就常說獨立於他的反對派貪污或者腐化。

　　我要強調的是，最大的事實一是嵇康不站在司馬氏一邊；二是嵇康被司馬氏集團殺害了。其實，說穿了，嵇康以什麼理由或什麼名義被殺，都是不重要的了，重要的是他被司馬氏集團所殺。司馬氏集團所殺的自然是它的敵人，而不是它的朋友或是它的走狗——這也是顯而易見的。

　　范文瀾在《中國通史》中認為，在中國歷史上，司馬氏集團的統治，是極具「殘忍性腐朽性」的，「司馬氏集團的罪惡是無窮無盡的。」嵇康與司馬氏集團採取不合作的態度，這

有什麼「經驗教訓」呢？我已說過的，「不去譴責統治者的殘暴，卻在怪罪嵇康自己找死，這不是太不近情理了嗎？」如果一定要在嵇康身上找什麼教訓的話，是不是面對司馬氏的殘暴，卻要與其同流合污呢？或者，來一通「今天天氣哈哈哈……」面對殘暴卻視若無睹呢？這又如魯迅所說，做文人做到這地步，不是很有些近乎婊子了嗎？

因為以上理由，我還是認為王蒙對嵇康的死的看法是有悖常理的，他責怪嵇康，彷彿是嵇康的所謂「性格弱點」才招致殺身之禍。我不禁要問，嵇康是不是死得活該？我這裡有一比，好比一個女子長得漂亮，她被強姦，被殺害了，有人不去譴責兇犯，卻在責怪那女子：妳也不是沒有經驗教訓可汲取的，妳為什麼長得這麼漂亮呢？這是妳的長相弱點，妳要不長得這麼漂亮，又怎麼會被先奸後殺呢？東施就沒有妳這樣的下場嘛！

張先生說：「對歷史現象發表不同的見解和看法，是容許的，尤其是在史料和評價都存在分歧的情況下更是如此。魏晉這段歷史，不少事件和人物史料不唯匱乏，且正史與小說家言混雜不清，齟齬難辨，更應允許不同的觀點存在。」是的，王蒙的觀點是一種觀點，我批駁他的觀點是不是也應算一種觀點呢？「允許不同的觀點存在」，是不是這種觀點存在了，就不允許別人批駁呢？其實，敝之無甚高見。我只不過是用魯迅說法之一種來批駁王蒙。魯迅認為嵇康之死與他是曹家女婿有關。這只是嵇康多條死因中的一條。這只是眾多見解之中的一種見解。這算不算也應該允許存在的一種「觀點」呢？這觀點怎麼就一定是「一知半解」呢？魯迅研究嵇康十餘年，我堅信，魯迅的推論是有其內在邏輯根據的。況且，持這種見解的，也不只是魯迅一人。馮友蘭在《中國哲學史新編》中說：「當時，在政治上，司馬氏和曹氏正在爭奪政權。司馬氏發動政變，殺了曹爽，初步地奪了政權。王弼、何晏是屬於曹爽這一集團的，何晏為司馬懿所殺。嵇康是曹氏的親戚，也為當時執掌政權的司馬懿的兒子晉王司馬昭所殺。」余冠英主編的《漢魏六朝詩選》中，對嵇康的注釋寫道：「他是魏宗室的女婿，在政治上反對當時權臣、後來篡位的司馬氏。年四十歲被司馬昭所殺……」顯然，他們都提到曹家女婿或曹家親戚這一條。

需要說明的是，我這裡推出魯迅，既不是要借魯迅以自重，為我自己開脫，也不是說魯迅的觀點就批評不得，這只是因為曹家女婿說確實係魯迅所言，做為嵇康多條死因之一條，「女婿」這條因素也是不容忽視的。我不過是以魯迅為思想武器來反對王蒙的觀點，如此而已。

張文以幾個曹氏後人在司馬氏治下不僅沒有被殺，「還增加了封邑」為由，認為「司馬氏不殺害曹氏後裔，反而去殺害一個並無實力的曹家女婿，於情理不合。」應該怎樣看待這個問題呢？范文瀾認為，「司馬氏以殺奪手段建立晉朝，擁戴它的很少有正直忠實的人。當時風俗淫邪，是非顛倒。」司馬氏靠殺人而篡位，這與歷朝歷代的篡位者無大區別。在司馬

氏篡位的過程中，大批皇室和外戚成員，大批親曹份子被殺戮、被夷族，這是不爭的史實。嘉平三年，曹氏諸王公被集中於鄴都，命有司監察，這實際無異於集體囚禁。司馬氏殺曹氏，這是矛盾的主要方面，這是一個基本事實。張文以個別代替一般、代替基本事實，讓人彷彿覺得司馬氏集團也還是頗講仁義道德的。其實，曹氏後裔若真是如張文所說「還增加了封邑」的話，這得有兩個前提，一是這些曹氏後裔應是俯首貼耳、搖尾乞憐的；二是這種「增加」是對司馬氏集團還有益處的，至少能給他們撐門面，可以起「宣傳」他的「仁政」的作用。我從司馬氏集團的一貫作為認定，他們的不殺個別曹氏後裔是一種「宣傳」的需要，就是讓某些人為其開脫罪責時用的。司馬氏的這一招也還真靈，到了今天，也還有人為他的「不殺」擺好！

魯迅及別的一些人，不是說嵇康因為是曹家女婿，所以被殺，而是種種原因裡面之一種。此外，魯迅也還說了別的許多條原因，這在本文也都有引用。因此，張文證明「不是因為曹家女婿被殺」，會不會是白忙了一場呢？也未可知。張文還認為嵇康是「無力」的。嵇康是不是真的「無力」呢？司馬氏與張先生的見解卻有所不同，他認為嵇康的言論要影響他的篡位，所以非殺不可。什麼是「有力」，什麼是「無力」，人們的見解也是大相徑庭的。

張文認為，「從嵇康的詩文和他最親近的人對他的評論中，我們都找不到嵇康涉足政事或捲入當時政爭的思想依據。」顯然，嵇康是「擺脫世俗系列和禮法約束的」。

司馬氏集團邀嵇康入夥，嵇康拒絕了，我不知道這算不算一種政治態度？司馬氏集團為了篡位，需要「湯武周孔」為其粉飾，而嵇康「非湯武而薄周孔」這算不算「涉足政事」？有的人以思想為武器涉足「政事」，有的人以切實的行動涉足政事，方式不同，都是「涉足」。如此看來，我們怎麼能說嵇康不是一種「涉足」呢？蔡先生的一段話，也足以批駁張先生的觀點。蔡說：「嵇康……始終與惡勢力抗爭，寫《管蔡論》，為『淮南三叛』辯護，寫《太師箴》抨擊司馬氏『宰割天下，以奉其私』，寫《釋私論》、《難自然好學論》，反對司馬氏名教之治，號召『越名教而任自然』，寫《與山巨源絕交書》，公然拒絕與司馬氏合作，可謂尚氣任性，慷慨激烈。」這一切，都不算「涉足政事」？還要特別一提的是，嵇康在《與山巨源絕交書》中，將司馬氏招徠的名士的利祿比做死鼠，稱為膻腥，這「旗幟」難道還不夠鮮明嗎？

其實，嵇康身處魏晉之際，表現狂放，宣導虛無，實有其不得已之苦衷。錢穆說：「以莊老為玄虛者，乃阮籍、嵇康。然阮、嵇皆別具苦心。」「他們自身亦多半是門第世族中人，依然不能脫身世外。」（《國史大綱》）在嵇康身上，入世與出世，憤激與超脫，有著深刻的矛盾。在他仿屈原《卜居》而寫的《卜疑》中，這種種矛盾表現得很具體。如文中問道：

吾寧發憤陳誠，讜言帝庭，不屈王公乎？將卑懦委隨，承旨倚靡，為面從乎？……寧斥

逐兇佞，守正不傾，明否臧乎？將傲倪滑稽，挾智任術，為智囊乎？……寧如伯奮、仲堪，二八為偶，排擯共、鯀，令失所乎？將如箕山之夫，潁水之父，輕賤唐虞，而笑大禹乎？……

從這些問句看來，嵇康又何嘗忘情於世事？揣摩句意也隱然若有所指。這裡絲毫也看不出一個高蹈遁世者的形象。

在《答二郭三首》詩中，他寫道：「朔戒貴尚容，漁父好揚波，雖逸亦以難，非餘心所嘉，……」對於莊子保全自身的混世思想，他也是不贊成的。應該說，嵇康是有抱負的，他曾受過儒學的薰陶，只是因為身處亂世，又看到野心家們利用名教幹出種種卑劣的勾當，出於憤激，才要以「真」來揭穿「偽」，以自然來對抗名教。嵇康的詩中，一再提到環境的險惡：「豫子匿梁側，聶政變其形。顧此懷怛惕，慮在苟自寧。」「詳觀凌世務，屯險多憂虞。施報更相市，大道匿不舒。夷路值枳棘，安步將焉如。」他還常以鸞鳳自比而悲嘆：「雲網塞四區，高羅正參差，奮迅勢不便，六翮無所施。」因此他才嚮往於「逍遙遊太清」，幻想遠遠地離開險惡的環境，離開層層的羅網。可是嵇康又是一位感情激越的人，他不能不說，不能不寫，所以在他的詩文中多的是對現實的批判，對偽善者的諷刺，這些地方和他「遊心太玄」的願望，可說是背道而馳。

對於嵇康，我以為，他不像張先生所言，是那樣的超然。至少，如蔡先生所說，「屈原重在憂國，嵇康重在憂民（人）」。既是「憂民」，便不超然。這裡的「憂國憂民」是並列的。許多名垂史冊的人物，都有其自身矛盾的地方。嵇康的矛盾也多，如他對教育兒子的態度，就是很入世的，以致魯迅都覺得「希奇」：「嵇康是那樣高傲的人，而他教子就要他這樣庸碌。」（《魏晉風度及文章與藥及酒之關係》）我們不能只強調一方面而不顧另一方面。只用自己的理解而不顧史實地解釋歷史人物，這是對他們的「私有化」。

至於嵇康與屈原「同列」問題，似乎有其隨意性，但若是細加探究，我以為，也無甚不可。屈原「憂國」，多有「憂君」的意思，所謂「專唯君而無他」；嵇康「憂民」，所謂「剛腸嫉惡，遭事便發」，公然拒絕與司馬氏集團合作。從某種意義上說，屈原的境界還在嵇康之下，屈原由於時代使然，他的「憂國」似有愚忠的因素羼雜其中；而嵇康，他並非特別忠於曹魏政權，但對司馬氏打著名教的幌子巧取豪奪感到深惡痛絕，則是確定無疑的。嵇康這樣拒不與統治者合作而遭殺害的名士算不算「烈士」？屈原報國無門自殺、嵇康不與當道者合作被殺，屈原若不自殺是不是也要被殺呢？假若屈原被殺，是不是就沒有自殺的屈原「憂國」以致於「愛國」呢？嵇康是不是也要像屈那樣也去自殺，才可以成為「憂國」者或是「愛國」者呢？時代發展了，魏晉時代的嵇康在對「君」的問題上，甚至要比屈原高出一著，我以為。

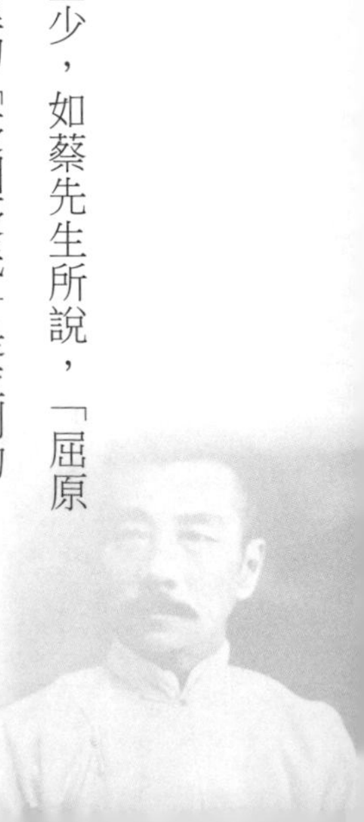

因而，二者在個別時候偶爾並列，也並不辱沒了屈原。再說「眾人皆醉我獨醒」，嵇康怎麼就不比當時的「眾人」清醒呢？「眾人皆醉我獨醒」這幾個文字符號，怎麼就只配屈原獨享呢？屈原什麼時候享受了這個專利？

我在文章中認為「王蒙對嵇康之死缺乏歷史常識的胡扯」，透過以上進一步的分析，我並沒有改變這一看法。是的，是胡扯。王蒙貶損嵇康，事實上是胡扯，我講他是胡扯，只不過是以我的表達方式講出了一種事實。也許，「胡扯」二字過於生活化，過於隨便，甚至還有一點火氣，以致在張先生看來，「這似乎就涉及到學風問題了」。每個人有每個人的行文方式，如果每個人的表達方式都要精確到不用「胡扯」之類的程度，那天下文章都成了「學術論文」了，這似乎就涉及到修練問題了，所有文章若是都修練到心無波紋的程度，那天下文章卻要先於社會制度而趨於「大同」了。再者，王蒙對嵇康信口開河，妄自「糞土」，他說得嵇康，別人就說不得他？一說了，就有「學風問題」？莫非因為嵇康是死人，王蒙是活人，死人說得，活人說不得？倘真是這樣，「這似乎就涉及到學風問題了」。

工作累了，靠在轉椅上聽自己喜愛的音樂。抬頭，是魯迅的《自嘲》詩，默默讀著，想著，與以往的感悟大有不同，這首詩竟然直通我的心靈，震撼了我的靈魂，一行清淚緩緩地猶疑著流下……

「我注六經，六經注我」，這回，真的是魯迅「注我」了。

「運交華蓋欲何求，未敢翻身已碰頭」。去年這時候，我還在一家規模不小的出版社供職，是副手，位置擺老四，分管若干業務。雖然對出版有我的見解，認為良知和正義是最大的賣點。我曾把於光遠、何滿子、嚴秀、藍英年、黃裳、林辰、邵燕祥、陳四益、方成、牧惠、鄢烈山、葉永烈、王彬彬等一流作者的原創著作吸引到出版社；我還策劃了羅平漢的《牆上春秋——大字報的興衰》、林辰的《魯迅傳》，出版社發行部這邊，書固然賣得不多，但「二管道」租型後，卻創下不俗的銷售業績，上過京滬的銷售排行榜。好漢不提當年勇，不說也罷。洒家是只管幹活，不論其他。雖然還有很多好的選題胎死腹中，雖然牧惠這樣三〇年代參加革命的老同志的作品，竟被「文革」中入黨的紅色審讀員判為「有反黨傾向」……總之，雖然有磕磕碰碰，

有種種的不愉快，但還是扃著沉重，「未敢翻身」，艱難跋涉。然而，「運交華蓋」，很快「碰頭」，灰頭土臉。據說，他們是重用我了，把我由副手提為一把手。可是，那是一個工資也發不出來的單位，一家只發行了五、六百本雜誌的破雜誌社。老友金濤一針見血地告訴我，這是「明升暗降」，官場險惡，應該抗拒。然一紙調令，紙重人輕，如之奈何！回天無力，復欲何求？知我者，謂我心憂；不知我者，謂我何求！是啊，「運交華蓋——欲何求」！

「破帽遮顏過鬧市，漏船載酒泛中流」。洒家乃禿驢，本應著髮套，至少要加一破帽。雖然身有晦氣，也無須遮顏，鬧市固然是騰達者的鬧市，也是洒家晃蕩的自由場。中午，在單位用餐，一手拿三五光餅，一手抓一根冰棒，招搖過市，管他什麼鳥「正高」，管他什麼鳥「正處」，煞有介事是煞有介事者的事。吃罷，還要用右手的袖子，像兒時一樣擦一擦嘴，哈哈，爽歪歪！魯老夫子，還欠瀟灑，不就一字鬍鬚嗎，遮什麼破顏！為人如坐漏船，俄而已近黃泉。《晉書・畢卓傳》中畢卓說：「得酒滿數百斛船，……拍浮酒船中，便足了一生矣。」什麼血脂高，什麼痛風不痛風，屌——人生幾何？對酒當歌！

「橫眉冷對千夫指，俯首甘為孺子牛」。魯迅乃「國民公敵」，何止千夫所指？他像《呼嘯山莊》中的希克利一樣，疾聲道：那是你們的天堂，我寧可下我的地獄！臨死，他也要說：一個也不寬恕。洒家如鴨，水暖先知，雖只有「百夫所指」，當然一樣「橫眉冷對」。「俯首甘為孺子牛」，「孺子」我是做妻、子解的。上有父母，家有妻兒。妻子忙家務，兒子忙讀書，我忙賺錢。此外，還有狗娃五隻，比如有財生病，花錢三千，我去上班，只帶地瓜。

魯迅吃草擠奶，我靠地瓜養家，不亦快哉！

「躲進小樓成一統，管他冬夏與春秋」。洒家人被邊緣化，家住福州邊上。農民門前門後行走，絕無化妝，極是本色；雞犬之聲相聞，朝來暮往，問寒問暖，鄰里臉無假笑，話皆實誠；開門見山，過山見水，登雲水庫邊上，群牛吃草，鳥在牛背吃蟲，碧波蕩漾，心靜如水，遠知有漢，近看西藏，無線上網，沒有路障，管他媽的那些破事，鳥事！

豬和羊都是成群結隊的，獅子和老虎卻獨來獨往。

哦，魯老夫子，我的爺爺，人生得一知己足矣，斯世當是靈魂歸宿。

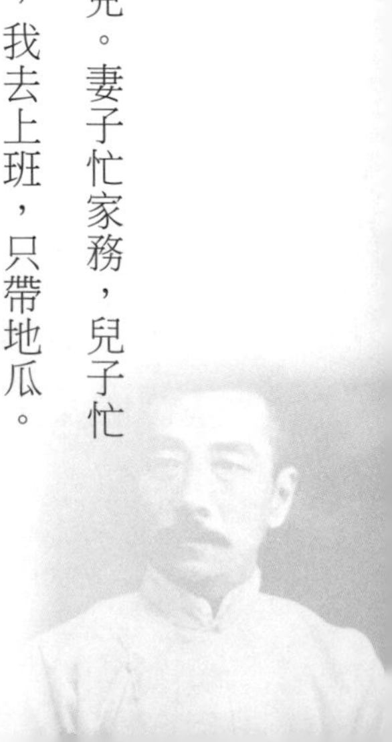

魯迅「吃人」

在魯迅眼裡，中國的歷史，「歪歪斜斜的每葉上都寫著『仁義道德』幾個字」，但「仔細看了」，「才從字縫裡看出字來，滿本都寫著兩個字是『吃人』」。

在魯迅眼裡，中國的社會，是「吃人」的社會，革命者秋瑾的赤誠之心，不僅與一個強姦殺人犯的心一樣，甚至與豬心一樣，可以給人做下酒的佳餚。至於秋瑾的血，則成了治病的人血饅頭了。

實在的「吃人」，比如上述秋瑾的心和血，比如「易子而食」；形而上的「吃人」，比如把國民變為奴隸，進而由奴隸變為奴才，「輕視人，蔑視人，使人不成其為人」（馬克思），做為自由之人的靈魂已死，已經被「吃」了。

所以，魯迅認為「無聲的中國」是一個沒有任何自由空氣的「鐵屋子」，昏睡在「鐵屋子」中的中國人是待在「待死堂」。魯迅慨嘆，「所謂中國的文明者，其實不過是安排給闊人享用的人肉的筵宴。所謂中國者，其實不過是安排這人肉的筵宴的廚房」！

「待死堂」中的活者，不過是如豬羊一般的待宰的「菜人」。

魯迅一生都在逃離的路上，他要逃往沒有「吃人」的地方。

然而，「四千年來時時吃人的地方，今天才明白，我也在其中混了多年；大哥正管著家務，妹子恰恰死了，他未必不和在飯菜裡，暗暗給我們吃」；「我未必無意之中，不吃了我妹子的幾片肉」，這是魯迅在《狂人日記》的末端藉狂人之口發出的「狂語」。

然而，實實在在的，魯迅竟然也「吃人」了，魯迅也無意間吃了他的「妹子」的肉了！

周海嬰在《我與魯迅七十年》中說到魯迅的「吃人」，在《父親的遺產》一節中說，在他漸漸長大時，有一回偶爾發現母親左上臂內側深深凹下去，似乎被剜去了一塊肉。周海嬰撫摸著傷疤問母親，她只隨口回答這是過去的瘡疤。到周海嬰長成十幾歲的小夥子，又一次問母親，許廣平才告訴兒子：那時年少單純，見魯迅重病纏身，久治不癒，想起書中讀過的「二十四孝」中有一節，叫「割股療親」，許廣平便如法炮製，硬是將臂上一塊肉割下來熬成湯藥，讓魯迅喝了。

許廣平本是知識女性，竟有如此愚昧之舉？如果處於常態，如果面對他人，應是不可思議。然而，人在絕望之時，往往成了非理性的動物。魯迅久病不癒，年輕的無助的許廣平，就處於某種絕望之中？就像一個癌症病人的家屬，為了挽救親人的性命，最後時刻，無所不用其極，甚至想到了針灸，想到了氣功……所以，許廣平的割肉救親，是一個深愛者非常態下的必然選擇？是一種可以理解的常態？

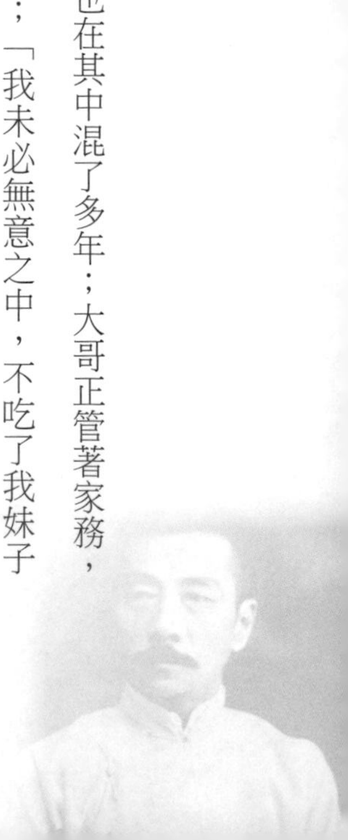

可以想見，許廣平是瞞著魯迅割肉的，否則，反對「吃人」的魯迅，絕對要奪下她手上的利刃的；否則，做為醫生的魯迅，肯定會決絕地拒吃這碗人肉湯藥的；否則，深愛「小刺蝟」的魯迅，面對自己的嬌妻，面對知識女性，會想起那人血饅頭，會因驚詫而圓睜雙眼，因絕望而吐血！

智者許廣平成了弱智的女性，她被「歪歪斜斜」的「字縫」中的「割股療親」給吃了，被吃而喪失了被吃的自覺，愛而讓她忘卻了疼痛。

年輕時的魯迅，已經意識到自己將可能無意之中吃了自己妹子的肉，事實就是這麼殘酷，最後的時刻，魯迅在逃往荒塚途中，將死之時，也參與了「吃人」，吃自己的親人，而且，尚不自覺！

誰也無法逃脫，無處可逃，這是怎樣的悲慘世界啊！

「有了四千年吃人履歷的我，當初雖然不知道，現在明白，難見真的人！」如何才是「真的人」？就是沒有吃過人的人。

不僅長者吃幼者，活人吃死人，華小栓還是一個孩子，將死之時，也成了「吃人」者。魯迅疑惑，「沒有吃過人的孩子，或者還有」？

魯迅吶喊：「救救孩子……」

短命的人

魯迅是一個悲觀主義者，是一個絕望的人，預料自己「活不久」的心態早已有之。留學日本期間，母親讓他回國結婚，他認為「自己死無定期，母親願意有個人陪伴，也就隨她去。」郁達夫、章克標的婚姻是沒有愛情的，但他們過得依然瀟灑，與原配照樣生兒育女，不僅找小老婆，還嫖娼。魯迅在性愛上有潔癖，因為無愛，所以拒絕與朱安圓房。他曾對許廣平說過：「我一生的失計，即在向來不為自己的生活打算，一切聽人安排，因為那時預料是活不久的。」這裡的「聽人安排」，就包含著聽母親安排而有了朱安的意思。為了抑制性慾，他甚至大冷天也不穿棉褲，睡的被子也十分單薄。

一九一〇年七月，魯迅回到紹興，任紹興浙江省立第五中學教務長，後任學監，後又任紹興師範學校校長。這段時間，魯迅雖然人在紹興，但卻住在學校，很少回家。星期日白天，他有時回去，但主要是為了看望母親；偶爾星期六晚上回家，也是通宵批改學生的作業或讀書、抄書、整理古籍。魯迅有意不與朱安接觸。從日本回國後的這兩年，魯迅的心情十分沉鬱，「因發藍衫」、不修邊幅的形象，使他顯得蒼老，而他實際上只不過三十歲。他拼命吸菸、

喝酒，近於自暴自棄。他在給自己的終生摯友許壽裳的信中說：「僕荒落殆盡。」又說：「又翻類書，薈集古逸書數種，此非求學，以代醇酒婦人者也。」魯迅整理了大量古典小說資料，編成後來的《古小說鉤沉》，守著自己的「家」編這樣的書，痛苦是雙重的，既有魯迅的，也有朱安的。他是為了逃避，逃避朱安。面對無愛的婚姻，魯迅選擇了自虐，加上精神上的絕望，他清楚自己肯定是不會長壽的。

後來到了北京，「故意拼命的做」，「希望生命從速消磨」，而且大量吸菸，時有酗酒；到了上海，「慣於長夜過春時」，人們沉沉酣睡了，他卻在燈下耕耘，直至東方欲曉……這種自虐行為，是一種有意識無意識的慢性自殺。

時人生怕別人說自己老了，染了頭髮，女的還拉皮，為自己「減去十歲」，魯迅則不然。在廈門時，魯迅才四十六歲，廈門大學學生陳夢韶問他多大年紀了，他卻為自己不只增加了十歲，號稱五十九歲。魯迅去世時，陳夢韶以為魯迅應是近七十歲的人，不料只才五十六歲。陳夢韶感到奇怪了：我十年前在廈門見到他時，他就五十九歲了，怎麼過了十年還少了三歲？他說：「我不相信我會聽錯，也絕不相信魯迅先生會樂於撒謊。我相信，他那蓬蓬鬆鬆半年才剪一次棘球似的頭髮和他那副枯瘦長滿髭髮的面容，使他躊躇，假使他告訴人們自己是四十六歲，會致招引人們疑他故意將自己年齡說減十歲的。」從這一細節可以看出，四十六歲時，魯迅就感覺到自己的生理年齡已經是五、六十歲的了。其實，還不只是生理年齡，魯迅的心理年齡也要比實際年齡蒼老許多。

晚年魯迅多病，共產黨人勸他到蘇聯治病，史沫特萊希望他去美國，日本朋友動員他往日本，魯迅一律不去。如上所述，很早的時候，甚至是年輕的時候，他就預感到自己不會長壽，知道自己「活不久」，而對「活不久」的對策是——「趕快做」。

魯迅不求長壽，「趕快做」是他經常說的話。他把別人喝咖啡的時間都用到了工作上。魯迅把血吐在高長虹的草稿上，還在繼續為他修改文章（修改文章的筆通常都是和血一樣的顏色，寫道這裡，我體會到了那是替人做嫁衣裳者的心血）。一九三六年，魯迅一直被病魔糾纏，身體日漸衰弱。六月五日以後，連堅持了幾十年的日記也中斷了。期間一時頗虞奄忽。一九三六年十月十七日，因胡風代為鹿地亙向魯迅請教有關魯迅著作翻譯中的疑難問題，魯迅擔心轉達不清楚，決定親自和胡風一起去訪鹿地亙，當面為其釋難解疑。許廣平試圖阻止，但她見魯迅主意已定，很難更改，只匆匆在樓梯口追問：「衣服穿夠了嗎？」「車錢帶上了嗎？」魯迅點點頭，義無反顧地去做他要做的事。這次外出因路上著了風寒，回家以後，天色已晚，到深夜，氣喘發作，魯迅跪坐，呼吸困難，臉色蒼白，冷汗淋漓，下身冰冷。諸位看客，魯迅死於十九日，就是說，死前的一天多一些時間，他還在一如既往地「趕快做」！

我實際生活中有一個「老」朋友，早年身體羸弱，醫生說他「活不久」，他的對策是什麼也不做，天天做操，鍛鍊，結果活了八十多歲，似乎還要繼續活下去——這就是大多數人與魯迅的區別。

有的人活著，他卻已經死了；有的人死了，他卻仍然活著。魯迅是短命的，然而，他卻是永恆的。

「托尼」之痛

——魯迅的「內傷」

孫伏園在《魯迅先生逝世五週年雜感二則》裡說過：從前劉半農先生贈給魯迅先生一副聯語是「托尼學說，魏晉文章」，當時的朋友認為這副聯語很恰當，魯迅先生自己也不反對。換成白話的意思是：思想來自托尼，文章師法魏晉。「托」指列夫・托爾斯泰，「尼」指尼采。

略過「魏晉」，說說「托尼」。

托爾斯泰代表了人道主義，他厭惡農奴制，否認貴族階級的生活。他對平民有著廣泛的同情，自覺站到了宗法農民一邊，願意把自己的農莊分給貧苦的農民，為窮人的孩子辦學校……做為人道主義者的魯迅，與托爾斯泰有一樣的情懷，對勞苦大眾有著深刻的同情，他筆下多有祥林嫂、孔乙己、阿Q這樣受侮辱被損害者的形象，他對他們是「哀其不幸，痛其不爭」，魯迅和托爾斯泰一樣，痛恨上層社會的墮落，同情下層社會的不幸。

尼采代表的是個人主義。尼采將叔本華的生存意志改為「權力意志」，將世界的本質看作是權力意志。權力意志就是個體生命價值的飛揚、放縱。最初，在尼采那裡，權力意志是一

種酒神精神，酒神精神本質就是激情、力量，反抗社會理性的壓制，後來，酒神精神變成了「精神界戰士」、「超人」。就尼采而言，存在的目的就在於創造出天才。在我們的時代，高等人就像一具容器，它以無法測度的方式孕育著種族的未來。在這一過程中，不只一個容器被摔破或自行爆炸，但是，人類不會因為某一單獨生物的失敗而毀滅。人，正像我們所知道的，不過是一座橋樑，一個由動物而達於超人的中轉站。對人來說，猿猴是什麼呢？一種可笑的東西；而對超人來說，人也不過如此。人是超人眼裡的猿猴。「超人」是尼采的人性理想，「超人」是權力意志的體現者。因此，權力意志，在尼采那裡就是對個體生命自我的全面肯定和昇華。它指向的是個體生命的獨一性和創造性。人的最高價值就是獲得純粹的個人自由。

托爾斯泰與尼采是矛盾的兩極。托爾斯泰是人道主義的，平民的，是人民史觀，是合於宗法傳統的；尼采則是貴族的、精英的、個人主義的，是英雄史觀——上帝死了——很大程度上還是叛逆的。托爾斯泰要普施於民眾，體現在魯迅那裡，是一種自我的犧牲，自己肩住了黑暗的閘門，因襲著歷史的重擔，放他們到寬闊光明的地方去，此後幸福的度日，合理的做人。尼采蔑視眾生，以超人的權力意志俯視眾生，在他眼裡，眾生是未進化的猿猴，眾生是無數個「0」，「0」是沒有意義的，只有與超人「1」的結合，才會有實際的意義。尼采之於魯迅，則在於做為過客的絕望與孤獨，在於獨戰眾數的冷傲，在於國民公敵的悲涼，在於對冷漠看客的超冷漠的俯視。在魯迅看來，凡是愚弱的國民，即使體格如何健全，如何茁壯，也只能做毫無意義的示眾的資料和看客，病死多少是不必以為不幸的。在魯迅筆下，阿Q、祥林嫂基本上也是尼采眼裡的「0」；在魯迅眼裡，看客之生死，與尼采眼裡猿猴之生死，應該無大區別，生了，活過了，死了，如此而已。尼采的超人之英雄主義，「期許自己要完成的最後一件事是『改善』人」；在魯迅那裡之「第一要著」，「是在改變他們的精神」，即所謂「國民性」問題。怎麼改變國人的精神，當然是精英的居高臨下的啟蒙。

魯迅刻骨的痛苦、深刻的絕望就在於他的兩面性，在於「托」之人道主義情懷，在於他對勞苦大眾的不幸的同情；而同時，因為所謂國民性的考量，因為看客們的愚昧，還因為墮落的上層社會的巨大的壓迫，魯迅不得不在「尼」那裡尋找「獨戰眾數」的武器。魯迅早期的人格理想是尼采描述的「精神界之戰士」。在《隨感錄三十八》中，魯迅認為，中國社會，無論是傳統，還是現實，都是「合群的自大」和「愛國的自大」，卻沒有個人的自大，因而，提倡個人的自大。個人自大，要反抗庸眾的愛國的自大和合群的自大，他甚至強調人的野性，不馴服性。

由人道主義與平民情懷驅使，精英們要救民於倒懸，於水火，國民卻用他的血沾饅頭做藥吃了，心臟大都為官兵炒而分食了，國民還要用唾沫淹死他們，他們註定要被庸眾堙沒了，

「這在現在看去大有吃烈士的意味，但那時候也無非當作普通逆賊看」（周作人語），就是說，英烈們的血和心臟與強姦殺人犯的血和心臟是並無區別的，甚而至於，與一味中藥，一斤豬心，除了藥效與味道稍有不同之外，也無區別。於是，「兩間餘一卒，荷戟獨徘徊」的魯迅，做為「國民公敵」的魯迅，只能「橫眉冷對千夫指」，不得不張揚個人主義的「權力意志」，不得不用「超人」意志，反抗著絕望。魯迅在「托尼」之間搖擺，左右為難，東碰西撞，「托尼」或前後或左右或正反或相互地吞噬著戕害著魯迅的靈魂。魯迅的怨敵可謂多矣，右如梁實秋，左如周揚，都讓魯迅厭惡至極，但那只攪亂了魯迅的情緒，讓魯迅生氣，讓魯迅罵人，最多讓魯迅受了一點外傷。外在的東西是不容易讓魯迅致命的。「托尼」彷彿矛盾，魯迅之矛與魯迅之盾，在魯迅的胸間擺開了戰場，魯迅和魯迅廝殺著，那是徹骨之痛，是靈魂的絕望。魯迅曾寫道，中國書中，字裡行間，歪歪扭扭地寫著「吃人」二字，中國的傳統文化「吃人」，我們看到許多鮮活的生命被「吃人」的文化給「吃」了。可是，今天，此時，我感覺魯迅也是被文化「吃」了，只不過是另一種文化而已，「托」、「尼」在魯迅心靈深處無休止地廝殺，造成的內傷，是永遠無法癒合的痛，那生生地要了魯迅的性命。

「托尼學說」集魯迅一身，那真是「吃人」的學說！真是要命的學說！加上魯迅固有的魏晉風骨，魯迅視無聲的中國為墳場，舉目茫茫，無處可逃，魯迅早早地辭世了，把自己融入中國這大墳場，融入這地母的懷抱。

魯迅死時，正當盛年，年方五十有六。

肩著黑暗閘門的犧牲者

魯迅在新文化運動中，是一個英勇無畏的鬥士。他在《狂人日記》裡，把寫滿「仁義道德」、「三綱五常」的中國歷史，痛斥為「吃人」的歷史，認為「所謂中國的文明者，其實不過是安排給闊人享用的人肉的筵宴的廚房。」（《墳・燈下漫筆》）具體到「父為子綱」，魯迅指出「他們以為父對於子，有絕對的權力和威嚴；若是老子說話，當然無所不可，兒子有話，卻在未說之前早已錯了。」（《墳・我們現在怎樣做父親》）這樣的父親，也就是傳統禮教的具體附麗者，實行者，因而也是吃人者。繼而，魯迅擔心，「現在的子，便是將來的父」，他們為父之後，是不是也要「吃人」呢？於是，魯迅發出了「天問」：「沒有吃過人的孩子，或者還有？」魯迅向著曠野的黑夜呼喊：「救救孩子……」怎麼救呢？辦法之一，就是變父母本位為孩子本位，變單一方面孩子無條件地對父母的「孝」為彼此的「愛」。

父母本位論者，認為父母生了兒女，他是兒女的債主、恩人，所以兒女盡孝，不違，是天經地義的。魯迅則指出：「飲食的結果，養活了自己，對於自己沒有恩；性交的結果，生出子女，對於子女當然也算不了恩。——前前後後，都向生命的長途走去，僅有先後的不同，分不出誰受誰的恩典。」（《墳・我們現在怎樣做父親》）任何兒女，都不是他要求父母生出他的。他們是父母尋歡作樂的結果，父母自然要盡撫養的責任；任何父母，也都不是自己長大的，自己被別人撫養大，現在輪到你撫養別人了，你就成了別人的債主？成了施恩於兒女的人？所以魯迅說：「『父子之間沒有恩』這一個斷語，實是招致『聖人之徒』面紅耳赤的一大原因。他們的誤點，便在長者本位與利己思想，權利思想很重，義務思想和責任心都很輕。」魯迅甚至把人與動物做了對比，認為中國的那種「施恩」與「盡孝」的思想，甚至連動物都不如。他說：「自然界的安排，雖不免也有缺點，但結合長幼的方法，卻並無錯誤。他並不用『恩』，卻給予生物以一種天性，我們稱他為『愛』。動物界中除了生子數目太多——愛不周到的如魚類之外，總是摯愛他的幼子，不但絕無利益的心情，甚或至於犧牲了自己，讓他的將來的生命，去上那發展的長途。」（《男人的進化》）魯迅是主張犧牲自己的，「自己背著因襲的重擔，肩住了黑暗的閘門，放他們到寬闊光明的地方去；此後幸福的度日，合理的做人。」（《墳・我們現在怎樣做父親》）

這樣看來，魯迅在反對「吃人」的舊文化、舊傳統中，也否認了對父母「無違」的孝道。魯迅是矛盾的。由於魯迅激烈地反傳統，而被某些國粹家所痛恨，他們以傳統美德維護者、愛國者自居，說魯迅是「漢奸」，請魯迅「搬出中國去」。

可是，魯迅對孝道等的抨擊，只是觀念上的解放。具體到行動上，他卻是一個地道的賢孫孝子。他說，一說到批孝，想到就是「孫子理應終日痛打他的祖父，女兒必須時時咒罵她的親娘」，這是某些國粹家故意的歪曲和中傷。魯迅的行為，絕對不是這樣的。我們考察魯迅的生平事蹟，卻發現魯迅是個「言行不一」之人。

據周建人在《魯迅故家的敗落》中說，魯迅的祖母、父親去世時，魯迅都披麻戴孝，又跪又叩，甚至飯前，還要燒香，「我的大哥代替我的父親成為一家之主了。他在火鍋上來以後，就拿起香來點著，開始上香，我們就跟他跪拜行禮了。」這樣一個魯迅，與以上所介紹的激烈反傳統的魯迅，相去何止天壤！

魯迅的盡孝，也到了「無違」的程度。最能體現這一點的，是魯迅接受了母親的「禮物」——他和朱安的婚姻。他到日本不久，就接到母親來信，說已為他訂了親，女方名叫朱安，是按舊式規矩教育養大的，不識字。這是典型的包辦婚姻。魯迅要求退婚，母親不允。一九〇六年夏天，母親的信又來了，說自己病重，要他速歸。他匆忙趕回，可是母親並沒有病，是誆他回來完婚的。無奈，魯迅接受了，他如期出席婚禮，頭上還裝上了一根假辮子；婚後第二天，也按著習俗隨朱安去娘家「回門」。可是，魯迅一生中與朱安並沒有同房，始終是名義夫妻。魯迅曾做過解釋，他為什麼承受了這種荒唐的婚姻呢？一是不願違背母親的意願，為了盡孝道，他甘願放棄了個人的幸福；一是不忍讓朱安做犧牲。在紹興，訂了婚又被退回娘家的女人，一輩子要受恥辱。魯迅在《我要騙人》一文中寫道：「倘使我那八十歲的母親，問我天國是否真有？我大約是會毫不躊躕，答道真有的吧。」為什麼呢？他說：「我不愛看人們失望的樣子。」魯迅克己奉母，不願拂逆母親，不願看到母親失望的樣子，可謂至孝。然而，代價是付出了一生的幸福。魯迅在婚後的絕望中對摯友傾訴說：「這是母親給我的一件禮物，我只能好好地供養它，愛情是我所不知道的。」母親包辦了魯迅的婚姻，給他帶來了長久的痛苦，他也沒有責怪母親的意思。周建人說：魯迅「對婚姻雖然失望，但他絲毫也沒有責備母親，對她的態度還是和以前一樣，既親切又尊重，有什麼事情總願意和母親說說。」（《魯迅故家的敗落》）

所有這一切，若是把魯迅僅僅理解成一個分裂的人、矛盾的人，一個言行不一的人，那就不免失之於淺薄。其實，魯迅是一個男子漢，是一個負重前行的勇敢的挑夫，是一個忘我的對老人採用老辦法，對新人採用新辦法的犧牲者。魯迅自己肩住了黑暗的閘門，因襲著歷史的重擔。這是一個什麼樣的重擔呢？魯迅後來苦嘆道：「一個擔子，挑的是一老一少，怎麼辦呢？」（《書信 • 350313 • 致蕭軍、蕭紅》）這一老一少，老的是母親，象徵過去，象徵傳統的舊生活；這少，是孩子，象徵未來，象徵新的生活。魯迅深知，母親送給他的禮物，

害了他，害了朱安一生的幸福，但他「無違」，因為他知道母親是無法改變的，他不想傷害母親的心。這不能簡單地理解為與他激烈的反傳統的思想是矛盾的，而只能成為他在觀念上之所以痛恨舊傳統的根據。這足以證明魯迅的愛心是多麼博大！他只是想著別人。他不僅為孩子犧牲，也為老人犧牲。他「一面清結舊帳，一面開闢新路」，改革，從自己開始！

寫道這，我的眼前分明看到了一個偉大的肩著黑暗閘門者的形象。他的背後，是無垠的黑暗；他的前面，是萬道金光——

這是一個不遜色於開天闢地之盤古的悲劇形象。

魯迅這座山

魯迅是一個偉大的存在，是中國文化史上的一個奇觀。有一百個讀者，就有一百個哈姆雷特，有一百個讀者就有一百個魯迅。蘇東坡詩云：「橫看成嶺側成峰，遠近高低各不同，不識廬山真面目，只緣身在此山中」，和廬山、泰山、武夷山等等名山一樣，魯迅也是一座山，是一座「文化山」。中國文化史上是有許許多多爭奇鬥豔的「文化山」，有「蘇東坡山」，有「曹雪芹山」等等。「魯迅山」和其他許多山的面目一樣，也是「橫看成嶺側成峰，遠近高低各不同」，站的角度和高度不一樣，看到的景色肯定不一樣。然而，看到的不一樣，不等於說「魯迅山」沒有一個本來的根本的面目。古時候，我們要畫一張世界地圖或中國地圖，都不是一件輕而易舉的事，為什麼呢？因為身在地球、身在中國，難以看清地球和中國的真面目。現在就不一樣了，人類站在了新的高度，從衛星上看中國，從月球上看地球，其真實的面目還是可以讓人一目了然的。

魯迅這座「文化山」是偉大的山，和泰山、黃山一樣，將永遠聳立在中華大地上。有朋友到過英國，他說英國人從首相到平民，都因為有了莎士比亞而驕傲。他們說，就是拿東印

度來換莎士比亞，他們也不換。我要說的是，我們也有魯迅，就是拿東印度與我們換魯迅，我們也一樣不換。可是，面對魯迅這樣一座雄偉的高山，現在有的人沒有「高山仰止」的敬畏之心，沒有民族的自豪感，他們不習慣於遠距離地欣賞魯迅這一「文化山」，而是鑽進深山老林，抓到一些腐枝敗葉，撿到還是別人扔下的一些垃圾，便把偉大拉扯到凡庸，彷彿魯迅這座「文化山」和別的小山小坡也並無兩樣，可不是嗎，魯迅的山上也有敗葉，也有垃圾，所以魯迅也是庸凡之人嘛。

一個時期以來，中國文壇在不斷地反對神化魯迅，這在剛剛粉碎「四人幫」的早期那幾年，應該說是有積極意義的。但這種積極意義也是十分有限的，它僅侷限在對某些外在的政治集團利用魯迅的批判和揭露上。可是，另外一種傾向出現了，以反對神化魯迅的名義，專門在「魯迅山」上撿垃圾，然後，把魯迅世俗化，把魯迅「還原為人」。他們要把魯迅變成什麼樣的人呢？如果是一個真實的人倒也還罷了，他們要把魯迅還原為一個庸俗的人，一個有著低級趣味的人。

不久前，我在福建的一張小報上看到據說是廈門大學老工友的某老人對記者的談話。他說，魯迅住在廈大時，晚上起來撒尿，是從二樓直接往土牆上尿下來的。這位老人對魯迅說，你不能這樣做。魯迅說沒關係的，這土牆很快就會把尿吸收並蒸發了。還說，魯迅不衛生，衣領是黑黑的等等。這位老人當時是不是學校的工友，他與魯迅有沒有交往，總之，他所說是不是真實的，這都是問題。我們現在的某些人挖掘魯迅的這一類「史料」，是什麼意思呢？退一百步說，即使是真實的，可是，這又有什麼意義呢？這又有什麼了不起呢？如果這一類「史實」也有意義，那魯迅怎麼屙屎，大約也可以做一篇洋洋灑灑的大文章了。

「老工友」的這類「史實」不是個別的現象，我在報刊上就見到好幾回了。當然，這「檔次」比較低，比較無聊。此外，還有一些比較雅、相對「高檔」的。這裡，我要說的比較有代表性的人物是董橋。

董橋「欣賞」的魯迅，是與眾不同的。

他的《甲寅日記一葉》一文提到魯迅：「午後進城，寄信數通，搭巴士赴倫大亞非圖書館還書。上二樓翻中文書，見《魯迅日記》三大函，織錦函套，每冊線裝布面。……此書只印一千零五十部，……恐目前私人雖出重金亦不可得也。」（《董橋文錄》，四川文藝出版社）他借出了《魯迅日記》第一函，翻了翻，感嘆曰：「全套日記以毛筆書寫，字跡秀雅得體，加之宣紙印上烏絲欄，更顯古意盎然。」董橋畢竟和魯迅不一樣，魯迅從「採菊東籬下」的陶淵明身上，卻看到了「刑天舞干戚」的金剛怒目狀；董橋不見先生的「心事浩茫連廣宇」，只看到魯老夫子的「古意盎然」。「心事浩茫」給人「沉重」之感，「古意盎然」自然是輕

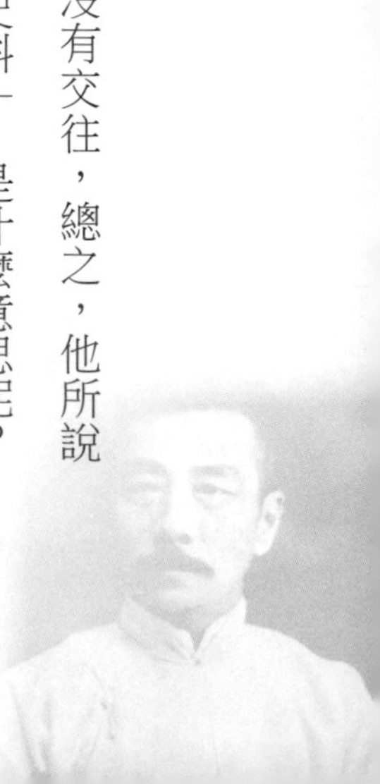

鬆灑脫了。這不得不讓我想起魯迅的那麼一段名言，他說：「這『猛志固常在』和『悠然見南山』的是一個人，倘有取捨，即非全人，再加抑揚，更離真實。」（《且介亭雜文二集•「題未定」草》）這「古意盎然」的魯迅，會是真實的魯迅嗎？

一九九七年八月，文匯出版社出版了董橋的小品集《文字是肉做的》，其中《叫魯迅太沉重》一文對魯迅多有議論，這些議論為我們勾勒出了董橋心目中的魯迅。董橋說：「魯迅其實不只是什麼新文化鬥士，他的傳統文化修養深厚，手抄古籍，搜羅箋譜，推動美術，不一而足。」先要指出的是，他的「不只」二字，彷彿有「兩點論」，因為這意味著他承認魯迅是「新文化的鬥士」；可是，他又在「新文化鬥士」前面加了「什麼」二字，這二字則完全暴露了他對做為「新文化鬥士」的魯迅的不以為然。他舉了周作人為魯迅手抄的《遊仙窟》寫過一段跋的事，說「魯迅筆下文字向來『周鼎』，手抄的這部《遊仙窟》竟成了『康瓠』，實在好玩」。「好玩」在哪裡呢？董橋說：「《遊仙窟》是唐人傳奇小說；仙窟者，妓館也，全書描述士大夫文人狎妓享樂的腐朽生活。」

董橋的意思是，對於《遊仙窟》這樣一部描述士大夫文人狎妓享樂的唐人傳奇小說，魯迅都愛不釋手，竟然手抄！這哪裡像一個新文化的鬥士呢？

有人抄寫《遊仙窟》抄出妓女的血淚，有人捧讀《遊仙窟》卻讀出嫖客的淫樂。許多道德家說及「仙窟」中人，多譴責妓女的傷風敗俗，而魯迅卻透過妓女的存在，看到了作踐妓女的「嫖男」。沒有「嫖男」又何來妓女呢？魯迅對「嫖男」的痛斥，不也包含著對妓女的深廣的同情嗎？從中，我們不也可以看到魯迅抄《遊仙窟》的用心一二嗎？

董橋突出《遊仙窟》是「描述士大夫文人狎妓享樂的腐朽生活」，是不是暗示人們，魯迅在心理層次上也想過這樣的「腐朽生活」呢？

董橋把偉大拉扯到凡庸，把神聖變成世俗，世無巨人，大家半斤八兩的論人方式，也不是只針對魯迅一人，對馬克思等人，他也是這樣做的。他有一本書的書名叫《在馬克思的鬍鬚叢中和鬍鬚叢外》，什麼是馬克思的「鬍鬚叢中」，又什麼是馬克思的「鬍鬚叢外」呢？原來，這是董橋的一個帶有「幽默」色彩的發明，據他在該書的《自序》一文中說，馬克思的鬍鬚很濃，「人在鬍鬚中，看到的一切自然不很清楚」，所以，要「寫些馬克思學說以外的文章」。董橋的集子「借他的鬍鬚分成『叢中』、『叢外』」。在下是一個不領風情、不諳幽默的人，折騰來折騰去，折騰了半天我才弄明白，原來鬍鬚內是馬克思的學說，鬍鬚外是馬克思的非馬克思學說。何以見得？董橋接著說道：「幸好馬克思這個人實在不那麼『馬克思』，一生相當善感，既不一味沉迷磅礴的革命風情，倒很懂得體貼小資產階級的趣味，旅行、藏書、念詩等等比較清淡的事情他都喜歡……」馬克思一生「最受誣衊」的經歷他淡去了，馬克思

一生戰鬥的業績他淡去了，留下的只是「小資產階級」的趣味。

可不，董橋有另一文章叫《馬克思博士到海邊度假》，說是一八八〇年夏天，馬克思帶一家人到肯特郡海邊避暑勝地藍斯蓋特度假的事。董橋的知識面是寬廣的，他說，藍斯蓋特「韻味十足」，《傲慢與偏見》裡的威克姆跟達西的妹妹私奔一節背景正是藍斯蓋特；珍・奧斯丁一八〇三年也到過那兒；詩人柯勒律治每年夏天都去游泳……馬克思也去了，而且還邊散步邊喝酒。在這篇文章裡，他也不管馬克思是在度假，仍然煞有介事地為在海邊休閒的馬克思戴上那頂「博士」的帽子，為什麼呢？為了與私奔者、作家、詩人並例，博士和詩人之類擺在一起，當然是很合適的了。

看了他對馬克思的評價，是不是有益於理解他對魯迅的態度呢？

由此，我想到關於希特勒的一個片斷的回憶。據希特勒的祕書說，希特勒彷彿還是一個愛兵的人，一個不失幽默的人。他到部隊去，和普通士兵交談，關心他們的疾苦，當希特勒看見士兵在打蚊子時，便開玩笑說：「哎，這不是你們步兵幹的事嘛，這是空軍的事。」這不乏風趣的語言，逗得士兵開懷大笑。希特勒的祕書當然只能突出希特勒的這一方面。可是，這「可親」的細節是不是希特勒的本質呢？顯然不是。希特勒無論怎樣幽默、「可親」，都抹不去他手上的血痕，都去不掉他身上的血腥。倘若我們根據一兩個細節，宣揚希特勒所謂的「人格魅力」，那我們不是要犯極大的錯誤嗎？

再反過來看問題，魯迅認為章太炎主要是因為革命業績而名震遐邇、青史留名的。魯迅說：「我以為先生的業績，留在革命史上的，實在比在學術史上還要大。回憶三十餘年之前，木板的《訄書》已經出版了，我讀不斷，當然也看不懂，恐怕那時的青年，這樣的多得很。我的知道中國有太炎先生，並非因為他的經學和小學，是為了他駁斥康有為和作鄒容的《革命軍》序，竟被監禁於上海的西牢。」（《且介亭雜文末編・關於太炎先生二三事》）那麼，章太炎留在革命史上有些什麼業績呢？魯迅說：「考其生平，以大勳章做扇墜，臨總統府之門，大詬袁世凱的包藏禍心者，並世無第二人；七被追捕，三入牢獄，而革命之志，終不屈撓者，並世亦無第二人；這才是先哲的精神，後生的楷范。」（同上）儘管王曉明不同意魯迅的觀點，認為這是魯迅晚年病態的一種表現，但客觀的事實是，假如章太炎只是研究「經學和小學」的章太炎，那他至多只能在他所涉學科留下蹤影，而不會在中國社會史、革命史上留光彩的一筆。他所研究的專業是那麼偏冷，若是因此而成為被大眾周知的歷史人物，似乎有點不可思議。道理也是一樣的，我們不能為了自己的需要、自己的喜好，只突出學者的章太炎而淡去了革命者的章太炎，倘若這樣，我也不說是章太炎的喪失，至少是變形的章太炎了。

魯迅一生都反對只抓住一點便大做文章的。許廣平在《關於魯迅的生活•片斷的回憶》中說及魯迅和C先生談起中國人的極端性時，說過這樣的話：「中國人對於某人的觀察，因其偶有錯誤，缺點，就把他的一切言語行動全盤推翻，譬如有人找出高爾基一點『壞處』，就連他的全部著作都不看。又如吳稚暉不坐人力車，走路，於是崇拜他，反而把他的另外行為，比損害一個人體力更不止的一切，都可寬待。又如孫傳芳晚年吃素，人們就把他的殺人兇暴，都給以原諒了。」希特勒有時有「人格魅力」，但改變不了他做為惡魔的客觀存在；章太炎有學者的一面，但他同時是一個革命者，甚至可以說他更重要的是做為革命者的歷史存在。這才是他們的真實，這才是他們的本質。

抓住一點，不及其餘，董橋抓住了魯迅的抄《遊仙窟》，而不論魯迅根本上做為戰士的存在。每一個人都是複雜的存在，尤其像魯迅這樣生前死後多有爭議的人物。我們肯定魯迅的什麼，否定魯迅的什麼，這都是問題，都可能給人不同的魯迅。甚而至於，突出魯迅的什麼，淡化魯迅的什麼，也能給人一個不同的魯迅。

那麼，什麼是魯迅的真實，什麼是魯迅的本質呢？

我以為，魯迅與現代作家、學者的不同之處，或者說，魯迅存在的偉大意義，在於他首先是一個戰鬥的作家。魯迅是熱的，而我們的一些作家、學者卻是冷的。在中國，作家、學者有許許多多，但像魯迅這樣一生不妥協地戰鬥，直到生命的終結，卻沒有第二個。魯迅與茨威格與羅曼•羅蘭與梵谷等藝術家有相通的地方，他們的血液是燃燒的，他們的生命充滿著激情。這激情在魯迅身上表現為神聖的憤怒。此外，魯迅真誠，反對一切的虛偽，對勞苦大眾有著熱烈的愛心、深刻的同情。這便是魯迅的最大真實，這便是魯迅的本質。如果魯迅如董橋所說，只是「手抄古籍，搜羅箋譜」，只是「士大夫文人」之類，那魯迅與那些洋紳士、土紳士又有什麼區別呢？那不是等於說，魯迅一生所痛恨所抨擊的對象，竟是他自己所默認所喜好的？

魯迅是非人間的。魯迅與金庸相比，金庸是世俗的，金庸是有價的，金庸是人間的遊樂園，進去了，快活一陣，甚至可以讓你整夜難眠。可是魯迅是無價的。魯迅是「鬼的精靈」，是天上的星星，是我們精神生活中的空氣。沒有星星，我們的天空將非常暗淡；沒有或缺少空氣，我們將很難生存或是只能低品質地生活。星星和空氣是最不值錢的，但卻是最不世俗、最形而上的，是最寶貴的。魯迅不是神，但註定是我們民族天空燦爛的星，是我們精神生活中一天也不能缺少的空氣——魯迅是人，但絕不是平凡的人，更不是世俗的、庸俗的人。世俗化的魯迅不是本質的魯迅，因而，也不是真實的魯迅。

魯迅之死

一

魯迅死了。

死了就死了，生有何樂？死亦何悲？這個世界有什麼可值得不捨的？倘有，又與這外在的世界何干？

魯迅曾作如是想，我是上也不是，下也不是，見多了上層社會的墮落與酸臭，更見多了下層社會的不幸與麻木，上不巴天，下不著地！奴隸總管們說他是「法西斯蒂」，是「雙重反革命」；資本家的走狗和「乏走狗」們則污之為領了盧布的人，是共黨份子，我是左也不接受，右也不容納，左右為難！曾經是「上窮碧落下黃泉，兩處茫茫皆不見」，如今卻「兩間餘一卒，荷戟獨徬徨」。

孤獨啊孤獨，絕望啊絕望，黑的夜，黑的長衫，裹著孤獨的絕望的黑色的靈魂。我要前行，卻要防著背後的暗箭，於是橫站。可是，無論怎樣橫站，總還有背後，總還可能被暗箭傷著。如果後腦勺能再長一隻眼，那該多好啊！如果有第三隻眼，那該多好啊！可是，沒有。於是，魯迅怒目圓睜著，青筋暴露著暴跳著，他彷彿要在後腦勺擠出那第三隻眼，那可以看清來自同一營壘的暗箭的第三隻眼！他說，「同我有關的活著，我倒不放心，死了，我就安心」。

生時，到處逃竄，無處可逃，滿目是枯樹的根，荒涼破敗的叢葬，那路也含糊，是似路非路的痕跡。滿懷著黑色的絕望，一如既往地奮然前行，向著死亡，以及那或可知或不可知的墳。

魯迅說，「我只很確切地知道一個終點，就是：墳。然而這是大家都知道的，無須誰指引。問題是在從此到那的道路。那當然不只一條，我可正不知哪一條好，雖然至今有時也還在尋求」。

然而，「那前面的聲音叫我走」，一路逃著，一路走著，腳早已走破了，流了許多血。魯迅甚至懷疑血不夠了，他想喝些血。可是，血在哪裡呢？我要喝血！然而我不願意喝無論是誰的血。於是，只能喝自己的血了，「我只得喝些水，來補充我的血」，血被稀釋了，「我的力氣太稀薄了，血裡面太多了水的緣故吧」！

「那前面的聲音叫我走」，冥冥中，最終的靈魂的歸宿地在召喚。一個老翁，見魯迅那麼疲倦、困頓，勸他：「你莫怪我多嘴，據我看來，你已經這麼勞頓了，還不如回轉去，因為你前去也料不定可能走完。」一路逃著，一路逃著，見了前面許多野百合，野薔薇，總之，

那些從地母懷裡生長出來的不像花園裡培植的自然的山野的帶野性的花，還有野草，見了那影影綽綽的墳叢，回轉去嗎？魯迅沉思著，「料不定可能走完？……」魯迅的眼光陰沉，黑色的衣褲皆已破碎，因為四處的奔逃，腳下還流著血，血已經快要乾了，也沒有自己的血可以喝了。他支著等身的竹杖，想著一路逃來，想著中國人各式各樣的好名目下的種種的假、瞞和騙；想著各行各業、此地彼地的種種的佔山為王；想著一個又一個的圈子以及對非圈內的人的驅逐，倘驅逐不了了，便為你設一個牢籠，還有那「奴隸總管」高高舉起的皮鞭；想著中國人種種的笑，媚笑和假笑，讓人起雞皮疙瘩的溫暖的笑與溫軟的笑，以及笑的溫暖與溫軟；再有，那就是祥林嫂、單四嫂子們的眼淚……如此想著，忽然驚起，「那不行！我只得走。回到那裡去，就沒有一處沒有名目，沒一處沒有地主，沒一處沒有驅逐和牢籠，沒一處沒有皮面的笑容，沒一處沒有眶外的眼淚」。魯迅幾乎是在心底嘶喊：「我憎惡他們，我不回轉去！」

哪怕，前面是或可知的或不可知的——墳。

「那前面的聲音叫我走」，別無選擇，無路可逃；雖有路，更無路可回……「力氣太稀薄了」，魯迅想，我還只能、只是往前走。「然而我不能！我只得走。我還是走的好……」於是，昂起了頭，奮然向前。

「前面？前面，是墳，」這是確定無疑的了。

魯迅，一個逃竄的過客，向野地裡踉蹌地闖進去，夜色跟在他的後面。白的鬚髮，黑的長袍；孔乙己一樣潦倒，魏連殳一樣無奈，狂人一樣義無反顧；白，那是在白日裡逃；黑，融進了黑的夜，是被夜所吞噬。墳，那總是黑的吧！我獨自遠行，不但沒有你，並且再沒有別的影在黑暗裡。只有我被黑暗沉沒，那世界全屬於我自己。

二

天是那麼黑暗，黎明之前的烏黑呀，把他捲走了。

魯迅上午通常在睡覺。經常從下午兩三點鐘開始接待客人，客人若在家裡吃飯，吃過飯又必要一起喝茶，或者剛剛喝完茶走了，或者還沒走，就又有客人來了，於是又陪下去，談話常常到十二點鐘……這麼長的時間，他都是坐在籐椅上，不斷地吸著菸。他每日大約要吸五十根的菸，還是劣質的菸。如果你有火眼金睛，你就能看到，魯迅那永遠直指蒼穹的豎髮，發梢上就冒著他的煙；如果你真有一顆慧眼，你就能看到，魯迅吸進的每一口菸，都是人間煙火，於是，他那一肚子邪火，便是人間的憤怒和激情。

客人一走，已經是下半夜了。大多的人沉入夢鄉，魯迅卻正要開始工作。在工作之前，

他稍微闔一闔眼睛，燃起一根菸，躺在床邊，這一根菸還沒有吸完，許廣平差不多就在床邊睡著了。海嬰這時也在三樓和保姆一道睡著了。

四野闃然，近於死寂，魯迅坐到書桌邊，在那綠色的檯燈下開始寫文章了。寫著寫著，雞叫了，汽車響了，魯迅把天給寫亮了。

就是這樣，俾畫作夜，魯迅「慣於長夜過春時」，一生中，他最不陌生的就是這黑夜，這黑色。

據說，日本人都是「工作狂」，魯迅在日本待了七、八年，是不是在日本染上了這毛病？魯迅說過，哪裡有什麼天才，我是把別人喝咖啡的時間都用到了工作上。魯迅給人的印象是，是一頭老牛、乏牛，吃草擠奶，天天就那麼工作著工作著，從不歇息。醫生多次提醒他、警告他，不要多動，不要太費神，不要太疲勞，要靜靜地躺著，要靜養。他答道：「我一生都沒有養成那樣的習慣，不做事，不看書，我一天都生活不下去。」這裡，他用忙，用工作，來逃避無聊和虛空。早時候，魯迅就曾說：「與其不工作而多活幾年，倒不如趕快工作而少活幾年的好。」他患肺病而每天五十根菸，他日復一日地熬過長夜，學醫的他，知道自己的壽限，知道自己將不同於凡人那樣有實在的生活，魯迅知道，他將過早地消亡。所以，他經常提醒自己的是：「趕快做！」

無處可逃，讀書、寫作，是他生時的唯一的靈魂的棲息地，他的憩園。

史沫特萊介紹來的美國D醫生給魯迅診察，用X光透視，診罷，認定魯迅是最能抵抗疾病的典型的中國人，並且說，倘是歐洲人，則在五年前已經死掉。魯迅說：這「……也宣告了我的就要滅亡。」魯迅雖然知道自己是短命的，但不知道自己將死，一九三六年的他，自以為大約還可以熬十年左右。當然，也可能他知道，知道自己的將要滅亡，只是對將死的自己不以為然？誰知道呢？

死前的幾天，時時提醒自己「趕快做」的他，在做些什麼？

日本醫生須藤要魯迅配合治療，魯迅卻對他說：「我請你醫病是有條件的。」

講條件？和醫生講條件？須藤醫生皺眉：「什麼條件？」

「第一，是要把病醫好，是要活命。第二，假如一動不動一個月可醫好，我寧願動動花兩個月醫好。第三，假如醫不好，就想法把生命拖延著。」

在病和命和工作之間，他選擇了工作。這樣的病人！

「趕快做」，他在趕著什麼呢？趕著完成什麼使命，還是趕著死？趕著逃往那有形的或無形的——荒塚？

須藤無語。

史沫特萊、茅盾、馮雪峰、胡風等友人，從魯迅的臉上看出了他的病，敦促他治病，希望他到國外治病，美國也行，蘇聯也行，日本也行，而且可以全家都去。宋慶齡自己也在病中，所以寫了一封信，信中說：「……你病得很厲害，我十分擔心你的病狀！」「我懇求你立即進醫院去醫治！因為你延遲一天，你的生命便增加一天的危險！」「我萬分盼望你接受為你擔憂、為你感覺極度不安的朋友們的懇求，馬上進醫院去醫治。」「我希望你不會漠視愛你的朋友們的憂慮，而拒絕我們的懇求！！」

然而，他不願離開工作，工作是他活著的最大理由，如果沒有家累，也許還是唯一的理由。他說：「我覺得，那麼躺著過日子，是會無聊得使自己不像活著的……」不工作地活著，那是另一種死去。有的人活著，但他已經死了；有的人死了，但是，可是，魯迅在想，想那些死去的活人。

無話可說。無處可逃。前面是滿是野草的墳，墳上生長著一叢一叢的墨綠的幾近黑色的絕望，他卻小跑著前行，前行！

三

就要死了，這個固執的那時體重只有三十八・七公斤的小老頭，在折騰些什麼呢？

魯迅是死於一九三六年十月十九日凌晨5時25分。此前十天，他折騰的是這麼些事——

9日：作《關於太炎先生二三事》。針對章太炎逝世後遭到官紳的歪曲和文人的奚落，指出章的受人尊敬是在於「他是有學問的革命家」，他的「業績，留在革命史上的，實在比在學術史上還要大」。他晚年「既離民眾，漸入頹唐」，「不過白圭之玷，並非晚節不終。考其生平，以大勳章作扇墜，臨總統府之大門，大詬袁世凱的包藏禍心者，並世無第二人；七被追捕，三入牢獄，而革命之志，終不屈撓者，並世亦無第二人：這才是先哲的精神，後生的楷范。」又說：「戰鬥的文章，乃是先生一生中最大，最久的業績，假使未備，我以為是應該一一輯錄，校印，使先生和後生相印，活在戰鬥者的心中的。」文章追念章太炎在革命史上的功績，概述了章太炎一生的功過。這是魯迅一生中的重要文章之一，文章極有才氣是自然的，行文也大有底氣，多有激情而不見衰朽之氣，一點也不像大病之人、壽限只有十天之人留下的文字。

此外，這一天，他還寫下了另一篇短文《紹介〈海上述林〉上卷》，稱讚《海上述林》「作者既系大家，譯者又是名手，信而且達，並世無兩」，「足以益人，足以傳世」。

10日：偕許廣平、周海嬰到上海大戲院看了普希金《杜勃羅夫斯基》改編的電影《復仇豔遇》，「覺得很好」，當夜在給兩位友人的信中還「做廣告」，勸他們「快去看一看吧」！

魯迅說過：「我的娛樂只有看電影，而很可惜很少有好的。」這是魯迅看的最後一部電影。死之將至，還和妻兒看了最後一部電影，這是最後的團聚，這又讓我感到，命運，冥冥中或許是有安排的。

11日：偕許廣平、周海嬰到法租界看房子，他決心要搬離虹口區這個老住地。晚年，他委託二弟周建人辦這事，他的目標很明確，就是要清靜，就是要住在租界裡。魯迅一生在逃，臨死，他要逃進租界，逃進中國人相對比較少的地方，逃進中國土地上非一般中國人之所在，逃到在中國的外國。難怪當代的清水君們還重複著古老的話題：魯迅，這個漢奸！

殊為可嘆！殊為可嘆！

這一天，他還給增田涉寫了一封信，回答了他提出的若干學問上的問題。

12日：給趙家璧等人寫信。到內山書店買書。吳朗西來訪。

13日：這一天，倒看不出有什麼事，日記記載，上午內山書店送來《西葡記》一本，三元三角。

下午須藤先生來診。

14日：「上午得明甫信，即覆。得增田君信，即覆。得端木蕻良信，下午覆……」一口氣回了三封信。下午還分別接待了來看望的蕭軍和黃源。

15日：日記記載：「往須藤醫院診，廣平亦去。又始服藥。」

致臺靜農信，回想徐懋庸等人的攻擊，心下耿耿：「我鑑於世故，本擬少管閒事，專事翻譯，藉以糊口，故本年作文殊不多，繼嬰大病，槁臥數月，而以前以畏禍隱去之小丑，竟乘風潮，相率出現，乘我危難，大肆攻擊，於是倚枕，稍稍報以數鞭，此輩雖猥劣，然實於人心有害，兄殆未見上海文風，近數年來，竟不復尚有人氣也。」沒有「人氣」之上海文壇，只能是群魔亂舞，陰氣森森。如之奈何？唯有逃離。

另致曹白信。信中針對曹白自認「淺薄和無學」的想法，說一個人是否「淺薄和無學」，「這要看地位和年齡。並非青年，或雖青年而以指導者自居，卻所知甚少，這才謂之淺薄或無學。若是還在學習途中的青年，是不當受這苛論的。我說句老實話罷：我所遇見的隨便談談的青年，我很少失望過，但嘩啦嘩啦大寫口號理論的作家，我卻覺得他大抵是呆鳥。」談到《海上述林》時說：「《述林》是紀念的意義居多，所以竭力保存原樣，譯名不加統一，原文也不加注了，有些錯處，我也並不改正——讓將來中國的公謨學院來辦罷。」這裡，「嘩啦嘩啦大寫口號理論的作家」，在魯迅眼裡成了「呆鳥」，這顯然是指「奴隸總管」和他們手下的一群打手了。好在魯迅沒有幾天好活了，如果魯迅繼續活下去，還會同意讓自己繼續成為旗子，被「總管」們揮來舞去嗎？魯

迅惹他們不起，逃總行吧？逃進租界總可以吧？三十六計走為上——「走」在古代，本來就有逃的含意在。

可是，我估計魯迅逃進租界也不行，當年，「奴隸總管」和他們的小嘍囉狄克之流，就是躲在租界「嘩啦嘩啦大寫口號理論」的。倘若魯迅到了租界，正在靜心散步，「奴隸總管」像阿Q那樣「我手執鋼鞭將你打」，跟著一群小嘍囉，魯迅見了，「哎，怎麼又是你們啊！」他往哪裡逃？前面？前面是——墳。

16日：作《曹靖華譯〈蘇聯作家七人集〉序》。序文批評翻譯界一哄而起、一哄而散的風氣，讚揚了曹靖華二十年來腳踏實地、精益求精地從事翻譯工作的精神。

17日：作《關於太炎先生而想起的二三事》。這是魯迅的最後一篇文章，未寫完而輟筆。本文主要是針對吳稚暉而作的。這年的一月，吳稚暉發表回憶文章，攻擊章太炎。魯迅在文章中以清末剪辮為話題，回憶了在日本留學時的一段經歷，重新提起並肯定了章太炎對吳稚暉的批判。並指出，章太炎晚年「希蹤古賢」，在手定《章氏叢書》時，都不收當年攻戰的文章，「其實是吃虧，上當的，此種醇風，正使得物能遁形，貽患千古。」

下午，收曹靖華信，在體力極度不支的情況下當即回覆，信中說：「我病醫療多日，打針與服藥並行，十日前均停止，以觀結果，而不料竟又發熱……此病雖糾纏，但在我之年齡，已不危險，終當有痊可之一日，請勿念為要。」死到臨頭，他對自己的病仍不以為意，不以為然。末了，他還不忘抨擊一番，「此地文壇，依然烏煙瘴氣，想乘這次風潮，成名立業者多，故清滌甚難。」

寫完信，魯迅穿上袍子，下樓打算出門散步。在樓下的許廣平見魯迅要外出，而外面正颳著風，心想勸阻，又知道很難，就提醒他：「衣裳穿夠了嗎？」

魯迅伸手摩摩裡面穿著的絨線背心，說：「夠了。」

許廣平又說：「車錢帶了沒有？」

這大約是不是問題的問題吧，魯迅沒有吭聲，走了。

這次外出，是他這一生最後一次出門散步。

下午與胡風訪日本友人鹿地亙、池田幸子夫婦，根據鹿地亙《魯迅和我》和池田幸子《最後一天的魯迅》記載，他們相談甚歡，話題與鬼、與死亡有關，他們談到魯迅的《死》，談到《女吊》。

鹿地亙是亡命中國的日本年輕學者，由內山完造介紹認識。這時，他正在翻譯《魯迅雜感選集》。因為有了疑問，幫助翻譯的胡風前去找魯迅，這樣，魯迅就親自來了。

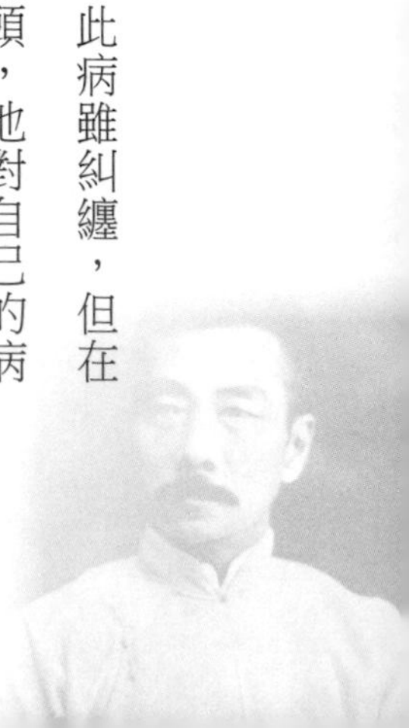

見到魯迅使鹿地亙夫婦十分高興。池田幸子擔心魯迅被北風吹壞了身體，連忙關上所有的門窗。

「坐吧！」熱心的主人讓魯迅坐家中唯一的帆布椅子。

「這似乎是不穩當的……」魯迅說著，親自拉過來一把方形的木椅坐下，池田幸子上前為他加放了一個小小的紅墊子，同時大笑著說起有一次胡風坐折了椅心的事情。

「請把這個送給日本朋友。」魯迅把《中流》連同英文的Voiceof china，以及兩冊珂勒惠支版畫選集一同放在桌上。然後告訴鹿地亙說：「這一次寫了《女吊》。」

文章的寫成，無疑給他帶來莫大的快慰。說話時，臉部全被笑意擠成皺紋了。

「先生，你前個月寫了《死》，這次又寫了吊死鬼，下次該寫什麼呢？真可怕——」池田幸子聽胡風說過魯迅肺病的嚴重情況，以這樣瀕臨死亡的人，竟一次又一次地尋找死亡的題目，是她所不敢想像的。

魯迅笑而不答，突然問道：「日本也有無頭的鬼嗎？」

鹿地亙回答說：「無頭鬼，沒有聽說過，但腳是沒有的。」

「中國的鬼也沒有腳，似乎無論哪一國的鬼都是沒有腳的——」

於是，在魯迅和鹿地亙之間，古今中外文字中的「鬼」便成了共同的話題。胡風和池田幸子因為從來未曾聽見過別人把鬼這種東西說得這般有趣，不時地發出愉快的笑聲。

魯迅接著說起紹興教書時踢「鬼」的故事。

「從學校回家的路是這樣彎曲的，」他用細長的手指在桌沿畫了一條弧線，說，「但有一條斜行的近路，是經過墳地的。一天晚上，我在學校耽久了，回家時我選擇了近路。兩邊草很高，我在小路裡走著走著，忽然看見有個白東西向面前走來，走到面前就像石頭那樣不動了。哎呀，我當然不信鬼類的東西，但也有點害怕，這裡跳動起來了——」他按著乾癟的胸部，繼續說：「回頭呢？還是怎樣？沒有法子想，只好仍舊往前走了……白東西不動……走近去一看，原來是一個人蹲在那裡。我喝了一聲：『在幹什麼呀！』踢了他一腳，他就向草中逃走了，到了家裡以後，還盡是心跳，那似乎是個小偷。」

說起鬼來，好像他有許多特別的感興，又說：「最可怕的是日本的鬼，在日本戲裡有的，是叫做什麼呀？呵，是的，叫牡丹燈籠……還有御岩。我在仙台時常常花費八分錢站著看戲，可是御岩很髒，是討厭的。」

「中國的鬼非常奇特，」他介紹了女子常常變作鬼魂，又常常有與鬼魂親昵的男人的故事，以為這是很真切地表現了小資產階級的心理的東西。「因為是鬼，只好在夜裡

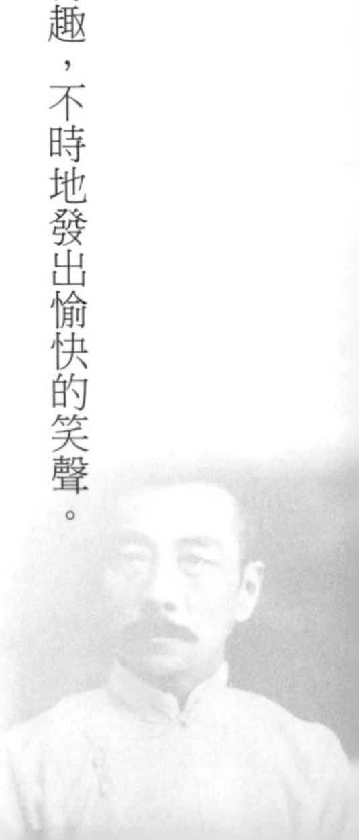

出來，在不必要時就隱滅了，別人不會知道，而且無須給予。我以前想：若有那樣的鬼倒是好的。」

說罷，哈哈大笑起來。

這時候，風大起來了，魯迅時時地咳嗽著。池田幸子幾次想用空菸盒代替痰罐遞給他，又怕他發煩，弄得心裡非常不安。

「鬼的時節在日本是夏天，所以在那時演戲，現在已經是秋天了，鬼要漸漸隱退了吧……」

鹿地亙說完這句總結性的話，鬼魂真也彷彿隱退了。只是，自殺接替它而成了新的話題。

「現在說吊死吧，這也是女人常做的。」魯迅說：「在中國，吊死在男子是很少的。據傳說是因為死了的鬼魂來把活人哄去，所以有這種自殺。古時候王靈官這個人把男吊打死了，所以剩下來的就很少，而女的卻沒有被打死，便常常出來帶了活人去。因此說吊死鬼，照例是指女人無疑的。」

他又說：「女人自殺，近來往往用吞嚥金子的辦法。因為金子是重的，停在腸裡會引直腸炎。這種自殺，因為不是直接的，要費相當時間，所以弄得有的人結果不願意死了。

醫生使金子和排泄物一同出來的方法來救治。女人等痛苦停了之後，最先查問的事是：『先生，我的戒指呢？』……」

大家不禁大笑。

「我要靜默三分鐘，」他從衣袋裡取了體溫計，說，「每天四點鐘左右都要測一次體溫。」說罷把體溫計插進口內。一時默然。

「熱倒沒有。」過了一會兒，他說。

「時間太短咧。」

「這是因為必須給醫生看的，這樣就可以了。」他這樣說，立刻把體溫計裝進衣袋裡去了。

死之將至，談的都是鬼和死，而且還能談笑風生，笑談鬼神。此時，我甚至都能感受這是天意了。

他們又說了許多話，魯迅才告辭。他阻止胡風送他，這樣，胡風就和鹿地亙立即回到樓上工作了。

送他的是池田幸子。門外，她向一個瘦小的背景揮手道：「好好保重，再會！」

風不小，魯迅是那麼瘦小，讓人擔心，他會不會被風颳走？

從鹿地亙那裡回來，時候已經不早了。

傍晚，周建人過來，魯迅精神甚好，當周建人要回寓時，魯迅又講起搬房子事，並且非常堅決急迫地說：「房子只要你替我看定好了，不必再來問我。一訂下來，我就立刻搬，電燈沒有也不要緊，我可以點洋燈。搬進去後再辦接火等手續。」魯迅真的是急著要逃離此地啊！莫非，他感覺到了此地冥茫的陰氣？

魯迅一天幾無休息，他們談話至十一二點。

周建人走後，許廣平立刻整理臥具，催促他休息。他坐在椅上，說：「我再吸一根菸，妳先睡吧！」至一時方才上床休息，就是說，他到了十八日的凌晨方才躺下。

這一天的日記是這樣概述以上的日程的：「上午得崔真吾信，得季市信，得靖華信，午後覆。須藤先生來診。下午同谷飛訪鹿地君。往內山書店。費君來並交《壞孩子》十本。夜三弟來。」

18日：這是魯迅的最後一天了！日記上只留下「星期」二字，沒了。

魯迅一點鐘躺下。三時半，許廣平見他坐起來，便也坐起。他呼吸有些異常，似氣喘初發的樣子。後來繼以咳嗆，咳嗽困難，氣喘更加厲害。

他告訴許廣平：「兩點就醒來了，睡不好，做噩夢。」

正是深夜，請醫生是不便的，為了減輕他的痛苦，許廣平把自己事先備下的「忽蘇爾」氣喘藥拿出來給他服了。按照說明書的提示，陸續服過三次，然而，病態仍然不見減輕。接著，病勢急變，不能安寢，連斜靠休息也不可能。終夜屈著身子，雙手抱腿而坐。許廣平坐在他身邊，十分難受，卻也無計可施。

魯迅叫許廣平早上七點鐘去託內山先生打電話請醫生。六點鐘，她就匆匆的盥洗起來，六點半左右就預備去。他坐到寫字桌前，要了紙筆，帶起眼鏡準備寫便條。許廣平見他氣喘太苦了，要求不要寫了，由自己親口託請內山先生好了，他不答應。無論什麼事他都不肯馬虎的。就是在最困苦的關頭，他也支撐起來，仍舊執筆，但是寫不成字，勉強寫起來，每個字改正又改正。

寫至中途，許廣平又一次請求他，不要再往下寫了，其餘的由她口說好了。他聽了很不高興，放下筆，嘆一口氣，又拿起筆來續寫，許久才湊成了短短幾行，字跡歪歪扭扭的信——也許，這是魯迅一生中寫得最為歪歪扭扭的信了。

這是魯迅的絕筆，內容是：

老闆幾下：

沒想到半夜又氣喘起來。因此，十點鐘的約會去不成了，很抱歉。

拜託你給須藤先生掛個電話，請他速來看一下。草草頓首

L拜十月十八日

看完信，內山先生立即給須藤打電話，隨後立即趕到魯迅家。

內山親手給魯迅藥吃，並且替他按摩背脊很久。魯迅告訴內山先生，說苦得很，苦得很。

許廣平等邊上人聽了，都非常難受。

須藤先生來了，給魯迅注射。那時，魯迅雙足冰冷，醫生給他熱水袋暖腳，再包裹起來。

須藤從旁觀察他兩手指甲已經發紫色，神色凝重，許廣平見狀，意識到這回是很不平常而更嚴重了。

八點過後，內山因店裡有事，先離去了。

須藤留下，繼續觀察著魯迅的病情。

日報到了。

魯迅問許廣平：「報上有什麼事體？」

許廣平說：「沒有什麼，只有《譯文》的廣告。」許廣平知道他要曉得更多些，又說：

「你的翻譯《死魂靈》登出來了，在頭一篇上。《作家》和《中流》的廣告還沒有。」

魯迅說：「報紙給我，眼鏡拿來。」

許廣平把那有廣告的一張報給他，他一面喘息一面細看《譯文》廣告，看了好久才放下。醫生又給他注射，但病狀並不減輕。中午吃了大半杯牛奶，一直在那裡喘息不止，見了醫生似乎也在訴苦。

下午六點鐘左右，內山叫來了看護婦，給他注射和吸入酸素，氧氣。看來效果還不錯，他已經能夠安臥。

七點半鐘，許廣平送牛奶給魯迅，他說：「不要吃。」

過了些時，他又問：「是不是牛奶來了？」

許廣平說：「來了。」

他說：「給我吃一些。」

飲了小半杯就不要了。其實是吃不下去，不過他恐怕太衰弱了支持不住，所以才勉強吃的。到此刻為止，他還是希望好起來。

須藤觀察了很久，以為大約不妨事，交代說明天再來，便回家去了。隨後，內山也回到店裡，但是仍然放心不下，先是派了一個店員到魯迅家裡住下，吃飯後，又親自請來了石井醫生。

診察的結果，說是非常嚴重，內山便和許廣平商量把周建人也叫來。

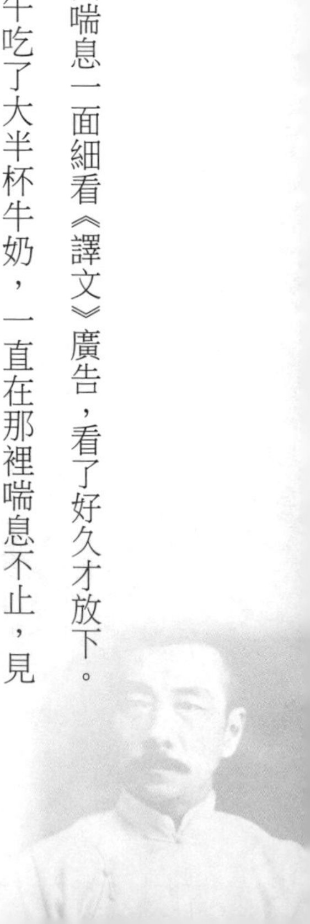

周建人來不久，馮雪峰也來了。

許廣平勸內山回去休息，內山不肯走，一直過了子夜，這才起身告辭。

看護婦也睡去了。

這時，由許廣平看護著魯迅，幫他揩汗。好幾次，揩他的手時，他都緊緊地握住她的手，不肯鬆開——這是他人間的牽掛啊！

「時候不早了，妳睡吧！」魯迅對許廣平說。

「我不瞌睡。」許廣平在他對面的床腳上斜靠著。

他不時抬起頭看她，她笑笑，安慰他說，病情似乎好了許多。他不說什麼，又躺下了。

他似乎有些煩躁，好幾次推開被子，許廣平怕他受涼，連忙蓋好，過一刻，他又推開。看護告訴他，心臟十分衰弱，不可亂動的，他才不大推開。

一九三六年十月十九日晨四時，夜正深沉，東方未曉，魯迅用極微弱的聲音對許廣平說：「要茶……」這便是他留在人間的最後兩個字。此後，進入了彌留狀態。

許廣平匆匆囑咐守候在家的內山書店店員，要他通知醫生和內山完造。

周建人上樓看到，魯迅頭朝內側。再仔細一看，只見他的衣服都已經換上，鞋襪穿戴整齊，一切都已經停停當當了。這時，日本看護田島在收拾醫療器具，不一會兒已經收拾停當，向許廣平、周建人深深地鞠躬，退出了房間。其時為：五時二十五分，心臟麻痹，呼吸停止。

內山完造說：「……我就聽到了老闆老闆的喊聲。我吃了一驚，跳了起來，把窗戶打開。」

來人對他說：「請你馬上來！並且請你馬上請醫生來！」

於是，內山完造當即叫傭人去請石井醫生和須藤醫生馬上來診視。然後，他就跑到只距離幾百米遠的魯迅家。時間是五時五十一分。可惜……內山先生到的時候，魯迅的額頭還溫暖，手也還溫暖；但呼吸已絕，脈搏也停止了！「我用一隻手握著先生的手，一隻手按在先生的額上，溫味漸漸地消失下去了。」

四

魯迅死了！

死了，那是逃到了極地，未嘗不是一種解脫，當然始可安心了。

生時，魯迅常常在思考那死。魯迅想，中國人有一種矛盾思想，即是：要子孫生存，而自己也想活得長久，永遠不死；及至知道沒法可想，非死不可了，卻希望自己的屍身永遠不

腐爛。但是，想一想吧，如果從有人類以來的人們都不死，地面上早已擠得密密的，現在的我們早已無地可容了；如果從有人類以來的人們的屍身都不爛，豈不是地面上的死屍早已堆得比魚店裡的魚還要多，連掘井，造房子的空地也沒有了嗎？所以，魯迅想，凡是老的、舊的，實在倒不如高高興興的死去的好。

是的，活著的時候一點也不開心。整個中國就是一個大墳場。有一個墳裡的鬼，因為苦於墳中的黑暗和窒息，打開了墓門，他要來吸一吸生的空氣，然而，這空氣是這樣的惡濁啊，官們身上的惡臭，娘們身上的妖冶，書生身上的酸腐，工人、農人們身上的汗味和血腥味……喔喔，還真不如墳墓，真不如墳墓中的寧靜！如何死而復醒呢？如何又來這可恨的非人間呢？於是，他在人間買了一瓶安眠藥，推開墓門，又回歸於那深的黑和黑的深奧了。是的，如此，實在倒不如高高興興的死去的好。

魯迅說了，死了，趕快收斂、埋掉、拉倒，不要做任何關於紀念的事情。

是啊，那隆重的紀念，那在旗竿下降下一半的一塊破布，固然可以在風中招搖，可是，一個死者，倘不活在生者的心中，那便是永遠的死了；一個死者，如果活在生者的心中，那便是永恆。

不想拉倒的只能拉倒，想拉倒的卻再也拉不倒。

遷墓

一九三六年十月十九日，魯迅在上海大陸新村九號寓所逝世，安葬在萬國公墓。

中共建政後，為了便於瞻仰，一九五六年一月，國務院作出魯迅墓遷建於虹口公園的決定，上海市成立以市長陳毅為主任委員的「魯迅墓遷墓委員會」，同時成立有陳植、張慧忠等九人組成的「魯迅墓建築設計委員會」。七月十九日開工，十月九日竣工。

虹口公園離魯迅故居較近，是他生前經常散步的地方。

依據魯迅的性格，墓的設計全部採用花崗石，而且大部分用平石，據說是為了體現魯迅樸實、剛毅的性格。

一九五六年十月十四日，魯迅靈柩遷葬儀式隆重舉行，宋慶齡、茅盾、周揚、許廣平及各界人士兩千多人出席了儀式。

上午七時五十分，茅盾、周揚、許廣平、金仲華、巴金、陳虞孫、許欽文、孔羅蓀等人到萬國公墓起靈。

巴金和上海市副市長金仲華將一面縫有黑字的「民族魂」紅旗覆蓋在魯迅先生的靈柩上，

這是按照二十年前的那面旗子製成的。一九三六年魯迅去世時，覆蓋棺木上的是沈鈞儒手書的白色黑字的「民族魂」。據說，革命已經勝利，因而白色改成了紅色。

當人們輕輕地從靈車上移下靈柩，穩妥地將其安放在車架上時，秋風吹起了紅綢的一角，許廣平把自己心愛的圓寶石別針從衣領上取下來，簪住它。

大約上午十時許，靈車緩緩駛入公園。

宋慶齡、茅盾、周揚、巴金、許廣平、靳以、金仲華，以及時任上海市委書記的柯慶施等十一人扶著靈柩。柯慶施在靈柩左前方，柯之後依次是許廣平、宋慶齡等；茅盾在靈柩右前方，茅之後是巴金、周揚、靳以等。

魯迅遷墓時，周海嬰已是二十好幾的人，他是魯迅的獨生子，照理，他應該是扶柩的人。可是，卻沒有。這表示，所謂魯迅者，已經不是許廣平母子的魯迅，不是周家的魯迅，而是官家的魯迅了。

時隔二十年，參加兩次抬棺的，只有巴金和靳以。世事滄桑，魯迅去世時的抬棺人，都不再年輕。有的已經不在人間，比如周文早逝；有的去了不該去的地方，比如胡風；有的不在上海，比如去了臺灣的黎烈文、孟十還；有的是外國人，比如鹿地亙等。總之，二十年後已經不是二十年前了，此時非彼時。

在蕭邦的《葬禮進行曲》中，在肅穆的道路上，許廣平他們緩緩地扶柩前行。

靈柩由扶柩人抬著至墓穴的落葬架上，徐徐落入墓穴中，在場的人肅立致哀。許廣平看到靈柩落入墓穴時，淚珠湧出了眼眶，宋慶齡在她身旁輕輕挽著她的胳膊，默默地安慰她。

墓地上，放滿了各界人士送來的鮮花和花圈，墓碑前安放著中共中央、國務院和宋慶齡等人獻的五個大花圈。中共中央獻的花圈輓聯上寫著「魯迅先生永垂不朽」幾個大字。

巴金、茅盾和許廣平先後致詞。

巴金在墓前報告了籌備遷葬的經過，說：「從此先生的遺體得到永久的安息；景慕先生的人們也有瞻仰和學習的機會；先生留下的豐富的文化思想遺產將廣泛為中國人民所接受，先生的智慧和光芒將更普遍地照亮中國青年的心靈……」

茅盾說：「今天在場的同志們中間有不少是參加過二十年前的葬儀的。二十年前，我們許多人都希望把魯迅墳墓改建得和他的崇高人格相稱，現在這希望成為事實了。」

許廣平表示要發揚魯迅的精神，來建設新中國。

接著，上海市有關領導揭開了墓前由中央美術學院教授蕭傳玖創作的魯迅先生銅像的幕布。

魯迅銅像坐落在花崗岩的基座上，淨高一・七一米，坐北面南，但見魯迅一襲布衣長衫，

坐在一把江南常見的籐椅上，腳穿一雙千層底的布鞋，一根根像刺蝟一樣堅毅向上的短髮依舊挺拔，表情平靜而深沉。魯迅的冷眼，炯炯有神，好像能夠洞穿數千年的歷史，直達人類的靈魂世界。

毛澤東題寫的「魯迅先生之墓」金光閃閃，大氣磅礴。這等於冊封了，從此，這是官家的魯迅，這是毛澤東的魯迅。

在上述熱鬧進行時，魯迅的魂魄從棺木中遊蕩出來，來到墓碑前，仔仔細細瞅著毛澤東粗野的大字，嘀咕道：「這山大王，卻也豪氣！我的書屋是『綠林書屋』，他這山大王卻也有綠林氣！」

可是，那舊的墓碑呢？魯迅想起許廣平手把手讓周海嬰寫下的歪歪扭扭的「魯迅先生之墓」，那是最可他的心的！這墓碑被扔到哪裡去了？「俯首甘為孺子牛」，他的孺和子，為他寫了那墓碑，那是把廣平兄和嬰兒的心刻在上面了啊！如今，卻被山大王給擠佔了。這山大王，可惡！

此時，魯迅還想到了蕭紅。蕭紅遺言，將她葬在魯迅墓邊，陪伴魯迅。在蕭紅眼裡，「魯迅先生的笑是明朗的，是從心裡的歡喜。若有人說了什麼可笑的話，魯迅先生笑得連菸捲都拿不住了，常常是笑得咳嗽起來」。魯迅是故鄉的一條河。她對魯迅，彷彿有前世的記憶？

彷彿想起了她摯愛的爺爺？魯迅也是喜歡蕭紅的，她甚至能和海嬰玩成一團。他慈祥地看著她，就像看著自己的女兒。廣平兄、海嬰等等人都活著，而且還要活著。蕭紅命短，魯迅當然同意並喜歡她陪伴在自己的邊上。如果蕭紅在萬國公墓的魯迅舊墳邊安個新墳，那魯迅不是多了一個鄰居嗎？不是多了一個彼此關愛的人嗎？然而，現在的魯迅，死後的魯迅，身不由己地成了官家的魯迅，就像喪家犬孔老二成了官家的孔聖人一樣。如此，蕭紅是來不了了，來不得了。這樣的「聖地」，怕是蕭紅也不願意來哩。

不要了海嬰寫的墓碑？魯迅想，這世上自然有適合為我寫墓碑的人，那就是前輩蔡元培子民先生。蔡先生是新文化運動的先驅之一，是同鄉，曾經給周氏兄弟許多幫助。如果不是蔡元培，魯迅是否還在紹興教書？成天與孔乙己說拓片？與范愛農喝紹酒？卻也難說。

蔡先生之外，胡適嗎？陳獨秀嗎？沒有人配給魯迅寫這墓碑了，是的，沒有人了，沒有合適的人了。

魯迅沒有什麼家財留給周海嬰。晚年，他逐字逐句地抄錄《兩地書》，那是他和廣平兄情感的結晶，有了這部結晶，才有了周海嬰這愛情的結晶。「憐子如何不丈夫」，他要把這親抄的《兩地書》留作「傳家寶」，留給子孫做為最好的禮物。魯迅死了，而有了這妻與子寫下的「魯迅先生之墓」，魯迅歡喜。魯迅想，我這遊魂，哪怕上了天堂，下了地獄，哪怕

在空氣中、大海上遊蕩，有了這幾個刻骨銘心的字，也曉得回家的路啊！

在毛澤東的魯迅墓碑前，魯迅想，這山大王，這粗野的山大王，雖然他和我一樣有綠林氣，沒了廣平兄與嬰兒的字，我這遊魂，一出離了這官家的廟堂，怕是就找不到回家的路了。

此時，魯迅還想到了孔子。孔夫子死了以後，我以為可以說是運氣比較的好一點。因為他不會嚕嗦了，種種的權勢者便用種種的白粉給他來化妝，一直抬到嚇人的高度。白粉嗎？不是的。一九三六年時，是白底黑字的「民族魂」——什麼「民族魂」，我魯迅更像孤魂野鬼，更像民族的遊魂——白和黑，那還像喪幡，而今，據說還是「民族魂」，卻成了紅底的了，是的，紅底黑字。這是喜喪哈，哈哈！我說了，孔夫子之在中國，是權勢者們捧起來的，是那些權勢者或想做權勢者們的聖人，和一般的民眾並無什麼關係。然而對於聖廟，那些權勢者也不過一時的熱心。因為尊孔的時候已經懷著別樣的目的，所以目的一達，這器具就無用，如果不達呢，那就更加無用。在現代中國的孔夫子，成了敲門磚。於今，我也成了「在現在中國的孔夫子」？這新墳，是廟嗎？是魯廟？他們捧我，我魯迅如此矮小，還好我瘦，要是胖了，就差沒成為武大郎，哪來的「三個偉大」？見鬼！活見鬼！死了也見鬼！他們懷著什麼目的？這或許只有他們知道。

當年圍剿我的人，那個「奴隸總管」周啟應，現在是周揚了，也來為我抬棺，呵呵，哈哈。

我憎惡那些拿了鞭子專門鞭撲別人的人們。魯迅嘀咕，以我自己而論，總覺得縛了一條鐵索，有一個工頭在背後用鞭子打我，無論我怎樣起勁的做，也是打，而我回頭去問自己的錯處時，他卻拱手客氣地說，我做得好極了，他和我感情好極了，今天天氣哈哈哈……真常常令我手足無措。我活著的時候就說過了，有些手執皮鞭，亂打苦工的背脊，自以為在革命的大人物，我深惡之。態度軒昂的「四條漢子」——哦，對了，當年他們的小跟班，那個叫狄克現在已經是張春橋的傢伙，也混跡在遷墓的闊人中了——其他各位好漢可都好？應該在當下都混得不錯都成了闊人了吧？魯迅想起了韋素園死後自己說過的話：文人的遭殃，不在生前的被攻擊和被冷落，一瞑之後，言行兩亡，於是無聊之徒，謬托知己，是非蜂起，既以自玄，又以賣錢，連死屍也成了他們的沽名獲利之具，這倒是值得悲哀的。此時，做為「元帥」和「工頭」的他也捧起我來？還為我抬棺？他抬的是官吧？他是為了他這個官吧？與我有鳥相干！把我供進了聖廟了，這是山大王供神的聖廟。可是，我不是神，這也不是我要的所在。這墳墓待不得。待了會悶死的！可是，魯迅想，我不是已經死了嗎？那是比死更苦痛的死？更徹底的死？死了也不得安生！總之，總而言之，「破帽遮顏過鬧市，漏船載酒泛中流」，我要出逃了，我要逃離這個神聖的廟堂！

逃向哪裡呢？向天堂？天堂裡擠滿了每一根頭髮都有固定位置的洋博士徐志摩者流，還

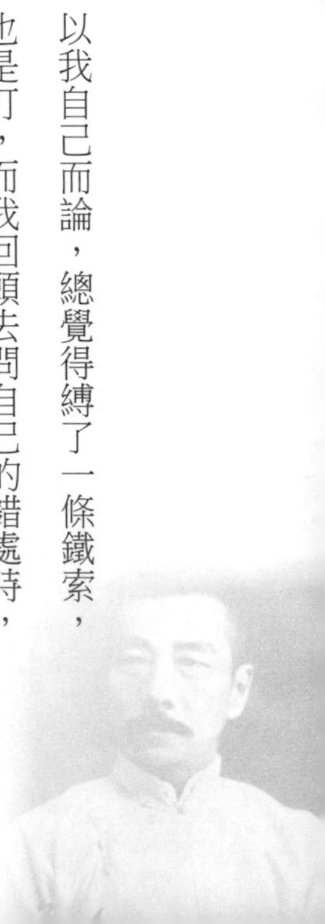

有他那流著香汗的酸酸的紅顏。不，那是你們的天堂！

逃向地獄？或可見到不幸的阿Q和祥林嫂？祥林嫂捐了門檻，是不是還被兩個丈夫給鋸了？孔乙己還在練書法，寫他的「回」字？他可有酒喝？活的地獄，也強似那死的天堂。

不，地獄的大門不會向魯迅敞開，因為真的地獄來來往往的都是偽君子。魯迅是真的惡人，是報喪的烏鴉，是鬼的精靈。然而，去向哪裡呢？去向永遠，去向虛無，去向無墳的荒塚。

此後，我們到哪裡找尋魯迅？魯迅說，有的專愛瞻仰皇陵，有的卻喜歡憑弔荒塚。我們面對蒼茫的大地，我們仰望天上的群星，那便是魯迅。是的，魯迅活在空氣中。

魯迅死了多少年了？魯迅墓旁，高樓林立，是水泥的森林，魯迅被壓得喘不過氣來！魯迅墓前，一堆的半老徐娘在跳廣場舞，「我種下一顆種子，終於長出了果實，今天是個偉大日子，摘下星星送給你，拽下月亮送給你，讓太陽每天為你升起」，魯迅笑了，聽這喊叫，他想起涓生，這應該是涓生對子君的表白？他又想起自己的小說《幸福的家庭》，嘀咕，好得了嗎？好得了幾天？……子君也在跳舞？也好，也好。接著，是「文革」歌曲，喧囂鼎沸，比魯迅當年在日本聽的「嘭嚓嚓」一類要激烈許多。魯迅喃喃道：「可惡！……」魯迅細瞅，舞者中少有子君，自然也不會有蕭紅了，卻大約更像祥林嫂和單四嫂子。可是，祥林嫂們也舞了起來。祥林嫂，終究是可憐惜的。魯迅雖然煩躁至極，卻也無話可說，他能對著祥林嫂和單四嫂子咆哮嗎？他克制著自己。遙想當年，自己也是在這邊上的故居，那靜得連針掉到地上也能聽得出聲響，那夜的汩汩可以從筆端流淌出文字。某天夜裡，有貓發情了，魯迅用鐵皮的香菸罐砸那發情的貓。可是，當下，面前，這一群的祥林嫂，還有單四嫂子，這可不是發情的貓！魯迅苦笑。

山大王，可惡！把我弄到這無法安生的所在！我是過客，活的過客，死的過客，我還只能逃！

女人在跳舞，亂逛和閒逛的男人們尿憋，也不顧忌祥林嫂們的輕歌曼舞，貓到毛澤東寫的「魯迅先生之墓」的墓碑旁邊，「嘩啦嘩啦」地尿尿。綠樹成蔭，這些野男人的尿滋養著綠樹，讓根鬚探得更深，以致，更遠。魯迅見了，苦笑。也無所謂啦，在廈門大學時，我也曾在野外尿尿。只是，上海畢竟是大都市，活在上海時，有人亂尿，我魯迅還用牛皮筋彈弓的紙彈打過他哩，嘿嘿！我魯迅一生被人唾罵，何在乎阿Q們在所謂我的墓碑旁尿尿？在我的頭上尿尿？

墓室兩側有許廣平和周海嬰母子親手種植的檜柏。平臺兩側墓道為石柱花廊，植有紫藤、凌霄。墓碑後面從東到西，是屏風式土山，遍植香樟，還有櫻花、夾竹桃等。

魯迅墓前的小樹長成了大樹，大樹底下有著張狂的根！

總之，魯迅死後，某年某月某日。魯迅的嫡孫周令飛，這個叛逆的孫子，又從臺灣回到了大陸。臺灣是生意場，這麼些年，做了這個生意又做那個生意，可是，不論是這個生意還是那個生意，他總是虧，總是虧。最終，他還只能「吃魯迅飯」了。可是，所謂「魯迅飯」，不死不活，絕對發不了大財的。魯迅不想發財，他的孫子也不想發財嗎？天曉得。

某年某月某日，周令飛攙扶著老父周海嬰，陪同臺灣來的風水大師，他來給周令飛的祖墳看風水了。羅盤針？陰陽八卦？魯迅冷冷地淡笑著看著這一切。冷冷，是面對風水大師；淡笑，那是因為他瞅著自己的兒孫。魯迅心想，多少年以前，我就說過了，中國的先人發明了羅盤針，外國人用來航海，中國人卻用來看風水。他瞅著周令飛，這個酷似自己的孫子，這個身材魁梧自己的放大版，放得太大了，會不會有點木了？魯迅無奈地搖搖頭，又慈祥地笑著：「這孫子！」

風水先生前前後後地拜讀了魯迅的墓，小眼睛一審二審三審，軟碟針一校二校三校，閉著眼睛，搖晃著腦袋，沉默，沉默，第三還是沉默。罷了，對周氏父子說：「這個，哦，這個……這墓穴邊上的樹長得太大了，太粗大了哈！它的根探進了墓道。這個，咹，這個……所以，你們周家的境況一如當下。」

當下如何呢，不言而喻，故爾，他也不言語。

「那麼，如何是好呢？」周令飛急問。

周海嬰畢竟上了年紀，從容而不言語，宛如一段呆木頭。

風水先生說，只有砍了樹，才會轉運。

於是，某年某月某日，周令飛替老父周海嬰寫了一道提案，要砍了魯迅墳上那些樹，那些有的還是周海嬰親植的樹。

魯迅的墳，是周家的墳，可是也是官家的墳啊！官家也不好做主！於是，開會，接著開會，反覆開會。樹嘛，是不能砍的，這是老樹了，需要保護。

周家的孫子說：樹不砍，周家不旺，如何是好？

於是，來了折中，魯迅不時抨擊的折中。樹不砍，但深挖下去，在魯迅墓道邊上，插下鐵板，以阻隔樹根的張狂。如此，樹根就不會探進墓道了；如此，周家又要興旺了。有誰從小康人家走入困頓的嗎？在這途中，大約可見世人的真面目。有誰從困頓走向小康的嗎？在這途中，大約可見阻隔樹根不讓其亂長的好處。

工程開始了，魯迅墓道周遭，被圍上了鐵皮，成了鐵皮屋。

魯迅張著無奈的慈祥的眼睛看著孫子，搖著頭，嘆曰：「我在鐵屋子中吶喊，這下，又進了鐵屋子！」

二十年前萬人合唱的輓歌，彷彿又在耳畔響起：

願你安息安息，

願你安息安息，

在土地裡願你安息，

願你安息，願你安息，

安息在土地裡。

魯迅想，在這反覆搗鼓反覆折騰反覆裝修的家，我能安息嗎？

死了，也無處可逃啊！

魯迅嘀咕：「孫子啊，這是官家的廟堂，你以為我會待在如此的所在？我的遊魂在長滿野草的蒼茫的大地。這墳，不是你周家的墳啊！況且，我也早已不姓周，上面明明白白地寫著，我是魯迅。」沒辦法，陰陽無法對話，魯迅不能教訓孫子，「可是，一切的一切，一切的叮囑，不都在我的文字中了嗎？孫子，你讀得懂嗎？」

「讓他們折騰吧！」魯迅嫋嫋，隨風而去。他在陽光裡，他在空氣中，然而，可是，北京的霧霾正在南下……

空氣中的魯迅，一切可好？

（二〇一五年二月二十四日正月初六完稿，二月二十七日深夜三時改定，想起魯迅詩句「慣於長夜過春時」，再次感受到「寫作，是喝自己的血」。）

做為中國人的魯迅，自然生活在中國人之中。知識份子如孔乙己，勞苦大眾似阿Q，女人不是祥林嫂便如單四嫂子；至於革命者，一腔熱血，也只是成了愚者療病的人血饅頭……魯迅眼裡看到的是上層社會的墮落和下層社會的不幸，看到的是中國人虛偽、自私、冷血，有時甚至兇殘。魯迅說：我不憚以最壞的惡意來猜度中國人。很大程度上，魯迅是絕望於中國的遺老遺少和正人君子，絕望於勞苦大眾的愚昧和麻木。所以，走異地，尋異路，去尋找別樣的人們。

哪怕到了異國他鄉，也還是被醜陋的中國人包圍著。留學生，應該是社會精英吧！可是，骨子裡遺傳的還是民族的基因。在《范愛農》中，留學生抵橫濱，被關吏翻出一雙繡花的弓鞋來，讓魯迅有「這些鳥男人」之嘆。在《因太炎先生而想起的二三事》中，吳稚暉唾沫四濺地演講：「我在這裡罵老太婆，老太婆一定也在那裡罵吳稚暉……」魯迅感到沒趣，覺得留學生好像也不外乎嬉皮笑臉。「吳稚暉在東京開會罵西太后，是眼前的事實無疑，但要說這時西太后也正在北京開會罵吳稚暉，我可不相信。」在《藤野先生》中，魯迅所看到的清國留學生的性狀是這樣的：頭頂上盤著大辮子，頂得學生制帽的頂上高高聳起，形成一座富士山的成群結隊的「清國留學生」，魯迅挖苦他們「實在標緻極了」；一到傍晚，就有人來中國留學生會館學跳舞，把地板弄得咚咚咚地震天響；還有的人並不讀書，只是租了房子，關起門來燉牛肉吃。「那時我想：燉牛肉吃，在中國就可以，何必路遠迢迢，跑到外國來呢？雖然外國講究畜牧，或者肉裡面的寄生蟲可以少些，但燉爛了，即使多也就沒有關係。……」這些中國人，把國內的腐朽沒落、不學無術的風氣帶到了東京，與許多這樣的中國人打交道，這不能不使他厭倦。「到別的地方去看看，如何呢？我就往仙台的醫學專門學校去。」

魯迅要躲避中國人，他似乎要到一個沒有中國人的地方去。

周作人有一段話是頗讓人沉吟的：「魯迅在東京看厭了清國留學生，便決計離開那裡，到日本東北方面的仙台，進醫學專門學校去。……本來在去東京不遠的千葉市，也有醫學專門學校，是同樣的組織，但是裡邊有些中國留學生，他覺得有戒心，便索性走得遠一點，到奧羽地方去吧，雖然天氣是冷得很。」（《魯迅小說裡的人物 • 仙台》）魯迅也寫道：「仙台是一個市鎮，並不大；冬天冷得厲害；還沒有中國的學生。」中國人喜歡群居，特別是到了人生地不熟的地方，所謂「老鄉見老鄉，兩眼淚汪汪」，魯迅則不然，他實在太討厭中國人了——這一點，魯迅甚至是「五十年不變」，到了晚年，他有了「躲進小樓成一統，管他冬

夏與春秋」的憤恨——為了躲避中國人，他寧可走得遠遠的，寧可忍受天寒地凍的每日每夜。

齊壽山是魯迅的好友，他們在精神氣質上有相通之處。魯迅買房子，向齊壽山借錢。能開口借錢的朋友，應該是好朋友吧！魯迅辭去教育部的職務，齊壽山也跟著辭職，這樣的朋友應不多見吧！魯迅曾在齊壽山那裡聽過類似躲避中國人的故事。齊壽山是留學德國的。齊壽山說，顧孟餘從前在德國留學，他獨自走到慕尼黑去，因為那裡沒有中國留學生。但是不久他就失望了，不但來了一個同鄉，而且還在黃色的臉上戴了一副金色的假髮，這模樣實在不很好看。

無處可逃！魯迅和所有的人一樣，註定生活在煩惱的人間。沒有了清國留學生的身影，看不到他們的嬉皮笑臉，聽不到他們的咚咚響，聞不到他們的牛肉味……卻有了別的煩惱，有了帶痛感的刺激。這就是在魯迅的一生中起了轉折作用的「幻燈片事件」。

這還得從魯迅選擇了醫學說起。

在《父親的病》和《瑣記》等文章中，我們知道，因為父親被庸醫所害，魯迅對中醫有了因親人不幸命運而造成的深刻的偏見。魯迅「漸漸的悟得中醫不過是一種有意的或無意的騙子」。魯迅先是在《〈吶喊〉自序》中提到他學醫的動機，即，學成之後，「救治像我父親似的被誤的病人的疾苦，戰爭時便去當軍醫，一面又促進了國人對於維新的信仰」。在南京求學時，他無法選擇專業，這回在日本卻可以如願了。

可是，在沒有中國留學生的仙台，魯迅卻體會到了中國是一個弱國，所以中國人只能是低能兒的屈辱。在《藤野先生》一文中，魯迅透過「漏題事件」和「幻燈片事件」，揭露了日本人的民族偏見。魯迅寫道：「中國是弱國，所以中國人當然是低能兒，分數在六十分以上，便不是自己的能力了……」日本學生認為，魯迅之所以有相對好的成績，是因為藤野先生把考試題目「漏」給魯迅的結果。所以要魯迅「改悔」。當然，這只是針對魯迅個人的，魯迅做了應有的抗爭，「終於這流言消滅了」。至於「幻燈片事件」，那是針對中國人的，對魯迅的刺激自然更大更深。魯迅不僅在《藤野先生》中提到此事，在早幾年的《〈吶喊〉自序》中就已經提到，事實上，魯迅對此是耿耿於懷的。

我們來「重播」一下歷史的「幻燈片」吧！在《〈吶喊〉自序》中魯迅寫道：

……正當日俄戰爭的時候，關於戰爭的畫片自然也就比較的多了，我在這一個講堂中，便須常常隨喜我那同學們的拍手和喝采。有一回，我竟在畫片上忽然會見我久違的許多中國人了，一個綁在中間，許多站在左右，一樣是強壯的體格，而顯出麻木的神情。據解說，則綁著的是替俄國做了軍事上的偵探，正要被日軍砍下頭顱來示眾，而圍著的便是來賞鑑這示眾的盛舉的人們。

在《藤野先生》中，魯迅是這樣描述的：

> ……但我接著便有參觀槍斃中國人的命運了。第二年添教黴菌學，細菌的形狀是全用電影來顯示的，一段落已完而還沒有到下課的時候，便影幾片時事的片子，自然都是日本戰勝俄國的情形。但偏有中國人夾在裡邊：給俄國人做偵探，被日本軍捕獲，要槍斃了，圍著看的也是一群中國人；在講堂裡的還有一個我。
>
> 「萬歲！」他們都拍掌歡呼起來。
>
> 這種歡呼，是每看一片都有的，但在我，這一聲卻特別聽得刺耳。此後回到中國來，我看見那些閒看槍斃犯人的人們，他們也何嘗不酒醉似的喝采，——嗚呼，無法可想！但在那時那地，我的意見卻變化了。

兩段文字，小有不同，比如，一說砍頭，一說槍斃，但這無關大礙，基本的事實卻是一樣的。那麼，魯迅的意見有什麼變化呢?那就是棄醫從文。在《藤野先生》中，魯迅沒有重複《〈吶喊〉自序》裡提到的「意見」，我們在此還是應該引用的：「……我便覺得醫學並非一件緊要事，凡是愚弱的國民，即使體格如何健全，如何茁壯，也只能做毫無意義的示眾的資料和看客，病死多少是不必以為不幸的。」醫學關乎肉體，此時，魯迅從肉體關懷走向了靈魂關懷，他開始關注民族精神或是「國民性」了。「所以我們的第一要著，是在改變他們的精神，而善於改變精神的是，我那時以為當然要推文藝，於是想提倡文藝運動了」。

仙台的屈辱，使得中國少了一個醫生，而多了一個大文豪。魯迅無處可逃，終於又回到了中國人當中，他還是一個醫生，拿著解剖刀，從解剖肉體改為解剖靈魂——中國人的靈魂。

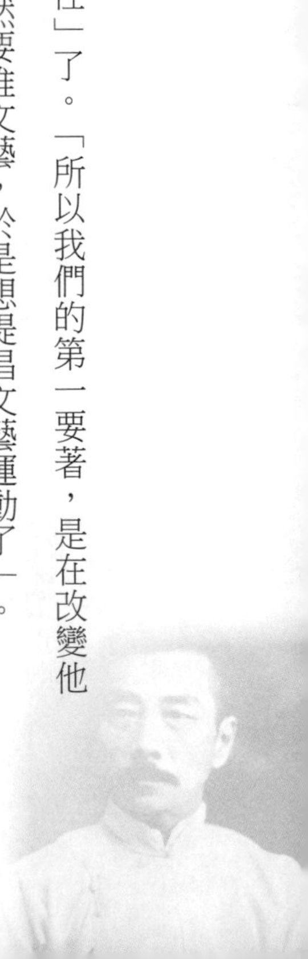

國家圖書館出版品預行編目 (CIP) 資料

魯迅這座山：關於魯迅的隨想與雜感 / 房向東著 .
-- 第一版 . -- 臺北市：樂果文化事業有限公司出版：
紅螞蟻圖書有限公司發行，2022.04
面； 公分 . --（樂生活；50）
ISBN 978-957-9036-37-5(平裝)

1.CST: 周樹人 2.CST: 傳記 3.CST: 學術思想 4.CST: 文學評論

782.884 111000786

樂生活 50

魯迅這座山：關於魯迅的隨想與雜感

作　　者 ／ 房向東
總 編 輯 ／ 何南輝
行銷企劃 ／ 黃文秀
封面設計 ／ 引子設計
內頁設計 ／ 沙海潛行

出　　版 ／ 樂果文化事業有限公司
讀者服務專線 ／（02）2795-3656
劃撥帳號 ／ 50118837 號 樂果文化事業有限公司
印 刷 廠 ／ 卡樂彩色製版印刷有限公司
總 經 銷 ／ 紅螞蟻圖書有限公司
地　　址 ／ 台北市內湖區舊宗路二段 121 巷 19 號（紅螞蟻資訊大樓）
電話：（02）2795-3656
傳真：（02）2795-4100

2022 年 4 月第一版 定價／ 400 元 ISBN 978-957-9036-37-5
※ 本書如有缺頁、破損、裝訂錯誤，請寄回本公司調換。